# 希望学 あしたの向こうに

## 希望の福井、福井の希望

東大社研
玄田有史 編

東京大学出版会

福井新聞社協力

Social Sciences of Hope for Tomorrow and Beyond:
Hope for Fukui and the Fukui of Hope
Institute of Social Science-University of Tokyo
and Yuji GENDA, Editors
University of Tokyo Press, 2013
ISBN 978-4-13-033070-1

# I 政治と経済

全国トップブランドの越前がに．その地位は漁業者，漁協，仲買人，料亭・料理旅館，観光協会，自治体などが一体となった協力でつくり上げられているが，顧客の懐は年々厳しくなっている．地元の消費者にも越前がにの価値を納得してもらい，ともに支える輪を強めることが大切だ．3 章．

家族みんなで働き支え合う高浜町の漁師民宿「由幸」さん．左から代表の山本博史さん，妻の栄子さん，抱いている女の子は長女のくるみちゃん，その右は長男の湧聖くん，手を引いているのが母親の勝子さん．厳しい社会的経済的状況の中での安定的な経営は，「家族の絆」とお互いの分担によって支えられている．4 章．

眼鏡産地鯖江は中国の台頭で苦しんでいる．しかし「縮んで」いるが，「衰退」はしていない．生き残っている企業は前を向いている．困難を克服する途は必ずある．1章．

福井市に本社を置く繊維メーカー，セーレンの発展には，「内なるアウトサイダー(異端者)」の存在があった．写真はセーレン独自の染色加工システム「ビスコテックス」．一貫生産体制の中枢技術として大きな役割を担う．6章．

繊維産業はこれまでの幾多の困難を乗り越え，1世紀以上にわたって福井経済の重要産業であり続けている．写真は，かつての糸繰工程で小枠に巻かれた生糸が整経台に並べられ，羽二重の経糸として揃えられているところ．7章．（写真提供：はたや記念館ゆめおーれ勝山）

福井県の西川知事は，県内各地に出向いて県内の各分野で活動している県民の生の声を聞く座ぶとん集会を，この10年間に270回以上開いている．写真は2004年，勝山市内にて．8章（写真上）．2011年3月に起きた東日本大震災以降，福井県では原発問題への対応が重要課題になった．写真は関西電力大飯原発．11章（写真中）．今では自治体が「営業」をするのは標準的なスタイルになりつつある．写真は福井城のお堀の中に立つ福井県庁．官と民は対立せず，地域が抱える課題を解決していくはずの存在である．5章（写真下）．

福井県の女性は結婚や出産後も働き続ける割合が高い．しかし家事や育児に男性は積極的にかかわっておらず，女性の負担は重い．男女間の役割分担は，福井の今後を大きく左右する重要なテーマである．13 章．（写真の人物と文は関係ありません）

福井大 EMP 実行委員会は JR 福井駅前の活性化を目標に掲げている．「歩きたくなる駅前」をコンセプトに，まちあるきツアーや小学生対象のワークショップを開催したり，フリーペーパーを発行するなどの活動をしている．「何か」を探す学生と，若い力を必要としている地域の大人たちがいる．14 章．

厳かな舞を奉納する池田町の「水海の田楽能舞」. 若人に師匠の熱気と信頼が伝播し，その経験から確かな芸能者となる伝統が息づいている．24 章.

小浜市の県立若狭歴史民俗資料館．色々な時代の祭りが伝承されている若狭の「積み重なる文化」が展示されている．越前の「しのぶ文化」とコントラストを織りなす．21 章.

明治 12（1979）年，外国人技師によって設計された龍翔小学校（現在の坂井市三国町）．港町に住む人々の，異文化を積極的に受け入れる先進性と自発性を示している．27 章．

勝山市にある福井県立恐竜博物館は世界三大恐竜博物館の一つである．タイの恐竜博物館とのユニークな関係は，日本とアジア諸国との新しい結びつきを示唆している．23 章．

# はしがき　希望学・福井調査とは

――希望学は、希望と社会の関係を切り開く挑戦である。

社会における希望の意味、そして希望が社会に育まれる条件などを考えてきた希望学は、経済学、社会学、政治学、歴史学などを総合した独自の学問である。2006年に開始された希望学は、理論研究やデータ分析などにとどまらず、岩手県釜石市を対象に総合的な調査を行うなど、地域密着の研究も続けてきた。その最初の成果は、東大社研・玄田有史・宇野重規・中村尚史編『希望学』（全4巻、東京大学出版会）として2009年に刊行され、幸いなことに多くの反響をいただいた。

刊行の直前、リーマンショックと呼ばれる世界的な不況が生じ、その後の2011年には東日本大震災が発災するなど、日本は深刻な危機に見舞われてきた。しかしその困難に対して、被災地の一つである釜石の市民をはじめ、多くの人々が未来を信じ、希望を新たにつくり直すべく、献身的な努力を今も続けている。

希望学の重要な発見の一つとして、過去に壮絶な試練や挫折という困難に直面しながらも、それをくぐり抜けてきたという経験や自負を持つ人々ほど、未来に希望を持って行動するという傾向があった。震災後の困難に立ち向かっている人々の姿は、希望学の発見をはからずも再確認させることとなった。

＊

そんな希望学が、新たな挑戦の舞台として2009年より取り組んできたのが、希望学・福井調査である。

福井県は、日本人にとっての心の原風景ともいうべき場所である。豊かな自然に恵まれ、家族や伝統を大切にする文化が地域のいたるところに残っている。日本人の美徳とされてきた慎み深さや真面目さは、そのまま福井人の気質にあてはまる。教育や勤労にも熱心であり、経済状況のみならず、生活満足度や幸福感などの全国調査をすると、つねに上位に位置づけられるなど、ある意味では他の地域にとっては羨望の的でもあるのが福井である。

しかし、そんな福井も今、大きな岐路に立たされている。その最も象徴的なことが、原子力活用の行方である。多くの原子力発電所が存在する福井の対応と選択は、震災後のエネルギー政策に決定的な影響を与える立場にある。日本の将来の命運を、今や福井県が握っていると述べたとしても、あながち誇張とは言えない現実がある。

大切に守られてきた家族のあり方にも、確実に変化が生じている。広い家屋に3世代が同居するという福井の伝統的な家族のスタイルも、大きく様変わりしつつある。地域の人口減少についても、他の地域と同じように明快な解決策が見いだせないまま、福井でも日々苦悩が続いている。

希望学の福井調査は、文字通りにいえば「福のある井（集落・郷里）」である福井に、これからはたして希望はあるのか、そして福井の取り組みが日本社会にどのような希望を示すことができるのかを、考えようと始められたものである。

日々の生活満足が高い福井で希望の研究を行うことから、幸福と希望の新たな関係が明らかになることを希望学では想像した。加えて調査が始まった背景には、幸福な状況の保持だけでなく、希望のための変化にも進んで取り組んでいかなければ未来はないという、県庁の方々をはじめとする福井県民の危機感と自覚があった。それは現状の満足に甘んじることなく、未来の世代に対し責任を果たそうとする意思でもあった。

これらの福井県の人々の問題意識が強いあと押しとなって、私たちは希望学・福井調査を4年にわたって続けることができた。本書はその最初の成果報告である。

本書に収められたエッセイの多くは、２０１２年2月18日から翌年2月23日の長きにわたり、福井新聞の土曜日付の連載「希望　あしたの向こうに」に掲載された内容を加筆したものである。連載では福井新聞のみなさんに、ひとかたならぬご尽力をいただいた。本書に収められたQ&Aは、連載時の著者と福井新聞の担当記者とのやりとりを再現したものである。また特に断りのない限り、掲載された写真の多くは、福井新聞からご提供いただいたものである。毎週掲載される美しい写真を、私たちも楽しみにしてきた。1年にわたって新聞に連載することは、希望学にとって未知の挑戦ではあったが、読者からいただいたご意見・ご感想を含め、多くのことを学ばせていただいた。福井新聞の担当者の方々と連載におつきあいいただいた読者のみなさまに、心よりお礼を申し上げたい。

本書で取り上げられている福井の希望をめぐる数々の物語は、県の関係者はもちろん、多くの地域で希望の追及に努力されている方々への、なにがしかの気づきのきっかけになるのではないかと、ひそかに自負している。日本の原風景の一つである福井の奮闘を鏡に、地域が困難のなかにも希望を育んでいくためのヒントをみつけていただきたい。それが、本書の希望である。

2013年6月

東京大学社会科学研究所（東大社研）
玄田有史

希望学　あしたの向こうに■目次

目次

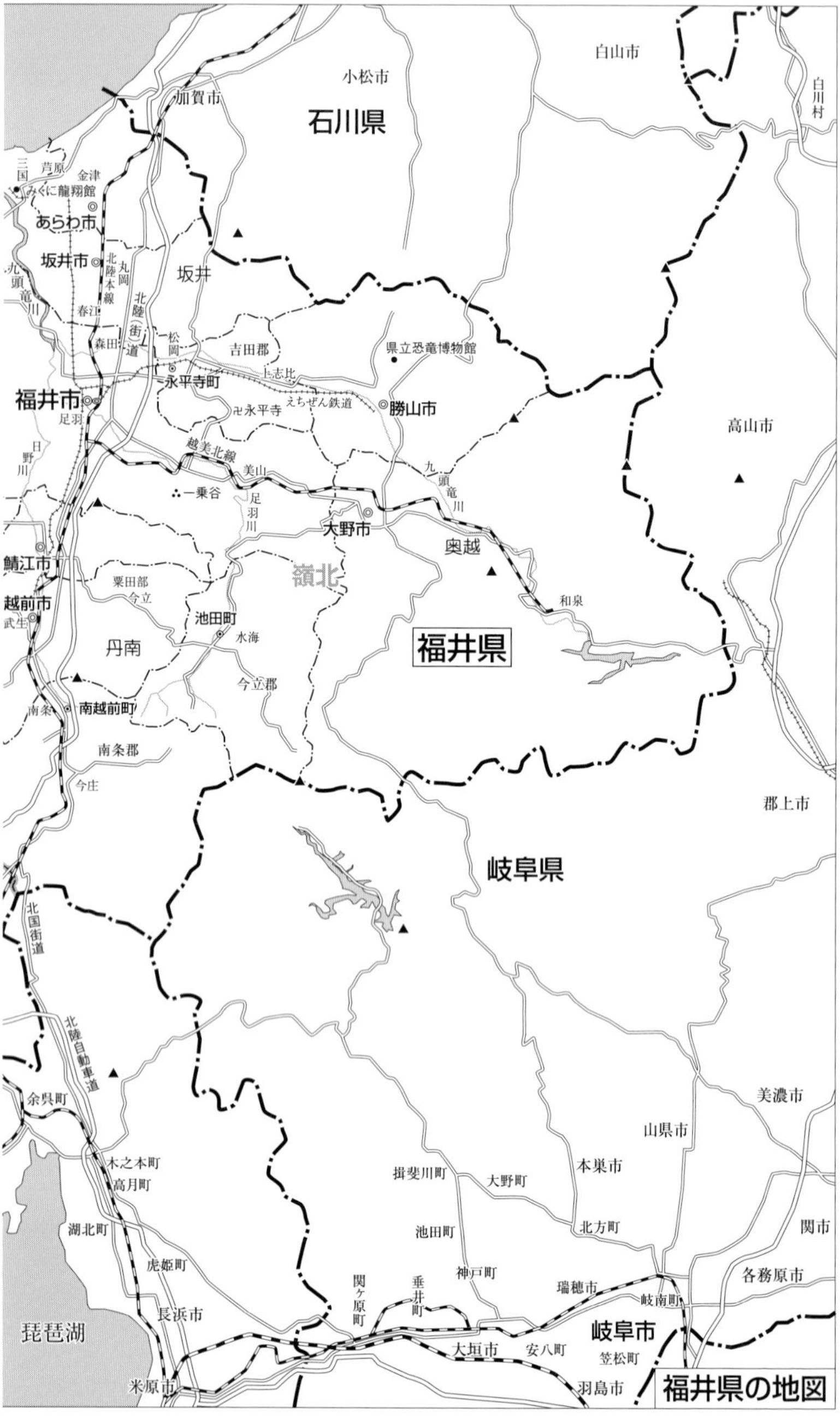

石川県
小松市
白山市
白川村
加賀市
三国
芦原
金津
みくに龍翔館
あらわ市
坂井市
坂井
九頭竜川
北陸本線
丸岡
春江
北陸街道
松岡
森田
吉田郡
上志比
県立恐竜博物館
永平寺町
えちぜん鉄道
勝山市
福井市
足羽
永平寺
日野川
越美北線
美山
九頭竜川
高山市
一乗谷
足羽川
大野市
奥越
鯖江市
嶺北
粟田部
今立
越前市
武生
池田町
水海
和泉
福井県
丹南
今立郡
南条
南越前町
南条郡
今庄
郡上市
岐阜県
北国街道
北陸自動車道
余呉町
木之本町
高月町
美濃市
山県市
揖斐川町
大野町
本巣市
湖北町
池田町
北方町
関市
虎姫町
神戸町
関ヶ原町
垂井町
瑞穂市
各務原市
岐南町
長浜市
琵琶湖
岐阜市
大垣市
安八町
笠松町
米原市
羽島市

福井県の地図

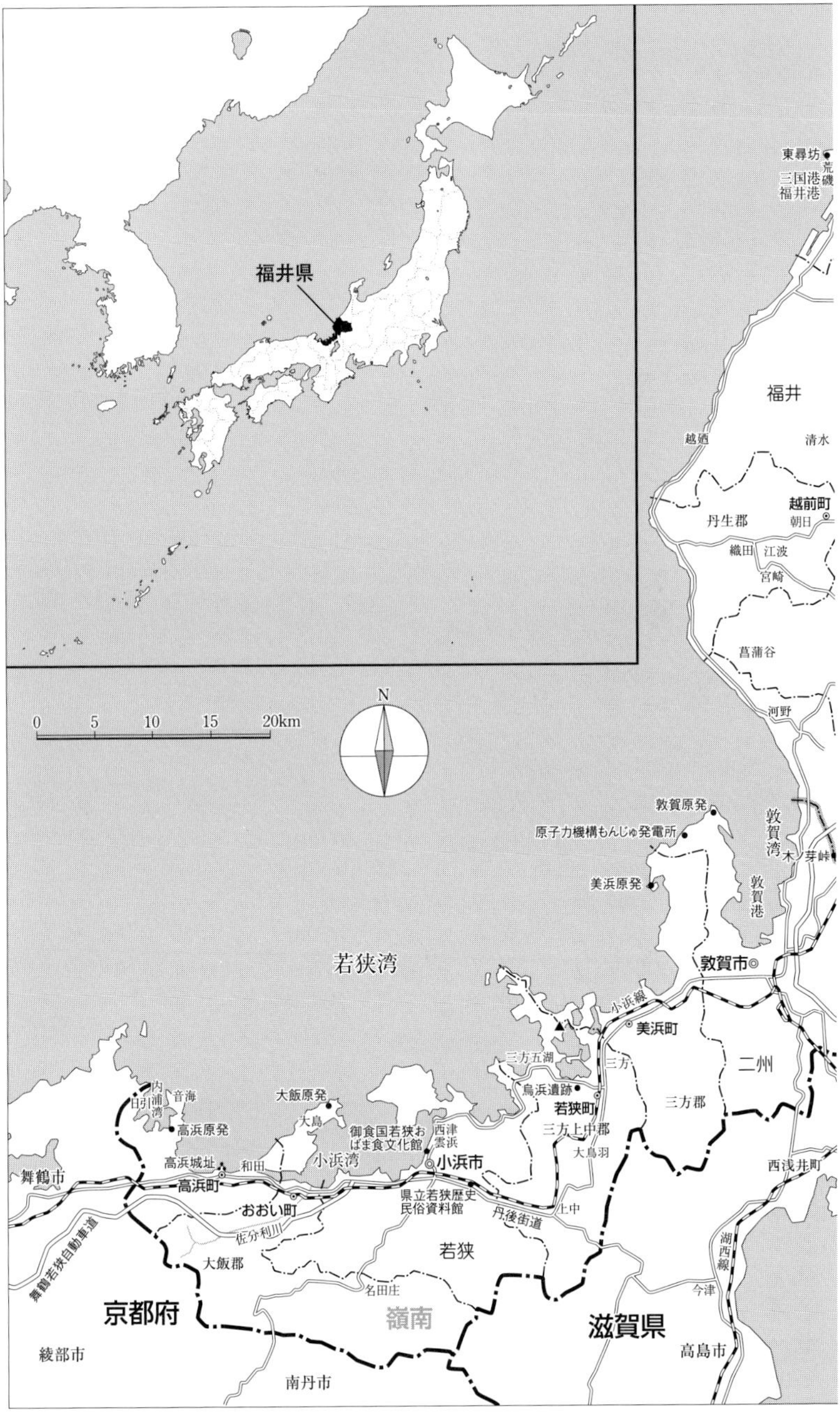
福井県
0
5
10
15
20km
N
東尋坊
荒磯
三国港
福井港
福井
越廼
清水
越前町
丹生郡
朝日
織田
江波
宮崎
菖蒲谷
河野
敦賀原発
原子力機構もんじゅ発電所
敦賀湾
木ノ芽峠
美浜原発
敦賀港
若狭湾
敦賀市
小浜線
美浜町
三方五湖
三方
二州
鳥浜遺跡
若狭町
三方郡
内浦湾
日引
音海
大飯原発
高浜原発
大島
御食国若狭おばま食文化館
西津
雲浜
三方上中郡
大鳥羽
高浜城址
和田
小浜湾
小浜市
舞鶴市
高浜町
西浅井町
おおい町
県立若狭歴史民俗資料館
丹後街道
上中
舞鶴若狭自動車道
佐分利川
湖西線
若狭
大飯郡
名田庄
今津
京都府
嶺南
滋賀県
綾部市
高島市
南丹市

「希望学」対談1

# 「まちづくりと希望」

山崎　亮×玄田有史

*Ryo Yamazaki*

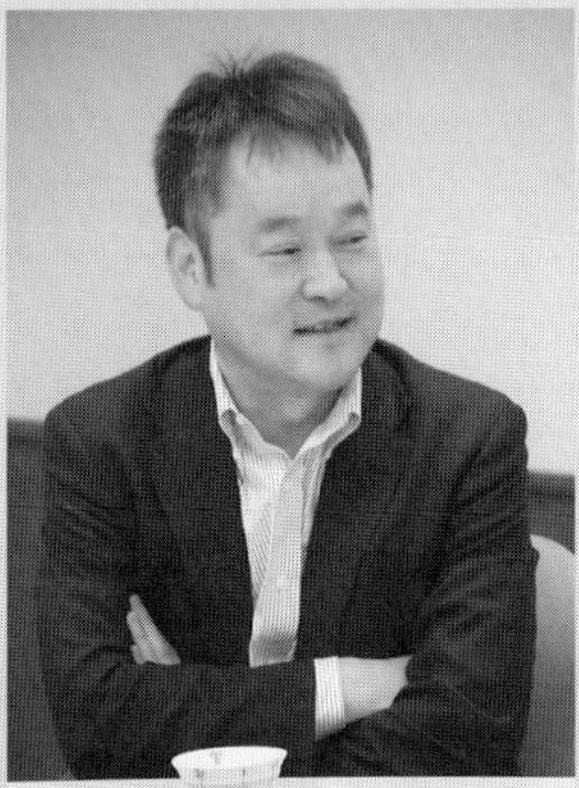

*Yuji Genda*

## コミュニティデザインとは

**玄田**　私たちは「希望学・福井調査」ということで、福井県におじゃまするようになりました。そのなかで私たちなりに、地域とかコミュニティについて考えてきました。そこで今回ぜひとも「コミュニティデザイン」のお仕事をされている山崎さんにお話しをうかがいながら、私たちの感じたことをぶつけてみたいと思ったんです。よろしくお願いします。

**山崎**　こちらこそ、よろしくお願いします。

**玄田**　今日は、福井のよく行く居酒屋のおばちゃんに「わかった！」といってもらえるお話しが目標ですから（笑）。

**山崎**　なるほど（笑）。家島《いえしま》のおばちゃんにもわかるように、ですね(1)。

**玄田**　では、まず「コミュニティデザイン」という名

やまざき・りょう
1973年、愛知県生まれ。コミュニティデザイナー。株式会社studio-L代表。京都造形芸術大学教授。人と人とのつながりを基本に、地域の課題を地域に住む人たちが解決し、一人ひとりが豊かに生きるためのコミュニティデザインを実践。まちづくりのワークショップ、市民参加型のパークマネジメントなど、多数のプロジェクトに取り組んでいる。著書に『コミュニティデザイン――人がつながるしくみをつくる』（学芸出版社）、『まちの幸福論――コミュニティデザインから考える』（NHK出版）、『コミュニティデザインの時代――自分たちで「まち」をつくる』（中公新書）など多数。

前をはじめて聞く人に、それをどのように説明されるのですか？

**山崎** そうですね、よくお話ししているのは、自分たちの地域で「困ったことを自分たちの手で何とか乗り越えようとする時のお手伝いをするのが僕らです」という言い方をします。

**玄田** それを聞いた人はすぐ「そうか！」となるんですか？

**山崎** いえ、いえ（笑）。「どういうこと？」のような……。

困ったことがない？

**玄田** 福井は豊かなところです。家も大きいし、比較的働き場所もある。貯金も多い。「福井で困っていることって何ですか？」と聞くと、「しいて言えば『当面困っていることがないことが困っている』こと」なんて、半分本気半分冗談で言われたりもする。

**山崎** 「欲しいものが欲しい」というようなことですね。

**玄田** 高齢化とか、限界集落とか、福井にも悩みはあるんです。でも今すごく困っているかというと、そうでもない。「今は何とかなっているからいいか」って。でもそれは福井だけでなく、日本全国そうではないですか？

**山崎** そう思います。

**玄田** そんなとき、山崎さんは、どうするのですか？

**山崎** おっしゃるとおり、課題が何かがわからないことは多いです。だから自分たちで課題を発見したり、解決したりする力を高めていく「お手伝い」をさせてもらいますと言います。

**玄田** どうやって？

**山崎** まずはワークショップの形式で、まちのいいと

げんだ・ゆうじ
1964年島根県生まれ。東京大学社会科学研究所教授。2005年からは東京大学社会科学研究所の全所的プロジェクトである希望学（希望の社会科学）のリーダーとして活動。釜石市復興まちづくり委員会アドバイザーなども務めている。著書に『希望のつくり方』（岩波新書）、『仕事のなかの曖昧な不安——揺れる若年の現在』（中公文庫、第24回サントリー学芸賞）、『働く過剰——大人のための若者読本』（NTT出版）、『人間に格はない——石川経夫と2000年代の労働市場』（ミネルヴァ書房）など。

思うところと、よくないと思うところをとにかく付箋《ふせん》に色を分けて書いてもらったりします。

**玄田**　KJ法のようですね(2)。

**山崎**　そうです。会場に集まった人たちが、どれぐらい困ったことを意識しているのかを「可視化」する。自分だけが課題だろうと思っていたことが、実は会場の8割の人たちも課題だとわかったりする。共通認識がすべてのスタートです。

## 地域の星座

**玄田**　本とかテレビとかで活動の様子を見てると、山崎さんの周りの人たちは、すごく楽しそうです。多分そこまで行くには、緊張を解きほぐす何かがあるんじゃないかと。

**山崎**　段取り「8割」のようなところがありますね。最初は「この地域で、面白い活動をしていると思う人を3人紹介してください」というところから入ります。

**玄田**　3人？

**山崎**　はい。それで紹介の電話をかけてもらって「坊主にひげ面が話を聞きに行くけれども、ちょっとおびえずに聞いてやってくれ」と[3]（笑）。でも本当は誰でもいいんです。通りがかりの人から3人でも。大事なのは、家まで行って、話を聞く。

**玄田**　家まで行くんだ。

**山崎**　家に行くとどんな生活をしているか、わかります。そこでどんな活動をしているかとか、活動の中で困っていることはないかとか。地域に対する思いを一通り聞いて、最後にまた「あなたが面白い活動をしていると思う人を3人紹介してください」と数珠《じゅず》つなぎで聞いていく。そのなかでみんなからリスペクト（尊敬）されている人などが見えてくる。地域の「コンステレーション（constellation：人脈図）」と呼んでいます。

**玄田**　コンステレーション？

**山崎**　そうです。もともとは「星座」のことです。人の星座が見えるまで100人ぐらいからは話を聞きます。

**玄田**　すごい。

## 「しょうがねえな」

**山崎**　1等星は誰なのか、2等星同士でいがみ合っているのは誰と誰なのか、とか。位置関係が見えてくると、この人を誘えばみんな来てくれるとか。この人とこの人を同じテーブルにしたら大変なことになるとか（笑）。それがある程度わかった段階でワークショップの参加者を公募します。話しを聞いた人たちだけ呼んでしまうと、公平ではないので。

**玄田**　なるほど。

**山崎**　公募が出たら、電話もする。友だちとして。「出ました、公募。このあいだ話をしていたやつです。ぜひ来てくださいよ」と。同時に純粋に一般公募でまちづくりが好きな人も入ってきたりします。

**玄田**　いろいろなルートがあるんだ。

**山崎**　市役所の広報に「わくわくワークショップ」とか書いて、公募する。すると、いかにもまちづくりが好きな人だけが集まってしまう。

**玄田**　そのほうが多いんだろうなあ。

**山崎**　これだとごく一部のまちづくりが好きな人たちの意見だけで、まちの方向性が決まってしまう。だから僕らは、面白い活動をやっている人とか「まちづくりなんか行かないよ。俺はおまえらのようなやつが大嫌いなんだ」というようなところに、むしろ入っていく。「あなたが来ないと面白くならない」と、がむしゃらに誘って。

**玄田**　それで「しょうがねえな」と、友だちとして来てくれたりするんだ。

**山崎**　そうそう。すると、会場にたくさんの人が集まっても、半分ぐらいは家まで行って何度か話を聞いた人がいる。「このあいだは、どうも」とか。

**玄田**　だから温まっているんだ。

## みんな持っている

**玄田**　みんなが集まって、次には困ったこととか、意見を出し合うことになります。僕は島根県の出身なので何となくわかるんだけれど、福井でも「みんな意見を出して」というと、とたんに黙って……。言わないのが美徳というか。女性もそうだし、年配の人でも、自分から進んで言うものではないというところがある。

**山崎**　人前で大きな声で笑わないとか。ちょっとはすに構えるほうが格好いいとか。

**玄田**　噂話だけど、ある大物ロック歌手が福井でコンサートをして、あまりに盛り上がらないから「福井は盛り上がらねえな」と、つい言ってしまったという伝説があって。それを聞いた福井の人たちは「いや、心の中では盛り上がっています」と心の中で反論したという（笑）。

**山崎**　気持ちの中ではすごく盛り上がっているんです（笑）。でも表情には出さない。

**玄田**　「自分から意見を表に出すのはちょっと」というときには、どうするんですか。

**山崎**　7・5センチ角の「付箋」は、とても便利だとワークショップではいつも感じます。誰がこの付箋を書いたかなんて、よほど筆跡とかを鑑定しない限りわからない。

**玄田**　わからないですか？

**山崎**　誰が出したかが、わからないぐらい、ごちゃ混ぜにしますから。そうなることも先に例で示して、「このように塊の中に入ります」と。もうガンガン回してしまうから「あなた、これを言ったよね」というようなことは、もうみんな気づきません。

**玄田**　「だったら、安心して言える！」と。

**山崎**　ただ人によっては、やはり書くという作業に慣れていないというおじいちゃんとかもいますし、付箋に縦書きで書いていく人もいます（笑）。

**玄田**　すぐわかってしまう（笑）。

**山崎**　そんな場合は、ぼそぼそと言ったことをうちのスタッフがさっとメモしたり……。

**玄田**　ちょっと書いてあげる。

**山崎**　自分が何を言ったかが、最初のうちは、やはりちょっと見えてしまうと、恥ずかしいということはあります。合意形成のとき、自分の意見があまり際立たないように、出るくいは打たれる的にならないように。

**玄田**　上手に……。

**山崎**　でもワークショップも、3回目くらいになると、あまり恥ずかしがらずに意見を言えるようになってきたりします。みんな、熱い気持ちは持っているんですよ（笑）。

## 希望を生む4つの柱

**玄田**　希望学ということで、希望の研究をするために福井で調査をしてきました。すると「希望って何？」と、きかれたりします。

そのときは、希望（hope）は4つの柱から成り立っていると、話をします。Hope is a wish for something to come true by action だと。Hope にはまず最初の柱として「気持ち（wish）」が大事だと。何とかしたいという気持ちがある。次の柱が「具体的な何か（something）」。将来、何となくよくなればいいでは、実際はよくならない。何をよくしたいかを具体的に決

める。3つめの柱が「実現（come true）」。希望は簡単には叶わなかったとしても、それでも実現する確率はゼロではない。どうすれば実現に一歩でも近づくか、道筋をみつける。そして最後の4本目の柱が「行動（action）」。行動しないところに希望は生まれない。

地域で希望を考えると、やはり4つの柱が大事だと実感することがあります。なかでもやはり「行動」が大切だと思うことは多い。まちづくりを考えるとき、住民のみなさんに万歩計をつけてもらう。考える前より、万歩計の歩数がみんな増えていったとすれば、まちづくりはきっとうまくいくんじゃないか（笑）。そんな気さえします。でもまちづくりを本気ですると、万歩計の歩数は本当に増えるんじゃない？

**山崎**　増えると思いますよ。

**玄田**　でしょう。田舎は車生活だし。

**山崎**　日ごろ歩かないですから。

**玄田**　結果的にまちづくりでみんな健康になったりとか、あるんじゃないかな。

## 福井のまちづくり

**玄田**　山崎さんたちは、福井市でもまちづくりのお手伝いをされたと聞きました。

**山崎**　ええ。最初は頼まれて連続講座を8回ぐらいやってほしいと言われただけだったんです。ただどうしても僕らは、講座だけをやるということでは気持ちが悪くて。講座が終わったら霧散のようなことになってしまうので。

**玄田**　「アクション」がない。

**山崎**　そうです。だから頼まれもしないのに、コミュニティを作ってしまうんです。テーマ型の（コミュニティ）が、あのときは6つぐらい。「具体的にアクションを起こしましょう」というところまでを8回で作ったのです。それで参加者たちがすごくやる気になったので「よし、やろう」ということになって。

その中の一つで福井の情報を発信する本が作りたいというチームがあった。海士町《あまちょう》で『海士人』というガイドブックを作ったのと同じように。(4)

**玄田**　知っています。あれは、みんな憧れますね。うちでもこんなのが作りたいと。

**山崎**　人に会いに行く旅のようなのをやりたいということで『福井人』というものを作ることになりました。

## 時間がない

**玄田**　地域はなんとなく「ゆとり」があるというイメージですけど、実際は意外にそうでもない。結構、時間がない。

**山崎**　そうです。

**玄田**　仕事もあるし、家のこともある。町内会活動もあるし、お祭りもある。秋になったら、農家では稲刈りもある。「忙しくて、まちづくりなんて無理」というような人とか。忙しいと言う人には、どう接するの？

**山崎**　そう言いながら、野球の中継とかをテレビで見てビールを飲んでいたりする時間もあったりするでしょう、と（笑）。

**玄田**　ビールも大事なんですけど（笑）。でもテレビよりそっちのほうが楽しそうだというものが、必要なんですね。

**山崎**　地域では60代は若手です。60代は若手と見られると、もう三役どころか、もういろいろな役が全部、自分のところに来てしまう。さらに「まちづくり」となると、いかにも何か役を与えられそうな気がする。

**玄田**　どうすればいいんですかねえ。

**山崎**　「時間がない」という人の多くは、予防線を張っているのだと思います。またいろいろな役を自分にもう1個当てがわれるかもしれないと思うから。先にそのように言っておきたいだけで、楽しめるのだったら行こうという気持ちはありますね。

## 女性依存の社会

**玄田**　家のことが忙しいというのは、どうですか。福井はずっと3世代同居が多く、女性は家事などがずっと大変だったんです。

**山崎**　同居率が高いんですよね。

**玄田**　ええ。女の人が働くのは、お姑《しゅうとめ》さんとかお舅《しゅうと》さんが、保育園、幼稚園とかに迎えに行ってくれるから。家族内の助け合いがあって家族のきずなも強い。夫は町内会とかをやって、奥さんは家のこと。日頃、お姑さんにお世話になっている分、家を守ることから

手を抜けない。だから福井の女性はすごく忙しい。ある福井の男性は、はっきりと「福井は女性依存社会だ」と言われました。「女の人に甘えている社会だ」と。表面こそ「女の人が働いていていい」とか「家族同居がいい」とかと言っていても、結局はそうなんだと。けれど女性依存は、いつまでも続かない可能性は大きい。福井の3世代同居はすごい勢いで減っている。これまでは祖父母が助けてくれる時代だったけれども、今後は祖父母の介護がたいへんな時代が必ずやって来る。

**山崎**　そうですね。

**玄田**　もうパンク寸前という感覚も一部にはある。若い女性には、これからは家に縛られずに「楽しそうだね」と言われる生活をしたいという思いも出てきている。

## やりくりして時間をつくる

**山崎**　家のことがあって、まちづくりに参加できないということも、実際にはありますね。

**玄田**　そんな場合、女性同士で誘い合うというようなことが、やはり大事なんですか？

**山崎**　それはあります。やりたいことは、それぞれが持っていたりしますから。家のことは忙しいけれど、他の女性たちとも何かやりたいという思いもある。そのために話し合う場を一度設ける。もしくは、すきを見つけてちょっと話し合ってもらう。自分と同じことをやりたいと思っているメンバーが具体的に見えてきて、「この人たちとだったらやれるかもしれない」、そう思い始めると、気持ちがグーッと大きくなってきます。そうすれば家のことを圧縮してでも、なんとかやりくりして時間を作るという行為に移り始めることもある。

**玄田**　それで何となく奥さんとかお母さんが楽しそうにしていると、夫や子どもにもいい影響が出たり。

**山崎**　そう思います。今まで自治会などは、基本的には家長、特に男性の意見だけで、まちの方向性がずっと決まっていたのだけれども、もうそれではどうにもならないということを男社会が一番わかっています。しなやかなプロジェクトが生まれるきっかけは、女性のアイデアだったりアクションだったりすることに気づいている男性もいる。

**玄田**　もう女性の感性とかとわざわざ言わなくても、自然とそうなっていくんでしょうね。

## 若者と合理的な選択

**玄田**　若い人は、どうですか。地域では60代などは若手バリバリですけれども、さらに若い20代とか30代は？　福井調査で会った女性がいました。20代後半で敦賀《つるが》に帰ってきた。

**山崎**　都会に出ていたのですか？

**玄田**　そう。帰ってきたことに後悔はない。けれど、こんなことを言ったんです。「生まれ育った場所であること以上の『意味』を何か見つけたい」。実はその思いは、福井に限らず、生まれ故郷で暮している多くの20代、30代に共通する思いなんじゃないか。山崎さんがそんな若者たちに出会ったら、どんな声をかけますか。

**山崎**　非常に合理的な話をするかもしれません。都会に住んでいたのなら、可処分所得が減っても、地方の方が格段に豊かに暮らせるということがわかるでしょう、とか。東京でワンルームマンションに10万円払って暮している若者は、初任給25万円をもらっても残るお金は本当に少ない。

**玄田**　何のために働いているのかという感じ。

**山崎**　福井の山の中で私の知り合いがカフェをやっているんです。1日当たりの売り上げや利益がすごく小さくても、実はやっていけるんです。インターネットで販売の6割を売り上げています。そんな暮らし方ができるということを、東京や大阪にいる人たちが知らなかったりする。

18歳で地域を出た人たちは、地域で働くとか、お金を回すという意識が育たないまま外に出ているので、ずっと東京や大阪ベースの頭で考えている。でも当たり前だと思っていたお金のサイクルが、自分の地元を考えると実はものすごく圧縮できるかもしれない。そうしたら残るお金はすごく大きいということや、地域の仲間と一緒に面白いことができるかもしれないという選択肢も出てくる。

そのなかで戦略的に自分が活躍する場を選ぶ。別に福井でなくても日本のどこの地域でもよかったのだけれど、たまたまふるさとでやってみようということになった。ふるさとであることを意識しすぎず、合理的に考えてもいいと思うんです。

**玄田**　たしかに外に出て経験をしているから、その比較で合理的な選択もしやすいし。

## 大文字の歴史

**玄田**　地域を考えるときに歴史とか、文化というのは、重要なファクターですか？

**山崎**　コミュニケーションをやっていく上では大きいです。ただいわゆる「大文字の歴史」というものは……。

**玄田**　「高知といえば坂本《さかもと》龍《りょう》馬《ま》」のような（笑）？

**山崎**　みんなを喜ばすためのトークとしては使えますけれども、何か（地域の）人間性には、それほど反映されている気はしないですね。

**玄田**　むしろ何気ない、まちの中でみんなが当たり前だと思っている……。

**山崎**　そちらのほうですね。そちらを調べたり、みんなに聞くことが多いですね。

**玄田**　福井の人もみんな「住みやすい」と言うけれど、つきつめると「水がいい」とか。地元では当たり前すぎて、都会に出てはじめて水がおいしかったことを知ったりする。

**山崎**　そう思いますね。だから福井の歴史的○○とか、お殿様がとか何かというものは、ふだんのことにはそれほど関係していない気がします。

## 1週間探られる島

**玄田**　地元学の人たちが「ないもの探しをやめて『あるもの探し』をしましょうね」という言い方をするでしょう[5]。あるもの探しで、もっと日常的な何気ないことを探す。そのときに、何かヒントになることとかありますか。

**山崎**　家島では、フィールドワークとか地元学とか、あるもの探しということを本で読んだ後、20人のおば

ちゃんたちと一緒にフィールドワークをやったんです。それで自慢になるものを並べて、ガイドブックを地区ごとに3つ作った。それを役場の人たちが見て「いいものができたね」と喜んだんですけど、僕らは全然いいと思わなかったんです。

**玄田**　どうして？

**山崎**　例えば家島神社というものがあって、菅原道真《すがわらのみちざね》が台風に遭ったときにここに入って、「ここは家のような島だ」と言って、それが祭られたとか。「どんがめっさん」という大きなかめの形をして、顔が道真公の去っていったほうを見ているというように見える岩があるとか。これをやはり地元の人たちは「これがわれわれの自慢だ」と言って「ガイドブックに載せたいです」と提案するんですけれども、別にそれを聞いても、大阪から家島神社に行きたいとは全然思わない。

**玄田**　ときめかない。

**山崎**　大阪にも住吉大社《すみよしたいしゃ》があります。地域の人たちが自分たちで地域の自慢のものを探してくるというのは、本人たちが地域を知るという意味があったり、自分たちのプライドを再確認する意味はあるかもしれない。でもそれで外の人たちがその地域を魅力的だと思うような発信ができるかというと、違う気がする。それだったら、もう外の人に直接聞くのがいいということで、1週間かけて「探られる島」として、外の人たちに島を練り歩いて魅力を探してもらうことにしました。それで「これが面白い」と島の人に突きつけようと。

## クスッと笑える外部の視点

**山崎**　そうしたら畑の横に冷蔵庫がボンと置いてあるとか。

**玄田**　（山崎さんの本で）見た、見た。面白い。[6]

**山崎**　あんなものが面白いと、みんなが言うということがわかってきた。

**玄田**　何か必要不可欠の結果として、そのようになっていく。

**山崎**　なっていくんでしょう。

**玄田**　捨てられないから。

**山崎**　中が農機具小屋になっていたり。ただ「そういうのがすごく面白い」と島の人にいうと、反発もあるんです。

**玄田**　ばかにするなと。

**山崎**　そう。「あんたら、私らの恥ずかしいところの何がいいのよ」というようなことが、やはり1年、2年続いた。でもそれをしつこく5年間ずっとやった。すると「あんたら、ほんまにそれがええと思ってんの?」というようになって。徐々にその冊子を持って「畑の冷蔵庫、どこにありますか?」と聞いてくる人が出てくると「本当にそれがいいと思ってんのや!」と島の人が徐々にわかってくる。

地元学で自分たちがいいと思うところを探すという

のも、一つの役割はあると思います。けれども、「この地域」って、クスっと笑えるところや「面白い」と思うところはどこかを外部の視点から教えてもらうことも、セットでやったほうがいいと思うことはあります。

## 「活動人口」

**玄田**　まちづくりは「出会いづくり」であると同時に、「良いお別れ」をするといった面もあるような気がしているんです。人口も減っているし、このまま放置していれば、このまちはなくなるのだろう。何もしなければ10年でなくなるんだったら、20年後になるよう、じたばたしてみようじゃないかと。「もう1回過去の栄光を」とか「お客さんがどんどん来て」もいいけど、終わりの感覚をもって覚悟して取り組んでいる人のいる地域のほうが、実は結果的にすごく長持ちしているような気がする。

**山崎**　まちづくりの活動を、僕らが楽しいと思うところからスタートさせようとしています。楽しいことを公益性にどう接続するかというアイデアを、みんなと練るのが僕らの仕事です。楽しくなくなったり、目的を達成したら、別にこのチームをずっと維持させるために、我慢していなければいけないわけではないことも伝えるようにしています。終わるとき、要するに解散期があってもいいということを必ず伝えます。

　人口減少について言うと、人口が減るのだけれども活動人口が増えていくということはあり得る。人口が3万人いたけれども、まちのために活動している人が100人しかいなかった地域が、人口2万人になったけれども、300人、400人と活動人口が増えたとか。

**玄田**　「活動人口」という言葉があるの？

**山崎**　勝手に作ってるんです（笑）。
**玄田**　わかるなあ。
**山崎**　定住人口とか、交流人口とか、よくいわれます。でも観光客が増えても、ごみを捨てて帰っていくばかりでは意味がない。定住人口と交流人口を掛け合わせて何かの指標にしましょうではなくて、地域の活動人口比率をどう高めていくかが、僕らの仕事のような気がします。

## 希望を声に出す

**玄田**　僕らが地域の活動人口をはかるとすれば、やっぱり「地域に希望を持って何かをやっていますか」とたずねられたときに、率直に「はい」と答える人の数かな。そう答える人が何人かいるということだけでも、すごいことだと思う。
**山崎**　なるほど。

**玄田**　「希望はあるよ」とか「夢あります」とか。自分だけの希望とか、家族だけの希望もいいけれども、何か自分の大切だと思えるコミュニティに希望を持っていて、それに「何かをアクションしている」と言うことがあれば、もっといいと思う。

**山崎**　希望の中身は人それぞれでいいけれども、「希望はありますか」と言って、「あります」と答える人の数が多ければ、きっとそこには何かある。

**玄田**　「希望って何だかわからない」といわれることもあるけど、そこで立ち止まっていたらいけないと思うんです。医学的には「痛み」とは何かは実は未だによくわからないらしい。健康だけれども「痛い」と言うこともあれば、病気なのに「痛くない」ということもある。この痛いとか、痛くないという言葉を無視せず、そこからヒントを得ることで病気の原因をみつけられたりもする。

**山崎**　確かに。

**玄田**　だから地域の課題も希望も、とにかく声に出して、それが何かをみんなで考えつつ、同時に足も動かしてみる。まずはそれでいいような気がする。細かい活動人口の指標をつくるのもいいけれど、希望を口にする人がどれだけいるか、その人たちが何をしているかに素直に注目すればいいんじゃないかなあ。

## 「自分たちでつくっている希望」

**山崎**　経済学は「経世済民《けいせいさいみん》」ですよね。[7] 基本的には幸福をどのように計っていくかという学問だったと思うんです。聞くところによるとそれが宗教観とかややこしい問題があったり、「（幸福は）人それぞれ」という結論になって、１９６０年代以降は結局、お金という数字が一番わかりやすいということになった。

それが１９９０年代にエラスムス大学などが幸福研究をもう１回やり始めた。[8] そのときのすごくシンプルな方法として「あなたは今、幸せですか」と世界中の人たちにたずねた。それで「イエス」の比率が高いところはどこか？ 理由は？ というものすごく単純なところからもう一度見直そうとなったと聞いたことがあります。

**玄田**　（考え方も）ぐるっと回ってきている。

**山崎**　「希望はありますか」に「イエス」とか「ノー」とか答えた人がどれだけいるか。背景は人それぞれだろうけれども、その地域の人たちが希望を持っているという評価はできると思います。

**玄田**　もちろん気をつけなければいけないところもあ

って。「20世紀最大の『希望の政治家』は誰か」とたずねたら、歴史家には「ヒトラーだ」と答える人もいる。第一次世界大戦でドイツが過酷な賠償金を負わされて、ドイツ国民がみんな下を向いてもう先がないと思ったときに、ヒトラーが「希望の政治家」として現れた。

**山崎**　ものすごい数の人たちが（ヒトラーに希望を）見いだした。

**玄田**　希望があることがまずは大事だと思う一方で、常に「それが本当に希望なのか」と希望の問い直しを自分たちができているかということも、同じくらい大事だと思うんです。それがあって「与えられた希望」ではなくて、本当に「自分たちでつくっている希望」になるんだと。

## 「多様性」と「ばらばら」

**山崎**　結果として、それが希望の多様性なのかもしれないですね。自分たち自身が生み出している希望であれば、同じになるはずがない。状況が違うから。だから、その希望を無理やり一つにしようとすると、いろいろややこしいことになる。

**玄田**　「多様性」と「ばらばら」は違うんです。必ずしも希望が一つにならなくてもかまわない。

**山崎**　どういうことですか。

**玄田**　ダイバーシティ（多様性）を経営で重視している外資系企業に聞いたことがあるんですが、多様性にとって大事なのは、ディシプリン（discipline）なんだそうです。日本語でいえば「申し合わせ」とか「約束事」のことです。みんないろいろ違っていいんだけれど、ある共通する何かについては、もう有無を言わず、必ず守ることを決めたりする。それを守っていれば、あとは一人ひとりに任せようではないかと。

それが本当の多様性で、ばらばらには共通の約束事がない。だとすると希望の多様性には、みんなが大事に守り続けていこうとか「かけがえのないもの」としてこれだけは何があっても大事にして育てていきたいというものが必要になる。

**山崎** なるほど。確かにそうですね。

**玄田** 多様な希望には約束事も大事だというのは、地域の希望を考えるときにも欠かせない視点だと思うんです。

## 希望について

**玄田** 最後に、山崎さんにとって希望とは何ですか。

**山崎** 希望ですか。うちの事務所は「生活」ということが基本です。Studio-L の「L」は「ライフ（Life）」ですから。

ライフについて19世紀の美術批評家のジョン・ラスキンという人が本の中に「生活こそが財産だ」と書いています。[9] それで「最も裕福な人生を送っている人というものは、自分の持っている価値で他者に対して最も有益な影響を与え続ける生活を送った人である」というようにラスキンは締めくくっています。

ラスキンは、前半生が美術批評家で、後半生は社会運動家といいますか、社会改良家だった人です。僕らも生活自体をもう一度見直して、自分の生活が他者に対して最大限の有益な影響力を与えるようなことを、みんなと一緒に考えていくスタジオにしたいと考えてやってきました。

その意味で「生活」ということには、こだわってきました。豊かな生活とか、幸福な生活とは何かというようなことを軸に、自分たちのプロジェクトを考えることが多かったんです。同時にその出発点というか、基礎なのかわかりませんが、希望も欠かせないんだということは、今日お話しをしてすごく感じました。

**玄田**　「希望がありますか」の問いに「はい、あります」と言える人は、日本では減りつつあるようです。(10)これはなんとかしなければいけないと僕は思う。

　希望というのはつきつめて考えると、よくわからないところがあるのも事実です。だからこそ「これが希望なのだろうか」と探し続けることが大事だと思っているんです。

　希望について悩みながら考えて行動する人が少しずつでも出てくれれば、地域やコミュニティは元気を取り戻せる。今日は山崎さんとお話しして、そのことを確信しました。

（1）兵庫県家島は、山崎さんがコミュニティデザインのお仕事をしてきた場所の一つ。プロジェクトの詳細は、山崎亮『コミュニティデザイン』（学芸出版社、2011年）などを参照。

（2）文化人類学者川喜田二郎がデータをまとめるために考案した手法。データをカードなどに書いて、それをグループごとに図にしながら、まとめてゆく方法である。

（3）坊主にひげ面とは、いうまでもなく山崎さんのことである。

（4）山崎さんたちがかかわった島根県隠岐島郡の海士町でのプロジェクトを紹介したガイドブック。詳しくは山崎亮『コミュニティデザイン』等を参照。

（5）地元学は「地元ごとにそれぞれのあり方ややり方がある」という立場で地元について考える学問である。吉本哲郎、結城登美雄、竹田純一氏らが、実践提唱している。

（6）山崎亮『コミュニティデザイン』。

（7）中国の古典「抱朴子」「文中子」に出てくる言葉で

「世をおさめ、民をすくう」の意味。日本では江戸時代に太宰春台が『経済録』でその言葉を紹介したとされる。

(8) ヴァンホーヘン・エラスムス大学(オランダ・ロッテルダム)名誉教授らによる世界の幸福度ランキングの調査のこと。同調査によると1位はデンマークであり、日本は46位となっている。アメリカのミシガン大学が行った調査でも、やはり1位はデンマークで、日本は43位となっている。

(9) ジョン・ラスキン(1819-1900)。「生活こそが財産だ」と書いたのは『この最後の者にも』という著作。著書に『建築の七灯』『近代画家論』等。

(10) 東京大学社会科学研究所の石田浩教授らの研究グループが2007年から毎年実施している「働き方とライフスタイルの変化に関する全国調査」の調査結果によると、2012年までの5年間に、日本社会では将来の生活や仕事に対する希望は失われ続け、暮らし向きに対する不安は徐々に高まり続けている。詳細は http://ssjda.iss.u-tokyo.ac.jp/panel/pr/ 等。

「希望学」対談2

# 「地域は変われるか?——伝統と変革のあいだ」

藻谷浩介×中村尚史

*Kousuke Motani*

*Naofumi Nakamura*

## 地域活性化という「型」

**中村**　今日は、地域振興のコンサルティングがご専門の藻谷浩介さんと、ある成功体験にもとづいて形成された「型」をもつ地域や企業の変革について、お話しさせていただきたいと考えています。

私は福井市に本拠をおくセーレンという総合繊維メーカーの研究をさせていただいて、名門企業を変革するのが、いかに大変かということを思い知らされました。例えば、「たくさん作ることがいいことだ」という型ができれば、ひたすら多く作ることが目的になる。製品の付加価値とか、どこに売るかとかは、とりあえず二の次で、とにかく作るのが目的になることがある。目的そのものが絶対的な価値を持ってしまうというケースがあるのです。

**藻谷**　そう、型を守ることが絶対化してしまうという

もたに・こうすけ
1964年、山口県生まれ。株式会社日本総合研究所調査部主席研究員。日本開発銀行（現日本政策投資銀行）入行。コロンビア大学でMBA取得。平成合併前の約3200市町村の99.9%、海外59カ国を回り、その現場での実見に、人口などの各種統計数字、郷土史を照合して、地域特性を多面的かつ詳細に把握している。復興構想会議検討部会専門委員ほか政府関係の公職も務める。主な著書に『実測！ニッポンの地域力』（日本経済新聞出版社）、『デフレの正体——経済は「人口の波」で動く』（角川書店）など多数。

のは、日本の企業にも非営利団体にも、そして地域にも共通の現象です。付け加えると、型はスローガンとして共有されているわけですらない。無意識に、条件反射でそう動いてしまう、それが型です。

**中村**　そうですね。型というのは、無条件で出てくるから型なのです。日本全国津々浦々の市町村を訪問されている藻谷さんに、是非、聞きたいのは、地域においてこのような型とその問題点が、どのようなかたちで現れるのかという点です。

**藻谷**　地域の関係者の考える「地域活性化」というもの自体が、内実のない型になってしまっているケースが多いですね。イベントを何件やったとか、何人集客したとか、それならまだいいのですが単に何億円予算を使ったとか、それで何がどう「活性化」したのかという検証なしに、型として何かを繰り返すことが、地域活性化であるとされてしまっています。もっとすごいのは、北陸あたりでは新幹線が来ること自体が地域活性化なのです。新幹線が来た結果何がどうなるということには意識が向かず、とにかく新幹線が来て、既に新幹線のある都府県と同列に立つこと、イコール活性化なのです。

**中村**　私はその手の話を、九州新幹線の開業のときに感じました。ある新聞に熊本における新幹線開業に関する記事を頼まれたので、熊本県や熊本市が、新幹線の経済効果や新幹線を活用した地域活性化プロジェクトについて、どのような調査をしているかを調べました。新聞社の方々も、一生懸命調べてくれました。ところがどこをどう探しても、県や市がそうしたプランを出した、または調査をやった形跡がない。唯一見つけたのは、福岡の大学の先生が書いた新幹線の経済的影響についてのシミュレーションなのです。ビックリしました。

なかむら・なおふみ
1966年、熊本県生まれ。東京大学社会科学研究所教授。専門は日本経済史・経営史、地域経済論。2009年に刊行された『希望学』全4巻（東京大学出版会）では、岩手県釜石市にて調査研究を行った2巻、3巻の編者を務める。主な著書に『日本鉄道業の形成――1869〜1894年』（日本経済評論社）、『講座・日本経営史2　産業革命と企業経営――1882〜1914』（共編、ミネルヴァ書房）、『地方からの産業革命――日本における企業勃興の原動力』（名古屋大学出版会）など。

**藻谷**　議員とかは、「これで、うちも新幹線が通る県になった、ようやく一流になった」と喜ぶわけです。開業の瞬間に、型としての活性化が達成されるわけです。新幹線も、高速道路も全く同じなんだけれども、開通後に特に何も経済は活性化しないでしょう？　むしろストロー現象が起きることが多い。でもそのことに対する不満はないのです。型として新幹線や高速道路が整うことが即ち活性化であり、そこから先のことは考えないのです。地域の有力者が、自分の地区にホールだの何だの公共施設を誘致しようとするのも同じです。実際問題、基本的にどの地域も食べることができているから、天下泰平なのだともいえるでしょう。

### 「豊かさ」による変革の忌避《きひ》

**中村**　企業であれば、倒産の危機に直面して初めて本質的な変革ができる。そのような状況でなければ、みんなが現状に満足してしまう。

**藻谷**　そうなのです。だんだん、ジリ貧になってはきているけれども、基本的にはまだ食えている。まだ誰も飢え死にしていない。

**中村**　地域社会が、まだ限界まで来ていないということですか。

**藻谷**　正確に言うと、自治体財政は、もう相当行き詰まっています。自治体は国とは違って赤字国債が出せないという仕組みになっていますから。それはそれでいいことなのですけれども、その結果として、自治体にはやれることに金銭的な限界が出てきている。そこでどうしているかというと、これは役場という組織の能力によって分かれるのですけれども、すごく能力があるところは、そうは言いながら、不要なところを切り捨てつつ、今の仕組みの中で何とかやりくりしている。しかし、職員にさほどの能力のない普通の自治体、住民に有能な首長を選ぶ能力がない自治体は、お金がないからと、必要な仕事でもだんだんにやめていくようになっています。

**中村**　なるほど。今までやっていたサービスをやめていくと。

**藻谷**　ええ、やめていくのです。あるいは必要なところに手をつけない。「時代の変化で、役所も変わらないといけません。ごめんなさい」と言うと、住民も多くはまだそこまで困っていないので、「ああ、そうですか」と言ってあきらめるわけですね。その際に、稼動していない老朽公共施設なんかを先に閉めていくべきところ、地区の有力者の反対が怖いので、あまり文句の出ない弱者保護関係とか、公園の維持管理なんかを先に切っていきます。

**中村**　要するに、どんどん小さな政府にしていっている状態ということですね。

**藻谷**　そう、そういうことです。

**中村**　こうした「豊かさ」の問題点というのは、福井にもフィットしますね。

**藻谷**　福井にはたいへんよくフィットしています。福井は、豊かな日本の煮詰まったような地域です。福井は日本有数の豊かなストックを持っている地域で、過去のストックに依存して、割に楽に生きていける人の比率が、比較的高いのです。そこからあぶれた人は都会に出て行ってしまいますから、人口は減っていますが、残れた人は困っていません。

## 食文化を通じたまちづくり――小浜市の事例

**中村**　藻谷さんは福井で、何かまちづくりのようなことに関わったご経験はおありですか。

**藻谷**　いろいろあります。福井市とか小浜市《おばまし》とか越前市《えちぜんし》とか、それなりにいろいろと関わっています。

**中村**　まちづくりの面で福井と小浜との間に、違いはありますか。

**藻谷**　違いはあります。福井市は繊維などの地場産業のストックがすごく大きい。インフラも整備されている。そもそも農業地帯としても豊かです。そのため、のんびりしていて、イノベーションが停滞した町ともいえます。それに対して、小浜市は貧乏です。隣接する町と違って小浜市には原発もありませんから、誰も合併したがらない。結局、周りの町が、峠を越えてよそと合併する。本来だったら、名田庄村《なたしょうむら》とか上中町《かみなかちょう》とかは小浜市とくっつくのが当たり前だったのだけれども、それぞれ原発のある別の町と合併してしまった（376頁の図を参照）。そのような中で小浜市は何をしているかというと、「食文化の町」というビジョンを打ち出した。若狭《わかさ》は、古来、海産物を中心とした食文化を育くんできた地域です。地域の食文化をきちんと地域の家庭と子供たちが継承するという取り組みに、本腰を入れて取り組んでいます。金勘定とかの問題ではなくて、アイデンティティーとしてやるぞということで続けているのです。

**中村**　「御食国若狭《みけつくに》おばま食文化館」を作りましたね。

**藻谷**　その文化館が、単なる展示場ではなくきちんと食育の場としてもワークしていて、ちゃんと品数の揃った和食を食べようとか、家庭や子供への啓蒙《けいもう》活動をやっているのですね。しかも学校給食では、これは全国でも聞いたことがないのだけれども、「校区内地産地消」というのをやっている。校区の中で取れた食材だけで、給食を出す日があるのです。

**中村**　それは、すごいですね。

**藻谷**　校区内で何でも作っているからこそできる、すばらしい事例です。校区内に、水田だけでなく、野菜の畑も養豚《ようとん》場もあるのです。給食の食べ残しを持っていって豚に食わせて、できた豚を、屠殺《とさつ》してソーセージにして食べるのですね。そういう教育をやっているうちに、給食を残す子供がぐっと減少したそうです。このように小浜は、日本の食育の最先進地なのです。

**中村**　確かに小浜は鯖街道《さばかいどう》以来、食文化はあったかもしれないけれども、それを売りにするといいますか、われわれのアイデンティティーだと言いはじめたのは最近でしょう?

**藻谷**　それを持ち出さないと、滅びるところだったのです。原発のあがりは敦賀《つるが》には落ちても小浜には落ちない構造です。一次産業と集客交流を主要産業にしなければならない、そのためには本物の食文化を再興しなければならないと気付いたわけです。また、小浜では日本の塗箸の8割を作っている。でも和食文化が廃れれば、塗箸は使われなくなる。「これは、まずい。まず自分から何とかしなくては」ということです。

**中村**　文化と地場産業がセットになっているわけですね。

**藻谷**　セットになっているわけです。食育が産業振興につながる。食材だけでなく、調理だけでなく、和の器もきちんと使いましょうとうたっている。まさに上にのっている産業だけでなく、その根っこにある文化から考えている、大変な取り組みなのです。

**中村**　なるほど。周りとの比較といいますか競争で、本当に滅びそうになって、初めてそのような発想が。

**藻谷**　90年代に、「若狭地方の商業の中心としての地位を維持したい」ということで、町の真ん中に西友を誘致して再開発をやったのですが、これが大失敗しました。その次には「高速道路が来れば」「小浜線が電化されれば」などと言い出しました。やがて高速道路は小浜市のすぐ横まで来ましたし、小浜線も原発の見返りに電化されたのだけれども、当然何の経済効果も

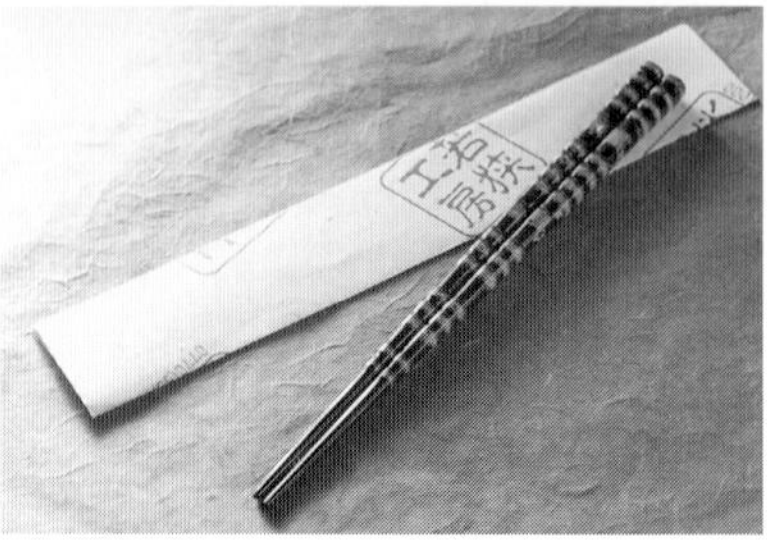



小浜は四季を通じて豊かな食材に恵まれた「食文化の町」．特に鯖は焼物，煮物，酢じめなどいろいろな料理に用いられ，浜焼き鯖，なれ鯖，へしこ等に加工され特産品になっている（写真上）．塗箸は全国の８割の生産量を誇る．若狭塗箸は貝殻や金銀箔を漆で何度も重ねて塗ったあと，美しい紋様を研ぎ出す（写真下）．（写真提供：公益社団法人福井県観光連盟）

生じません。このようにいろいろと失敗した末に、食文化を活かした集客交流に行き着いた。

**中村**　小浜が食育や食文化を打ち出し始めたのは、いつ頃なのですか。

**藻谷**　目に見える動きが出て来たのは、10年ぐらい前ではないでしょうか。

**中村**　結構、最近ですね。

**藻谷**　最近です。元々、気がついてはいたのだけれども、市として本格的に動き出したのは、21世紀になってからだと思います。

**中村**　逆に言えば、その頃、にっちもさっちもいかなくなった、という話なのですね。

**藻谷**　そうです。ですが、遠い将来への期待としては「新幹線が」というのもある。北陸新幹線は、敦賀から小浜、亀岡経由で大阪に抜けるという計画になっているのです。でも、「小浜に新幹線を通すのはやめましょう」と、僕は言っているのです。「皆さんが東京へ行くときに、新幹線に乗って北陸回りで行きますか？　時間がかかるうえ運賃が高いから、絶対乗りません。大阪に行くにしても新幹線だと3000円台になりますが、それでも乗りますか」と。もともと若狭は京都との結びつきが強い地域で、大阪にはあまり縁がありません。大昔から計画があるのですが、湖西線《こせいせん》の近江今津《おうみいまづ》と小浜線の上中《かみなか》の間16キロを在来線の新線で結んで、京都まで新快速で1000円少々、1時間とした方が、東京にも大阪にも早く行けて便利ですよ、東京にも京都乗換えで3時間程度になりますよ、と提言しています。

**中村**　新幹線整備という「型」は忘れて、食文化で頑張ろうと。

**藻谷**　新幹線の経済効果は、工事中の建設投資のうち地元に落ちるわずかな部分だけです。あとは「ウチも新幹線が通る地域になった」という虚栄心の満足。そういう「型」は捨てて、食育という実質を取るべきなのです。

## 2割の法則

**藻谷**　あちこちの地域をみていて思うのですが、型どおりに動くばかりで「変えるのは自分の仕事ではない」と言う人を全体の8割くらいまで減らせて、2割ぐらいの人が型から脱した行動を取ってくれるようになると、世の中が変わるのですね。基礎的なマーケティングの分類でいえば、新しいことを進んで試してくれる、いわゆる「パイオニア」という層は全体の2、3%程度。そして大体の地域おこしというのは、人口の2、3%のパイオニアしか取り組んでいないのです。パイオニアはどの地域にも常に存在するのだけれども、それが全体の変革にまで進まないのですね。進まないのは、2割を取れないからです。この2割をマーケティングの分類では「アーリーマジョリティ」というのですが、ここが変わると、その地域は目に見えて、アクティブな地域になってきます。

**中村**　そうですか。

**藻谷**　80年代の大分県の由布院《ゆふいん》温泉などはまさにそうなんです。2割ぐらいの旅館が地域おこしイベントや地産地消にまじめに取り組むようになった。逆に言え

ば新しいことをやっているのは2割しかいないのですけど、由布院温泉全体が、全国の温泉地の中ではぴかぴかに見え始めたのです。

**中村**　逆にそれが、ある種の型になるのではないですか。

**藻谷**　そうなのです。新しいサービスはすぐに真似されて、本来の趣旨を失った「型」になってしまいがちです。本質の分からないフリー・ライダーが大量に入ってきて、型どおりの商売を始めるので、ブランドががちゃがちゃになる。最近の由布院では、本質と型のせめぎ合いが続いていて、勝敗はまだわかりません。また由布院とは違う地域の話ですが、ある革新を生んだ世代が、地域でずっとリーダーをやった結果、次の世代には型となってしまったものしか引き継がれないというケースも多いです。地域振興のリスクはそこにあるのです。

　ところが面白いことに、由布院のいいところだけ熊本県の黒川温泉がまねをして、さらに新しい型をつくる。また、黒川温泉が、仮におかしくなって行き詰まっていくと、今度は、横の何とか温泉が頑張っていく。地域の場合は、ラグビーのボールパスのようにつながっていくのです。

**中村**　一つが、仮にだめになっても、次にもう一つ、新しい芽が出てくるという。

**藻谷**　そうなのです。Ｊリーグの事例もあります。Ｊリーグというのは、サッカー関係者の一部が、企業スポーツでやってきたサッカーを地域に根ざしたものに変えなければいけないと思って作ったのです。その動機はおそらく、「企業の都合で予算を上げたり下げたりしてはだめで、本当に地域に支えられないとサッカーが強くならない」ということで、つまり欧州のシステムを入れることで日本のサッカーを世界に通用するレベルにまで強くしたかったのです。ところが、Ｊリーグをやっているうちに、「地域をよくしたいのでサッカーをやろう」という人が大量に入ってくるわけです。逆の目的ですけれども。でもこの両者が協働して、日本サッカーも強くなるし、サッカーでよくなる地域も出てくる。

Ｊリーグ設立当初は、ほとんどが企業チームなわけです。その象徴が読売ヴェルディで、絶対に企業名を外さないと言い張る。ところがＪリーグは、企業名を出すのはだめですといって、強引にヴェルディ川崎にさせるわけです。そうすると、読売はだんだんやる気をなくして、結局撤退していく。でも、それがよかった。逆に鹿島アントラーズが、地域密着型で成功するわけです。本拠地の人口も少ない弱小チームだったのに、とても強くなりました。鹿島アントラーズが成功したということは、全体の2、3％の成功です。そこから2割ぐらいまでもっていった。

**中村**　なるほど。

**藻谷**　本当に地域チームとして活動して、かつ黒字でとどまり続けられているのは、今のところ、浦和とか新潟とか、いくつかしかないのです。企業チームの体質のまんまというところもいっぱいあるのだけれども、いくつか、本当に地域チームになったところも出てきて2割ぐらいまで行ったことにより、中間6割は

2割に追随してくる。

**中村**　今のお話だと、変革するためのコツはとにかく2割を取ればいい？

**藻谷**　2割取る。しかしその2割も安定して存在しているわけではないのです。うまくいっていたところがいかなくなる場合もあります。例えば、アントラーズも一時期、弱くなるのだけれども、そのときには、浦和とかが育っているために、地域チームの象徴はそちらになっていて、火が消えないわけです。そのような仕組みというのが、ラグビーのように後ろにしかパスできないのだけれども、あとから来た人にパスができることで成り立つのです。

**中村**　そう考えると、地域を変革する、ないしは地域を変えていくというのは、ある地域という一つのコミュニティの中だけで考えるのではなくて、周りまで含めて考えていくのがポイントだということですね。

## 賃加工という型からの脱却——福井市の事例

**中村**　福井の方はいかがでしょうか。

**藻谷**　福井全体が賃加工の地域で、商品企画の能力を持たずに、製造の中の賃加工というパートだけをやっている。「俺たちは、技術力を培って地味に加工していればいいのだ」という型がある。その型を破るということについて、まだ福井は変革途上です。セーレンやメガネのシャルマンのようなパイオニアは2％にとどまっている。

ただ福井には、地域全体が全国に先駆けて型を破った例もあります。例えば、えちぜん鉄道の再生ですね。旧京福《けいふく》電鉄の福井県内の2つの鉄道線が設備の老朽化で運行停止命令を受けたときに、地域の企業や自治体や住民が資金を出し合って新たな会社を設立して運行を継続したという例ですが、その背景には、ローカル線を廃止するのではなく、残しておいたほうが地域全体として金銭的にも得だという計算があります。鉄道の存続は交通弱者にとってはもちろんプラスですが、金勘定から考えても、鉄道を廃止してバスにするよりも存続の方が得であるという知見を、富山県高岡市を走る万葉線《まんようせん》というローカル鉄道の存続事例から学んだのです。蠟山《ろうやま》さんという、高岡短大の当時の学長（故人）が、「鉄道を廃止しても、どのみち代行バスは走らせなければならない。ところがバスにすると乗客が3分の一くらいに落ち込むというのが過去の事例の平均である。しかも鉄道もバスもかかる人件費はほとんど同じ。だから同じ金をかけるのなら、鉄道存続のほうがいいではないか」という、すごく当たり前のことに、でも誰も気づかないことに気づいて、市民と市当局を説得していったのです。福井もこれに倣《なら》ったのですが、日本中に型として、「ローカル鉄道は廃止す

えちぜん鉄道の前身は，京福電気鉄道の福井鉄道部．2001年に事業継続困難に陥った際，福井市，勝山市などが出資して第三セクター方式の鉄道となった．福井市を中心に，福井と三国（坂井市）を結ぶ三国芦原線，福井と勝山を結ぶ勝山永平寺線がある．（写真提供：公益社団法人福井県観光連盟）

る」というのがありますから、その決断は画期的でした。えちぜん鉄道もみんながお金を出し合って再生してみたら、その後はお客さんが増え続けているのです。

**中村**　そうなのですね。えちぜん鉄道の見奈美《みなみ》さんという社長は、セーレンから入られました。

**藻谷**　そうなのですか。やはりセーレンが関係しているのですね。豊かで型にはまった福井にも、型を破ることは大事だと思っていて、頑張る人はいるのですね。だから、そういう人が福井で2割を取れるかというのは、日本の今後を占う。

### 希望を語ることの重要性

**中村**　私たちが研究しているセーレンの事例だと、社長の川田《かわだ》さんは、変革の支持者を2％から2割にするために、とにかく「私はこうやりたい」と言い続けるわけですね。彼自身、それが可能かどうかについて、確信を持てていたわけではない。でも、「これをやりたい」と言い続け、2割に到達した。

**藻谷**　そこがポイントです。仲間をつくっていけば、後継者を抜擢したり、あるいは、もしかすると集団合議制というかたちで引き継ぐことが可能になる。地域おこしは1人のリーダーがやらなければいけないということはないので、参謀格のような人間ばかり3人残ってしまったというケースもありますが……。

**中村**　でも、それで合議してやっていけば、少なくとも引き継げますね。

**藻谷**　そうなのです。ラグビーのように後ろにパスを出していけるのですね。後継者も後継者なりに夢を引き継いでやり方を工夫していける。夢を語ることのできるリーダーだと、それができる。ところがリーダーが、「このままでいくとうちは死ぬぞ。やらなければ

だめだ」と言い続けていると、危機感を煽《あお》り続けることが型になってしまうのです。豊かな福井、豊かな日本なので、「危機だ、危機だ」と言っていないと、人が動かないと思うのでしょうが、実際には危機感を煽り続けているうちに、実はみんなが絶望してくるのです。

**中村**　なるほど。

**藻谷**　実態がたいして危機でもないのに、「危機だ、危機だ」と騒ぐのは、言うなれば、「どうせおまえは死ぬぞ」「どうせおまえは死ぬぞ」と毎日言っているようなものです。確かにいずれは死ぬのだけれども、人間そのようなことは忘れて生きているわけで、毎日、「おまえ死ぬぞ」と言われると、やはり人間というのは、気持ちがどす黒くなってくるのですね。

**中村**　どうせ語るなら、夢を語ったほうがいい。

**藻谷**　「100歳まで、とりあえず病気しないぞ」などと言っていなければ。

**中村**　そうですね。生きる意欲がわいてこないですね。

**藻谷**　希望を語れるリーダーは、日本ではとても珍しいですね。それをやらないで、このままではだめになる、だめになるというように強迫観念を押しつけないと前に行けないというのが、不幸な型になってしまっている。とにかく、希望は語らない。「やらないと死ぬぞ」という脅し文句ばかり繰り返していくうちに、表面上だけ危機に対応するという型ができる。内心では皆が絶望してしまって、本当に必要な変化は起きなくなってしまう。

**中村**　みんなで希望を語り合ってお互いを褒め合う。それが重要だと。

**藻谷**　そうです。「楽しいことをしよう」、「面白いじゃん」と。そしてもう一つは、うまくいったら、褒めるし、うまくいっていないときは、難しいのだけれども、怒らせずに批判するということでしょうね。いいところと悪いところを、感情を壊さずに、お互いに共有することができるのが、コミュニケーション技術です。

**中村**　どうすれば、そのスキルが養成されるでしょうね。そこがポイントだと思うのだけれども。

**藻谷**　こういうのはパソコンでいえばOSです。OSというのは教えることはできないのですが、そういうことができている人と一緒に行動していると、自然に感染するものなのです。OJTの世界ですね。組織の枠を超えて感染者を増やすには、地域内で一緒に行動しながらOSを共有する「講」のようなものがなければいけないのです。本当は学校でやってほしいのだけれども、座学では感染はしないので、講がないとできないですね。前の世代から後の世代に伝わる、縦型の集団です。もともと、ＪＣ（青年会議所）とかはそのような世界だったはずなのですが。

**中村**　なるほど。

## お笑いで福井を変える

**藻谷**　日本は、多くの人がお笑いを見ているだけ、まだマシなのです。ですがテレビからもだんだんお笑いも消えてきた。お笑いの背景にあるのは、話を転がしながら、あうんの呼吸で話題を転換していくという素晴らしい技術です。最近私の後輩が、私も参加しているある市の職員研修で、「市の課題についてお笑いを演じなさい」という課題を出しました。職員３人でお笑いネタをやって、優秀なものは市長に見せるというのが研修の卒業課題です。すごく嫌がられましたが、とても大事なことですね。

**中村**　なるほど。

**藻谷**　このようなものは、２人だとまだしもボケとツッコミの分担でこなすことができるのですが、３人というのはものすごく難しいのです。話を転がしていかなければならないので。２人が掛け合いで話を進めていくところに、「それは違うんじゃない？」と、第三者がさらに割って入って言わなければならない。ですがお笑いであれば、難しい課題も笑い飛ばしながら指摘できるし、解決策も安直な思い付きだとしてもギャグとして提案できる。相手の話を否定しても、お笑いだと、「ハッ、ハッ、ハッ」と言って、誰も傷つけない。課題の解決策自体はなかなか出てこなくても、少なくとも課題の存在は共有できる。

**中村**　お笑いはコミュニケーション能力を磨く一つの訓練材料であると。

**藻谷**　福井は生真面目で、およそお笑いという要素がないでしょう？　金沢はある程度お笑い的要素があるのではないですか。まちとして。

**中村**　それは、斬新な提案ですね。福井にお笑いを。

**藻谷**　何か、みんなが笑いながら話をしている場というのも必要で、ヨーロッパだと、フォーマルなコンサートのあとのカクテル・パーティなどがそれにあたります。そこで、笑いを取るというのはすごく重要な要素です。日本にもかつては連歌とか、茶の湯だとか、高度なコミュニケーション技術が、実はあったのですね。それを、何か現代的に復活しなければいけない。福井の場合、賃加工ばかりだと、「これ、明日までにやって」、「はい、分かりました」といった感じで、コミュニケーション能力が向上しません。やはりお笑いが必要です。

**中村**　お笑いの要素を取り込みつつ、明るく、みんなで福井の将来を考える。重要なことだと思います。今日は、本当にありがとうございました。

序

# 福井の希望を考える

玄田有史

げんだ・ゆうじ　1964年、島根県生まれ。東京大学社会科学研究所教授。専門は労働経済学。主な著書に『希望のつくり方』（岩波新書）、『仕事のなかの曖昧な不安――揺れる若年の現在』（中公文庫、第24回サントリー学芸賞）、『ニート――フリーターでもなく失業者でもなく』（共著、幻冬舎文庫）、『14歳からの仕事道』（イーストプレス）など。

## ■変化の中の希望

２０１１年11月、都道府県別の幸福度ランキングが発表され、ちょっとした話題になった。福井県は、47都道府県中、最も幸福度が高い県に選ばれた。住みやすさ、働きやすさ、安全、子育て環境などからの、総合的な評価だそうだ。

2008年から、福井の「希望」を考えるために、福井県をしばしば訪れてきた。長い冬の雪の厳しさを含め、福井は本当に良いところだと思う。酒好き、蕎麦《そば》好き、肴《さかな》好きの私（島根県出身）は何カ月かすると、また福井に行きたくなる。県内で生活満足度の調査をすると、9割近くが満足していると答える結果も、うなずける。

ただ、福井でいろいろな人にこれまでお目にかかってきたが、「福井は日本一幸せなところです！」と自慢そうに話す人と出会ったことがない。それもやはり福井人の謙虚さや慎みからきているのだろうか。ランキングが1位ということよりも、そんなことに浮かれないところこそ、本当の福井の魅力だろう。

一方で「福井は、外で言われているほど、幸せばかりじゃないんですよ」と言われたこともある。そうつぶやくのは、きまって若い女性だ。彼女たちの言うとおり、本当は幸福ばかりじゃないのかもしれない。だとすれば、変えなければならないことが、福井にもきっとある。

「幸福」と「希望」は、似ているようで違う。幸福な人は、今の状態がいつまでも続いてほしいと思う。結婚したばかりの新婚カップル。初めての子どもが生まれた瞬間。そんな場面には、幸福という言葉がよく似合う。

それに対し、今よりもよい未来の訪れを信じられるときに感じられるのが、希望だ。今は生活も苦しいけれど、努力をして耐えていれば、必ず将来には良いことがある。そう信じられるとき、そこには希望がある。幸福が「継続」を求めるとすれば、希望は「変化」のなかでつくられる。

以前、全国の20～59歳に「希望（実現してほしいこと・させたいこと）がありますか」とたずねたことがある。すると2006年に行った調査では、78・3％が希望はあると回答した。ところが2011年の震災前の調査では、希望を持つ割合は70・0％にとどまった。日本全体で、希望のない人はきっと増えている。

では、福井の希望はどうなのだろうか。やはり2011年の震災前に県内で行ったアンケートでは、同じ20～59歳の福井県人のうち、希望を持っている割合は71・8％だった。全国とほぼ同じか、わずかに多い程度。どうやらそれが福井の希望の実情のようだ。

福井には、自然や文化、技術など、これからも守っていくべきものがたくさんある。けれど、変えなければならな

**希望を持つ人の割合が，全国で低下気味．福井は全国よりも高い．**

◎希望を持っている人々の割合

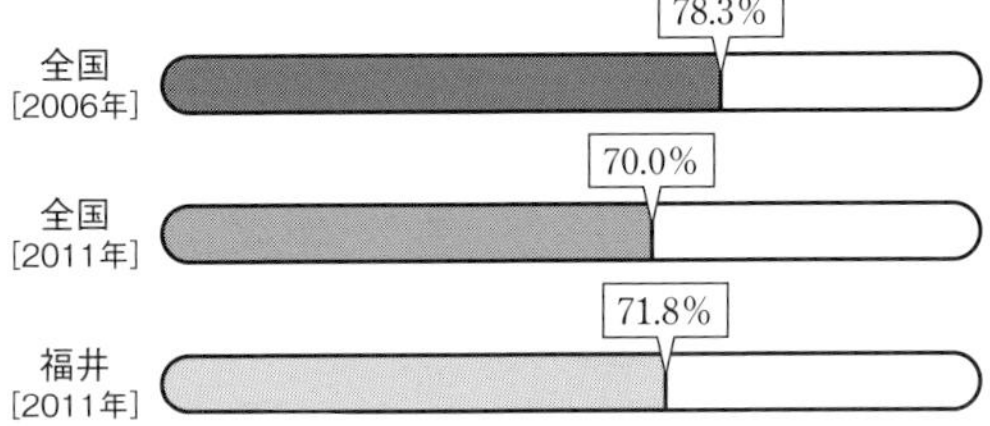


注：対象は20歳～59歳．
出所：福井については「福井の希望と社会生活調査」（東京大学社会科学研究所，2011年県内で実施）による．全国調査は『仕事と生活に関するアンケート調査』（東京大学社会科学研究所，2006年）および『地域の生活環境と幸福感に関するアンケート』（同志社大学，2011年）による．

いものもきっとある。それを見つけ出し、みんなの力を一つにして変えていく。そうすれば、福井に希望はもっと広がるはずだ。

## Q&A 「変えたくない」人が多い？

**Q 幸福は現在の評価、希望は「未来」への評価ってことなのでしょうか。**

**A** たしかに現在に満足な人は「幸福だなあ」と感じるでしょうし、一方で未来に何か良いことを求めている人は「希望がある」という傾向があります。その意味で、今が苦しい人ほど、未来に希望を求めがちです。東日本大震災後に、さかんに「希望」ということがいわれていたのも、そのためでしょう。

**Q 福井が「幸福」というのを実感できないというのは、福井人の多くの「実感」だと思いますが、希望学的にはどう思われますか。**

**A** 希望学では、未来に希望を持っている人は、過去に辛い挫折経験をしていることが多いという発見がありました。その意味で希望と挫折は裏表の関係です。同じように本当は、幸福も何かを我慢したり、辛抱しなければ得られないことも多いのでは。幸福と忍耐がやはり表裏一体とすれば、「幸福だなあ」なんて、単純には実感できないのかもしれません。

**Q 福井は変化を好まないっていうことですかね。**

**A** 自然、食べ物、文化など、守りたい「良いもの」がたくさんあるということでしょう。それに「良いもの」を守ってきた歴史や伝統を大事にするという思いも強いのかもしれません。けれどエッセーで書いたように、「守るべきもの」と「変わるべきもの」の両方があるというのが、やりがいとか、生きがいに、つながるんじゃないでしょうか。

**Q 福井県人の自慢ベタというのと関係が深い気もしますね。**

**A** そうなんですかね（笑）。やはり「良いものは自慢しなくても、わかってくれるはず」という意識がどこかにあるのでは。けれど、その発想から抜け出すのが、これから大事ですよ。「良いものをもっと上手に説明することで、その良さはもっと理解してもらえる」と考えないと。それは福井の産業にも、福井の気質にも共通していえることだと思います。

## ■カギは若者にある

福井県内にある中学校の校長先生の集まりでお話をしたことがある。テーマは「希望」。福井の若者が未来に希望を持って生きていくには、どうすればいいのか。「全国の中学校や高校で希望について講演してきました。でも私は『夢や希望を持ちましょう』という話をしないようにしているんです」。

今、日本中には、家庭環境に恵まれず、進学にも就職にも希望を持てない若者がたくさんいる。そんな若者にただ「希望を持て」と言うだけでは、心に響かないのだ。「かわりにこんな話をします。『大丈夫、希望はつくれるよ』と」。

未来をあきらめかけている若者でも、本当はどこかで希望を求めている。苦しい状況を抜け出すための希望を必要としている。けれど、どうすれば希望がみつかるか、それがわからない。だから苦しい。

「自分のなかに4つの柱を打ち立てれば、希望はつくれる」。

希望とは何か。希望（Hope）は英語で、**Wish for Something to Come True by Action** だ。

希望は　気持ち（wish）
　　　　何　か（something）
　　　　実　現（come true）
　　　　行　動（action）

の4本柱から成り立つ。この4本柱を自分のなかに打ち立てれば、希望はつくれるのだ。

すると、いろいろな反応が返ってくる。「将来を漠然としか思ってなくて、自分にとって大切な『何か』

を考えたことがなかった」「自分にはやりたいことがあるんだけど、『気持ち』が弱かった」。『実現』の道筋など、自分に足りないものに気付いた若者はそれを求めて、自分の足で歩き始める。そこから希望はつくられる。

希望について行った全国調査では、若い人々ほど希望を持ち、かつその実現に向けて『行動』していた。福井でも20代、30代といった若い人々ほど、希望を持っていた。しかし、その実現のための行動は特にしていないという若者が、福井では4人に1人にのぼる。福井では、若い人ほど希望をかなえるべく行動しているとは、どうやらいえないようなのだ。

反対に、60代以上の高齢者で、将来に希望を持っている人は若者ほどには多くない。しかし福井では、希望を持つ高齢者で、何も行動していない人は1割程度と、少ない。元気で活発な高齢者と、おとなしくて遠慮がちな若者。そんな構図が、福井にはまだある。

もちろん例外はある。全国の大学生の斬新な発想を集めた、地域活性化プランコンテストの中心人物である鯖江《さばえ》市《し》の竹部《たけべ》美樹《みき》さん。竹部さんは「純粋で基礎力のある福井の若者が、外の世界をもっと知れば、人も地域も変わる」という。県も、行動する福井の若者たちを応援する「ふくい若者チャレンジクラブ」を始めた。クラブの会長で、福井市片町《かたまち》青年会会長でもある西尾《にしお》佳敬《よしたか》さん。西尾さんは「福井にも、やる気のある若者が、たくさんいることをはじめて知った」とうれしそうに語る。

彼らのような元気な若者が、点から線、線から面へと、どんどんつながっていく。その先には、これまでの福井になかった新しい希望の世界が、広がっているはずだ。

## ■仕事より家族

あなたの希望は何ですか?

そう突然聞かれたら、答えにつまる人も多いだろう。希望という言葉は、新聞やテレビ、それから歌の中では、よく語られる。けれど日常生活でよく使うかというと、必ずしもそうではない。せいぜい就職や進学の「第1希望は……」など、かしこまったり、特別な状況のときにだけ、口にする言葉だろう。

これまで全国でアンケートを行い、希望の中身を尋ねてきた。自分に希望があると答えた方に、さらに何の希望かを質問した。すると、希望は「仕事」にまつわることだという回答が圧倒的に多かった。「もっと自分らしい仕事をするのが希望」とか、「安定した仕事に就くのが希望」、さらには「収入の多い仕事をするのが希望」など。日本人にとって希望とは、多くが仕事についての希望なのだ。

ただ、いくつかのアンケートを比べると、仕事を最優先に希望を考える傾向は、最近弱まっているようだ。不況で仕事がなくなると、希望の仕事に就くことをあきらめてしまうこともある。反対に、仕事に就いて頑張って働いても、給料も増えないし達成感もない。働くのは苦しいことばかりで、仕事に希望や期待を抱くことをやめる人も増えつつある。

それに比べて多くなっているのは、「家族」にまつわる希望だ。家族と一緒に生活さえできればいいとか、子どもや親が普通に暮らせれば十分など、仕事よりも家族のことを優先する傾向は強まっている。一番最近の全国調査では、仕事と家族の希望は、ほぼ拮抗《きっこう》していた。東日本大震災を経験し、家族を大切に思う気持ちは、さらに高まっているだろう。

福井県で希望の調査をして驚いたのは、福井ではそもそも家族に希望を感じる人が仕事以上に多かったことだ。家族の将来のことを何より大切と思い、家族のために仕事をしたり、熱心に子どもの教育のことを考えている。それが福井の強みであるのは、間違いない。日本全体で家族を希望とする傾向が強まっているとすれば、それは日本の「福井化」といってもいいかもしれない。

ただ家族を何より大事にするという福井の伝統も、永遠に変わらないとは言い切れない。福井を象徴してきた3世代家族の同居も、

**全国は「仕事」の希望が最多に対し，福井は「家族」の希望が最多．「健康」についての希望も全国に比べて多い**

| 順位 | 全国〈2006年〉 | 全国〈11年〉 | 福井〈11年〉 |
|---|---|---|---|
| 第1位 | 仕事(66.3%) | 仕事(61.1%) | 家族(61.8%) |
| 第2位 | 家族(46.4%) | 家族(58.4%) | 仕事(58.8%) |
| 第3位 | 健康(37.7%) | 健康(38.5%) | 健康(48.8%) |

注：20歳～59歳で比較．
出所：06年全国調査「仕事と生活に関するアンケート調査」．11年全国調査「地域の生活環境と幸福感に関するアンケート」，福井調査「福井の希望と社会生活調査」．

最近では減りつつあると聞く。母親の仕事も、祖父母による孫の幼稚園の送り迎えの協力があって支えられてきた。それも祖父母が年を取り、その介護が大きな課題となれば、子育ても今までのようにはいかない。働く母親にばかり負担のしわ寄せが強まれば、疲れてしまい、家族そのものが立ちゆかなくなる。

希望学の調査によれば、子どものころから家族に大切にされ、信頼されてきた人ほど、大人になっても希望を失わないという。高齢化社会が進むなか、希望のある家族の姿とはどのようなものか。ぜひその姿を、福井から全国に発信してほしい。

### Q&A　「信じられるもの」が必要

**Q** 福井県人の希望は「仕事より家族」という結果でしたが、どちらかというと内向きかもしれませんね。

**A** そうですかね。仕事を何のためにやるのかというとき、「自分のため」ではなく「家族のため」という意識が強いとすれば、単純に内向きとはいえないんじゃないですか。家族を顧みずに働くことが、社交的だとか、外向きだという風に考えるのなら、そっちのほうが、問題だと思いますけど。

**Q 3世代同居の割合が高い以外に、家族に希望を感じる人が多い理由ってありますか。**

A 30代や40代といった働き盛りの人ほど、家族に希望を感じているというのも、福井の特徴だと思いました。それから結婚している人ほど、家族に希望を持っていました。希望を持つ人は、共通して「信じられるもの」があるようです。その信じられるものが、福井の場合、家族なんでしょう。

**Q 親からの信頼や期待は、かえって子どもを苦しめませんか。**

A 家族から「守られている」「信じられている」と感じられない人のほうが、日本全体では増えているのではないでしょうか。もちろん過剰な期待は子どもにプレッシャーになるでしょうが、適度な信頼は「自分は大切にされている」と子どもが感じるためには、必要だと思います。

## ■ウィークタイズ（緩《ゆる》やかな絆）

数年前「無縁社会」という言葉が話題になった。日ごろからのつきあいが誰ともなく、ひっそりと孤独な死を迎えるお年寄り。「ひきこもり」と呼ばれる、自分の部屋にとじこもったまま出てこない若者や中高年。理由はいろいろあるけれど、人と人とがかかわりを持つことは、以前にもまして難しい時代になった。

希望を持てない人の特徴の一つは、多くがとても「孤独」だということだ。友だちが少ないという人は、たくさんいるという人に比べて、希望を持っているとアンケートに答える割合はかなり低い。反対に、希望の実現に向けて頑張っているとき、応援してくれる友だちの存在は本当に心強い。友だちとの何げない会話のなかで、希望のヒントが見つかることもある。

福井調査でも、毎日会話をする相手がいない人ほど希望を持ちにくいようだった。一方で、スポーツや趣味など、人と交流する機会が多いことは希望につながっていた。

福井に希望を広げるには、孤独な人、寂しい人が、できる

**日常的に会話をする相手がいるほど，希望を持ちやすい**

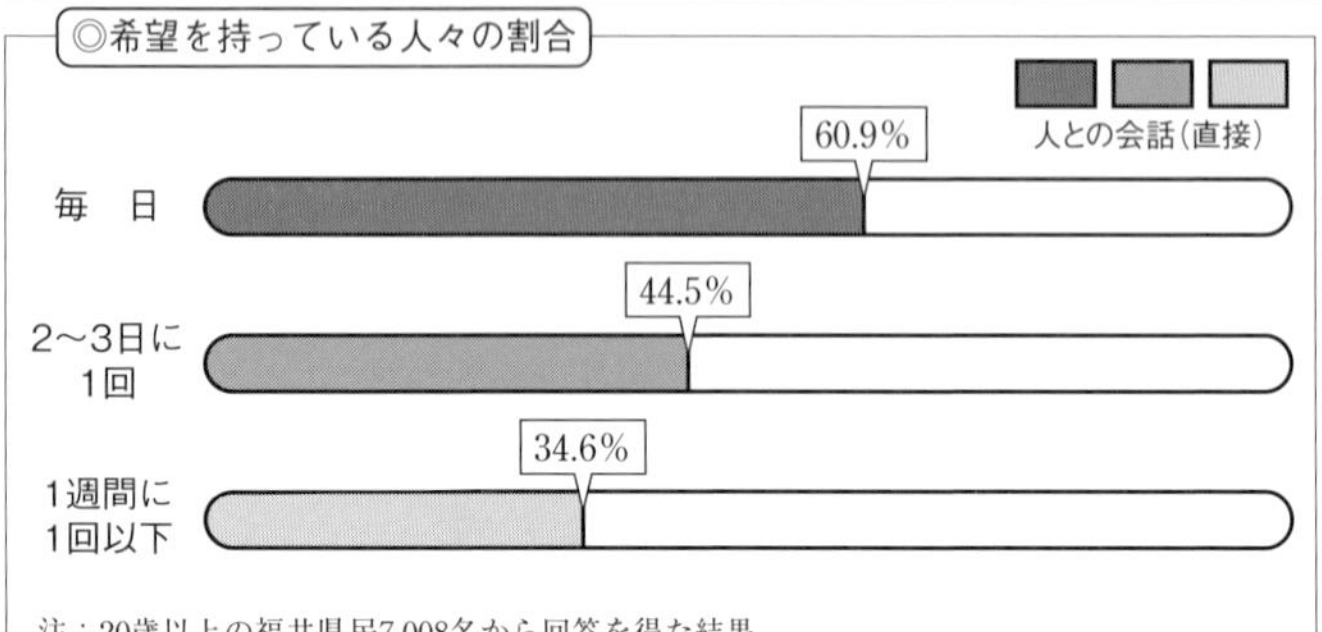


注：20歳以上の福井県民7,008名から回答を得た結果.
出所：「福井の希望と社会生活調査」（東京大学社会科学研究所，2011年県内で実施）より.

ほっとできる家族との絆は安心の源．一方，自分の知らない世界を知る友人との緩やかな絆は，希望へのヒントを与えてくれる．（写真と文は関係ありません）

だけいない社会を目指すべきだ。それは誰もが相手を思いやり、支えあう社会だ。幸いにも福井には地域のつながりを大切にする風土が残っている。そのつながりは、これからも大切にしていってほしい。

一方で、これからの福井に必要な、別の種類のつながりがある。それは社会学でいう「ウィークタイズ（緩やかな絆）」というつながりだ。ウィークタイズとは、いつも会うわけではない、少し遠い世界にいるけれど、信頼でつながっている友人との関係のことをいう。それは頻繁に会う家族や地元の友人との「ストロングタイズ（強い絆）」と対照的なものだ。研究ではウィークタイズを持つ人ほど、仕事に成功することが多いといわれている。

ウィークタイズは、希望をつくるためにとても大切になる。遠い世界にいる人は、失敗や成功の両面で、自分と違う経験をしていて、自分にはない情報を持っていることが多い。その情報をヒントに「やってみよう」と行動を起こすことが、希望を生むことになる。

東日本大震災からの復興でも、全国からの支援を得て、いち早く復興に歩み始めている人たちがいる。そんな人たちは、きまって震災前から地域を越えたウィークタイズを大切にしていた。ほっとできる家族との絆は、生きるための安心の源になる。一方、自分の知らない世界を知る友人との緩やかな絆は、新しい可能性や復活のヒントを与えてくれる、希望の源なのだ。

福井は食べ物にしても、製品にしても、素晴らしいものがたくさんある。そのためか「いいものは、何もしなくてもちゃんとわかってくれる」と考えるフシがあるのではないか。自分からアピールするのは「はしたない」という美意識もあるかもしれない。

これからの時代も、福井らしい奥ゆかしさは大切にしてほしい。同時に、自分から外の世界につながっていく挑戦も、これからの福井の希望には必要なのだ。

## Q&A　面倒くさがらず声をかけて

**Q　「頑張れ」を禁句と考える意識が広がっています。使い方が難しい言葉ですね。**

**A**　「頑張れ」という言葉は、たしかにやみくもに使うことは、私も好きではありません。ただゴールにたどりつくために、必死に走っているランナーは周囲から「頑張れ」といわれるとうれしいでしょう。何かをやり続けたり、やり遂げる目標に向かって努力している人にとって「頑張って」は良い言葉だと思います。

**Q　「緩やかな絆」って、どうつくればいいのでしょうか。毎日の生活で手いっぱいの人には社交的な活動をする余裕はないように思えます。**

**A** なつかしい人に連絡をするときには、メールではなく、手書きのはがきを書いてみる。地域の行事や祭り、同窓会などに面倒くさがらず、ふらりと出かけてみる。何か面白そうなことをしている人に「私も参加していいですか」と勇気を持って声をかけてみる。そんなところから「緩やかな絆」は広がると思いますよ。

**Q ツイッターやフェイスブックなどインターネットの交流サイトも有効ですか。**

**A** 私は使ったことがないので、よく分かりません（笑）。でも、使い方次第で、いろいろな自分の知らない世界とつながれるのであれば、有効なんじゃないですか。でも、私はどちらかというと、自分でじかに足を運んだり、直接会話をしたりして、何かを「感じる」ことの方がいろいろな想像力をかき立てる気もするんですが。古いでしょうか（笑）

# I

# 政治と経済

渡辺淳「男　達（休む）」1961年

# 1 眼鏡と希望

## 鯖江の挑戦

中村圭介

**なかむら・けいすけ**　1952年、福岡県生まれ。東京大学社会科学研究所教授。専門は労使関係論。主な著書に『地域経済の再生――釜石からのメッセージ』（東京大学社会科学研究所研究シリーズ41）、『絶望なんかしていられない――救命救急医ドクター・ニーノ戦場を駆ける』（荘道社）、『成果主義の真実』（東洋経済新報社）など。

### ■縮こまらず、前を向く

私の眼鏡は日本製だ。ツルの裏側にHAND MADE IN JAPANとある（口絵参照）。もちろん鯖江《さばえ》産である。

福井の人で次のことを知っている人は多いだろう。日本はイタリア、中国と並ぶ眼鏡生産大国であり、日本産の9割は鯖江で作られている。鯖江の人ならば知らないとまずい。

だが福井と縁もゆかりもない人々がこの常識を知っているかと言えば、そうではない。私だって3年前に福井で希望についての調査をするようになって、初めて知った。

不勉強だと怒らないでほしい。韓流《はんりゅう》スターが登場する眼鏡の大手販売チェーン店の名前は知っている。だが眼鏡メーカーの名前や商品名など知るよしもない。日本製かどうかを気にすることもない。鯖江が関係するなどと考えもしない。福井県外のほとんどの人がそうだろう。

では次の事実を知っている人は福井でどのくらいいるだろう。この20年間、鯖江で眼鏡生産に携わっている事業所の数は4割減り、働いている人の数は3割減った。出荷額も3割少なくなった。眼鏡産地鯖江は確実に縮んでいる。

鯖江の人々ははっきりとした数字は知らなくとも、徐々に活気が失われつつあることには気付いていよう。後継ぎがないまま、工場が次々と閉鎖されているからである。

このショッキングな変化を引き起こした最大の原因は中国の台頭である。安い労働力と最先端の機械設備を武器に、短期間で眼鏡生産大国へと変貌《へんぼう》した。鯖江の眼鏡メーカーが中国に進出し、成長を支えたという側面もある。

眼鏡フレームの輸入額は20年間で3倍になった。うち中国からの輸入額は同じ期間、44倍に増えた。中国からの輸入が全体に占める比率は5％から75％へとすさまじく増えた。他方、日本からの輸出額は3分の1以下に激減した。海外市場の多くで中国メーカーにシェアを奪われた。

ところで福井でも鯖江でも、ごく限られた人しか次のことは知らない……と私は思う。鯖江の眼鏡産業の1事業所当たりの出荷額は20年の間、1億1000万円から1億2000万円を推移し、直近では1億4000万円と最高を記録している（図1－1）。同じく1人当たり出荷額は1300万円前後で推移し、直近では1400万円を超えた。

確かに眼鏡産地鯖江は「縮んで」いる。だが「衰退」はしていない。生き残っている企業は前を向いて頑張っている。無論、困難への挑戦をあきらめる企業もある。チャレンジが必ず成功をもたらすとも限らない。けれども困難に積極的に立ち向かう企業もちゃんといて、未来を切り開こうとしている。彼らの中に鯖江の、そして福井の希望がある。

**図1－1　鯖江市の眼鏡関連製品出荷額（1事業所当たり）**

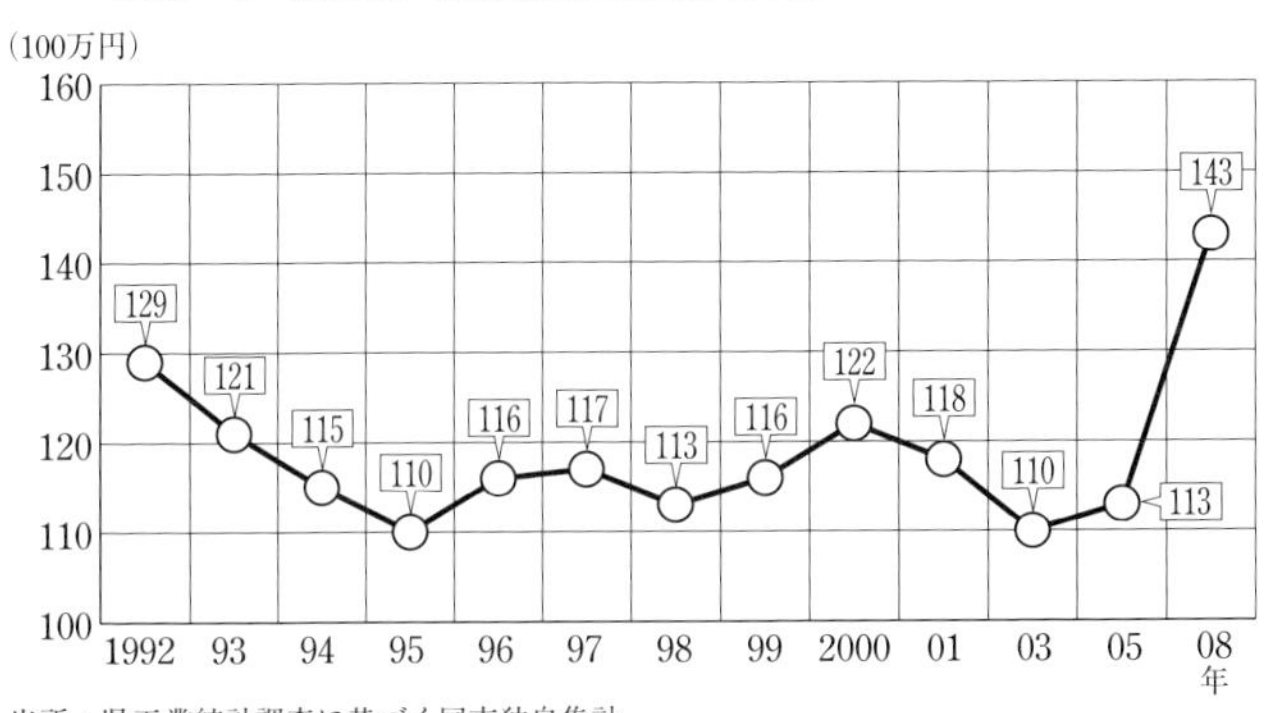


出所：県工業統計調査に基づく同市独自集計.

私は鯖江調査で、前を向く経営者たちに会いたいと思った。もともと鯖江はさまざまなイノベーション（技術革新）を繰り返してきた眼鏡産地である。全体が縮んでいるからといって、革新精神までもが縮こまっているわけではあるまい。そう信じながら鯖江を歩いているうち、何人ものすてきな人々と出会えた。私に元気をくれた人々を紹介してみたい。

## コラム1　外から刺激、若者動く

「市長をやりませんか?」をキャッチコピーに、県外の大学生が鯖江市に滞在し活性化案を探る「地域活性化プランコンテスト」。そのアイデアが2011年5月、眼鏡をつないでギネス世界記録に挑戦する「さばえめがねギネス」として実現した。2012年度の同コンテスト実行委員会で委員長を務めた県立大4年生の亀田《かめだ》実里《みさと》さんと、コーディネーターの竹部《たけべ》美樹《みき》さんは呼び掛ける。もっと地元に誇りを持とう!

**亀田**　小学校で鯖江は眼鏡が有名だと教わって、遠足で工場に行くほど。眼鏡が有名なのは知っていたけれど、人ごとというか実感がなく、自慢までできない感じ。

**竹部**　めがねギネスの目的は二つありました。一つは鯖江を日本はもちろん、世界に知ってもらう。もう一つが、市民に誇りや愛を持ってほしいということ。わたしの子ども時代は、友達の親がみんな眼鏡関係で働いていました。めがね会館もできました。めがねのマークのビルって、すごい自慢だったんです。でも、今の若い子たちに、その意識はない。

**亀田** 県外の学生から、こんなに素晴らしいもの（眼鏡）があるのに、なぜ認識していないのと言われました。眼鏡のことを徐々に知って、やっぱりすごいと思いました。経済が回復するとか、そういう希望は持っていませんが、視野が広がって世界が広がれば、自分の考え方一つでとらえ方も広がる。そんな希望があると思うようになりました。

**竹部** 外からの刺激が必要なんです。福井の学生は就職率ナンバーワンで、東京なら1年生のうちからひしひしと伝わってくる危機感が足りない。経営者も福井で楽をしていると思うんです。「あくせくしなくてもやっていける」って。鯖江には、いろいろな要素がそろっている。シェア9割の産業ってすごいこと。漆器や繊維、若いITベンチャーもある。若者がきっかけをつかんで動けば、一緒にやれる楽しい大人がいる。動くのは今しかないと思うんです。

## ■ひるまず、結果を恐れず

王者に対して異議を申し立てる。勇気を持って決然とそうする者を、人はチャレンジャーと呼ぶ。

眼鏡産地鯖江で私は何人かのチャレンジャーに会った。ここではその中の2人、私（60歳）より年配の堀川《ほりかわ》馨《かおる》と歳下の金子《かねこ》真也《しんや》の物語をしてみたい。2人とも産地の片隅に生まれた零細企業を、地域を代表する企業へと育て上げた。秩序に逆らい、常識を打ち破りながら。

堀川が兄に請われて鯖江に戻った時、兄の小さな部品メーカーは極めて苦しい状況だった。それを10年間で産地有数の総合部品メーカーへと変貌させた。並大抵の苦労ではなかった。だが、そこに安住しない。

眼鏡を自分で作り、そして自分で売りたい。目指した先には、しかし、困難が立ちふさがった。「業界のしがらみってものはきついですよ。部品屋は余計なことをするな。部品だけを作っていればよいのだ。どれだけ抵抗があったと思いますか」。堀川は当時を振り返る。

でも、ひるまない。120人の工場のトップを退き、3人で販売会社をつくった。工場に眼鏡生産を委託、それを全国の小売店に直接販売するためである。

販売する眼鏡にはオリジナルのブランドを付け、営業マンを教育した。「今まで眼鏡の販売に関わったことのある人間は1人を除いて、一切入れなかった」。新しいことを一からつくり上げるためである。

オリジナル商品第1号は大成功を収めた。販売先を国内だけにとどめておくわけにはいかない。その思いが徐々に強まる。5年後にはアジア、その3年後にはアメリカへと向かった。

金子は大学を卒業後、両親の営む小さな卸商に入った。大手卸商から眼鏡を譲り受け、地方の小売店に卸す。それが仕事である。出張は月に20日を超えた。

北海道の眼鏡屋で言われたことが今でも記憶に残っている。

「10年たってもこんなところを回っているようだったら君、たいしたことないな」。

この言葉が後押ししたのか、若者向けのファッショ

チャレンジャーは新しいことに次々と取り組む．業界のきついしがらみにもひるまない．結果を恐れていては何もできない．（写真と文は関係ありません）

ン性の高い眼鏡を作りたいと思うようになった。図面を描きメーカーに製作を依頼する。第1号を原宿、渋谷の感度のいい眼鏡屋に持っていった。評価は全然だめ。「田舎くさかったんでしょう。田舎しか回っていなかったから」。

それでも徐々にファッション感覚が磨かれていく。3、4年で「お、いいねえ」と言われようになり、原宿のしゃれた店に置いてもらえるようになった。トレンディードラマで使われたこともあって、急に売り上げも伸びた。だが、満足しない。

「小売店に買ってもらった商品がどういう風に並べられるのか、どういう風に売られるのか。そこまでコントロールできない」。それでは自分が商品に込めたメッセージが消費者に伝わらないではないか。

金子は決断した。自分で小売店を展開する。「卸商が小売りをやるというのは業界を乱すことでけしからんことですよ。神経をすり減らしながら少しずつ出店していきました」。現在、国外1店舗、国内37店舗になっている。

チャレンジャーは新しいことに次々と取り組む。堀川も金子も、今でもそうである。結果を恐れては何もできない。

出でよ、若きチャレンジャー。

## コラム2　自分たちで市場をつくる

「しがらみ？　やっぱり強いですよ。取引とか（業界は）みんな何かしらの付き合いがある。他社と競合するのはタブーという暗黙の了解がある」。ある眼鏡関連企業の若手経営者はこう漏らす。現状に甘んじていては何も変わらない。「結果を恐れては何もできない。出でよ、若きチャレンジャー」。中村教授の呼び掛けに呼応するように、「我こそは」と挑んでいる一つが、県眼鏡工業組合青年部の面々だ。

各社の技術を異分野のものづくりに生かし、眼鏡以外の独自商品開発に取り組んでいる。「ギフト組」と称し、生活雑貨で全国最大の業者専門商談会「東京インターナショナル・ギフトショー」に3年連続で出展した。同青年部の異業種チャレンジ室長でキッソオ専務の吉川精一《よしかわせいいち》さんは「眼鏡の市場は年々縮小している。シェアを奪い合っても未来はない。自分たちで新しい市場をつくらなければ」と力を込める。

同社は眼鏡用金属・プラスチックを販売している。吉川さんは、発色に優れた眼鏡用素材のアセテートを使ったアクセサリーブランド「ディロッカ」の事業に乗り出した。「自分でつくったものを自分で売るのが本当の姿。眼鏡の完成品は（企業に）体力がないとできないが、アクセサリーだったらできる」。ようやく小売りのノウハウも分かってきたと笑う。

「ギフト組」の仕掛け人の一人、乾レンズ営業部統括部長の諸《もろ》井《い》晴彦《はるひこ》さんは静岡県出身。外から入って見た眼鏡産地に、「誰かの下にくぐろうとする『下請け工場』の意識が強い。ものづくりの町なのに、自分で売る力、ＰＲする力が足りない」と感じていた。

鯖江のメーカーの多くは、相手先ブランドによる生産（ＯＥＭ）を中心にしている。「発注は相手先次第。ＯＥＭはいつかなくなるという発想をもたなければだめ」と手厳しい。普段は競争相手の企業でも、ギフト組では同じ目標を持つ仲間になる。「いろいろな強みを持った企業が集まるギフト組自体が一つのメーカーにもなる」と強調した。

## ■戦略を探し、実行する

困難を克服する途《みち》は、必ずある。まだ見つかっていないだけなんだ。中国の台頭で苦しむ中、希望の光を照らしている鯖江の眼鏡企業を見ていてそう思う。

中国の圧倒的な低労務費に単純なコスト競争を挑むのはむちゃだ。特に国内にとどまっている限りでは。

別の戦略を探す必要がある。二つの眼鏡部品メーカーの話をしよう。ねじやちょうつがいを作っているフクオカラシと、眼鏡が鼻に当たる部分とそれを支える部品を作っているタナカフォーサイトである。

フクオカラシは売り上げの6割を眼鏡部品が占める。その半分を海外、特に中国に輸出している。買い手は欧州系、日系、中国メーカーなど。いずれも比較的高級な眼鏡向けの高い品質の部品を求めている。中国メーカーにしても安い眼鏡だけを生産しているわけではない。

ただ、国内向けの部品よりも価格は安い。秘密は「そこそこの品質」にある。「良いものだから高くてもいい」という産地特有の考えを捨てる。まず価格を低く設定する。そこにもっていくためにどんな工夫が必要かを考える。不必要な丁寧さ、過剰な品質を削っていく。

製造の人間は品質を落とすことを嫌がる。プライドがそれを許さない。だが、「技術の押し売りをしない」ことも戦略として重要。営業部長は、製造スタッフを説得した。

売り上げの4割は異業種向け。海外もあるし国内もある。異業種の魅力は高付加価値にある。国内外を問わずダイレクトメールを送る、直接訪問する、展示会に出展するなど、積極的な営業活動をしてきた結果である。良いものを作っていれば黙っていても注文が来る時代ではないのだ。

異業種の製品は加工が難しいものばかりである。だからこそ受注するし、付加価値も高い。商談には技術担当を連れていく。その際、営業部長は次のように言う。「できないと絶対言うな。可能性を探れ。できるような提案をしろ」。

タナカフォーサイトは約10年前に中国に進出した。かなり早い進出である。現在、部品の6割を中国で生産している。2代目の若き社長は、中国工場は苦労の連続だったと言うが、その決断が現在の好業績を支えているのは間違いない。だが、成功の理由は、それだけではない。

ニナ・リッチなど、有名ブランドの付いた眼鏡がある。もちろん高い。ブランドを保有する企業の本社、日本支社などを、社長は直接訪問する。そこで鼻関係の部品は自社だけに発注するよう指定してほしいとお願いする。部品に付いているブランド固有のロゴを独占するのだ。

指定は両者にとってプラスとなる。発注側は偽ブランドの流通を防げるし、受注側は一定の利益を確保できる。この積極的営業こそ、国内シェア6割超を支えるもう一つの柱である。

戦略を探して，実行に移す．あきらめることなく，こうした努力を絶えず繰り返せば途（みち）は開ける．（写真と文は関係ありません）

他にもある。体にも環境にもやさしい眼鏡素材開発に取り組んでいる。社長自身、金属アレルギー体質を抱えることもあり、鼻当てについては10年以上も前から作っている。最近、帝人と共同開発していたとうもろこしを原料とした眼鏡フレームの生産に成功した。

環境問題への関心が強いイギリスの有名デザイナーがこの素材を使った眼鏡を販売することも決まった。

戦略は、まだ他にもあるはずだ。それを探して、実行に移す。こうした努力を絶えず繰り返すことが大切なのだ。無理だと、決してあきらめることなく。

## Q&A 「守るべき」伝統などない

**Q　先生、鯖江に限らず、変わらないことで安心している面があるのでは。**

**A**　変わるというのは未知へのチャレンジです。そのリスクは比較的容易に予測できます。10年の間、事業が停滞して利益があがらなくても、なんとか暮らしていけるし資産もある。それが衰退へと向かう途であったとしても、チャレンジが失敗し資産が消えてしまうことに比べればましかもしれない。そう「安心」してしまうと、なかなか変われません。

**Q 業界だけでなく、地域社会にもしがらみってありますよね。**

**A** なにか新しいことをしようとすると、どこからか邪魔が入ることが多いですね。そんなことをした人はいないとか、必ず失敗するとか。「しがらみ」というのは、もともと水の流れをせき止めるためのものですからね。自分の責任でやりたいことをやらせてくれと根気よく説得するか、我関せずを貫くか。私ならば後者を選びます。

**Q しがらみだけでなく、守るべき伝統もありますよね。**

**A** 伝統というのは「守るべき」ものではないと私は思います。若い人たちが挑戦状を突きつけて変わっていく伝統もあれば、結果として変わらない伝統もある。なくなっていく伝統もあれば、新しく生まれる伝統もある。いろいろありながら、若い世代に受け継がれていくものが伝統なのだというのが私の考えです。最初から「守るべき」伝統などないのです。

**Q 失敗を恐れず挑戦するためには、どんな考え方が必要でしょうか。**

**A** 一番難しい質問です。私自身も若い時期、いままでいう「フリーター」を3年間経験しました。どこにも所属せず、周りがみんな自分よりも偉く見える。そんな辛い時期でした。失敗してもいつかは取り戻せると自分を信じるしかないのかもしれません。支えてくれる人がいると強くなれます。私の場合、その人は私の妻になりました。

2

# 独自戦略の開拓者たち

建井順子

たてい・じゅんこ　鳥取県生まれ。2013年3月、東京大学大学院経済学研究科博士課程単位取得退学。専門は、地域経済学、地域産業論。

## ■地域企業の新たな方向性

地域産業が疲弊していると言われる。確かに統計では地域の産業は縮小している。だが、果たしてそれをそのまま地域の実態として受け取ってよいものだろうか。

企業レベルの動きを見てみると「縮小」という一言でくくることのできない多様な動きが見えてくる。厳しい環境変化の中でも逞《たくま》しく生き残り続ける企業は存在する。産業活性化のヒントが見出せないとの声も聞こえる一方、そうした企業の動きの中にこそ、地域企業の新たな方向性へのヒントがある。ここではそんな福井県鯖江市《さばえし》にある４つの企業を紹介してみたい。

## ■品質とデザインにこだわる

その一つが、ファッション性を追求するボストンクラブだ。最近では東京ガールズコレクションに参加し、モデルの梨花《りんか》と共にサングラスもつくった。社長の小松原一身《こまつばらかずみ》が25歳で起業した企業だ。

小松原は高校卒業後、地元の大手眼鏡商社、青山眼鏡に就職する。若者向けファッションブランドに憧れ、そうしたブランドに合う眼鏡をつくることを夢見ていた。１９８０年代当時、鯖江は海外有名ブランドの委託生産拠点であった。主なターゲットは中高年層。若い小松原が作りたいと思う眼鏡にはほど遠かった。自らが企画・デザインした眼鏡を上司に提案してみたものの、受け入れてもらえない。「（若者の）ファッションに合ったお洒落な眼鏡をつくりたい」。起業を決意した。

創業間もなく念願の自社ブランドのサングラスを作った。ブランド名は、社名と同じ「ボストンクラブ」。とはいえ、利益の確保のためには自社ブランドだけでは不十分だった。他社の仕事も引き受けながら、自社ブランドをつくり続ける。

転機は1995年にやってくる。きっかけは、中国からの輸入フレーム増加による産地生産の減少であった。他社ブランドを完全に停止し、自社ブランドのみへと事業を集中させた。大きな決断だった。

翌年、自社ブランド「JAPONISM（ジャポニスム）」を発表する。高品質とシンプルさを合わせ持ち、フレームに存在感があるMade in Sabaeである。目標としたのは、ファッションに高い関心を持つ30代、40代の男性を対象とした欧米ブランドであった。グッチやプラダほどではないが、個性的なデザインを特徴とする高級ブランドだ。

2002年と2009年には、ファッションの先進地、青山と銀座に直営店を出した。顧客には来店してもらい直接交渉する。新しいかたちの営業スタイルだ。そこで顧客から生の情報を得るとともに、自社製品も発表する。

最近では、自社ブランドの一つ「BCPC（べセペセ）」の子供用眼鏡を展開する。少子高齢化が進展する中、1人の子供につき祖父母が2名ずつ、合計4つの財布があると言われる。両親、祖父母は子供、

ボストンクラブのJAPONISM.
高品質，シンプルさ，フレームの存在感を追求し続ける．

孫に品質の良い眼鏡を与えたい。品質とデザイン性を誇るボストンクラブにとっては追い風だ。小松原の言葉を借りれば、「デザインと品質に独自性と信頼性があれば、製品が売れる市場はまだまだ世界中にある」。

## ■隙間を掘り起こす

キングサイズとスモールサイズの眼鏡に力を入れるのは清水工業所だ。眼鏡部品の加工を行う。当社の社長清水英夫《しみずひでお》は、今まで見過ごされてきた、眼鏡の隙間市場の掘り起こしに力を入れる。

人の体型は多様である。大柄な人もいれば小柄な人もいる。だが、眼鏡フレームのサイズ展開は、これまで多様ではなかった。フレームが顔に合わなくても、我慢するしかなかった。スモールサイズの眼鏡フレームも同じである。子供用の眼鏡で間に合わせる人もいたと言う。そこで、メッキ職人、仕上げの組立企業と共にユニオンを設立し、キングサイズとスモールサイズの眼鏡をつくった。多様なサイズ展開に加え、デザイン、カラーも豊富にとり揃えた。

目の不自由な人向けに、デザイン性のある遮光眼鏡も製造した。これまでの遮光眼鏡は、性別、年齢に関係なく単一のデザインや色で、ファッション性に乏しかった。清水は、「もうちょっとお洒落な眼鏡がいいんじゃないの」と思った。遮光眼鏡専門の小売店と協力し、少しでも生活を楽しめるようにとの思いから、デザイン性の高い眼鏡を開発した。

ツーポイント眼鏡（縁なし眼鏡）も手がけた。部品数が少ないため、部品メーカーでも参入しやすい。レンズに直接穴を開けるため、大手小売店では取り扱いづらい。こうした特徴を逆手にとり、大手小売店の台頭で苦境に立たされている小規模小売店と手を組んだ。部品は様々な色を取り揃え、多様な組み合わせが楽しめる。バイヤーの目にも留まり、大手デパートの眼鏡売場での販売も決定した。

清水は、異業種参入には目もくれず、眼鏡産業にこだわり続ける。自社を育ててもらったという思いがあるからだ。ターゲットは、「人が手がけないもの、人が嫌がるもの、ロットの小さいもの」。異業種展開に比べれば小さな歩みかもしれない。隙間市場の開拓によって、まだまだ眼鏡に可能性があると考えている。

## ■他者との協力

カラフルなデザインのテンプルを次々と作り出しているメーカーは長井である。テンプルとは、眼鏡の前枠を支える横側の部品である。長井のテンプルは眼鏡フレームの中で自ら強く主張する。独自技術によって様々な形の色鮮やかなプラスチックパーツが挟み込まれたテンプルは、一目で長井のものと判る。長井は部品メーカーとしての限界を、このテンプルを武器にして超えようとする。

鯖江の眼鏡産地にとって1980年代は、有名ブランド名を付けさえすれば商品が売れた時代であった。だが、時代は大きく変わった。今では部品メーカーにもユニークさと独創性が求められる。長井は、時には他企業の研究者の力を借りながら技術開発に取り組み、全ての独創性を部品の中に閉じ込めた。製品が出来上がっても、注文が来るのをただ待つだけではない。自ら積極的に営業に出向き、自社のテンプルの取引先を増やしている。

独創性についていえば、自社ブランドの眼鏡フレームを持つことの重要性も認識している。それを具現化したのが、他社との協力によってつくられた眼鏡フレームである。中でも「Sota（ソータ）」はその代表格だ。

この動きはさらに産地統一ブランド「THE 291（ザ・フクイ）」の立ち上げへと向かう。自社だけでなく、産地全体の底上げが必要との思いからだ。数社の部品メーカーと協業し、眼鏡の完成品をつくり上げた。ブランド名は「Nextens（ネクステンス）」。眼鏡関連産業15社が集合した「THE 291」の一つに位置づけ、福井県眼鏡協会の東京ショールームで製品を販売する。流通の弱みを克服するために、ヤマト運輸、首都圏に展開する眼鏡小売店の協力を得て、ネットによる受注システムも構築した。２００８年には自社近くに「THE 291」製品の直販店を建てる。人々が集う場となることを願って、「GATHERED（ギャザード）」と名づけた。消費者のほうから観光を兼ねて鯖江に来てもらうことを想定した先駆的な取組である。

このように、部品メーカーとしての限界を、同業他社や他業種の企業とつながり合うことによって乗り越えようとしている。これが長井の新たな道の開拓方法だ。

## ■異業種との出会い

ヨシダ工業は、医療機器分野や楽器分野への異業種進出を図る。もともとは、蝶番《ちょうつがい》（眼鏡の前面と側面をつなぐ部品）や眼鏡用小ネジをつくる会社である。

創業のきっかけは、商社勤めをしていた吉田三郎《よしださぶろう》氏が、経営に行き詰っていた眼鏡部品メーカーを知り合いから譲り受けたことによる。1948年のことであった。

1963年のヨーロッパ視察が躍進のきっかけとなった。最新鋭の自動加工機の存在を知り、スイスから加工機を2台導入する。手作業で行われていた工程が自動となり、大量生産が可能になった。増産のためにさらに機械が必要となったが、スイス製品は高価である。これを克服するため、他社の協力を得て国産加工機の製造に成功する。業界での地位を確立した。

1991年、医療機器製品の部署を設置する。取引先の社長の紹介で、ある企業の外科手術用具の製造を開始する。手術はドイツ発祥、道具もドイツ製しかない。国産が求められていた。ただ、国産のためにはある工程で生じる問題を克服する必要があった。ヨシダ工業は、自社のノウハウを活用してこれを克服。試作品を完成させるとともに量産向け設備を速やかに用意し、受注に成功した。

1994年、楽器部品にも参入する。その理由が面白い。ある日、部品不足に陥ったフルートメーカーが、部品の製造ができる企業を求めて鯖江にやってきた。楽器部品と眼鏡部品は同じ技術を使って製造されている。現社長が音楽に対して深い思い入れがあったこともあり、依頼を快く受け入れた。それ以来、フルートの他に、クラリネット、ピッコロ、オーボエなどの部品も引き受ける。現在では、眼鏡部門に匹敵するほどの事業に成長した。

ヨシダ工業の異業種参入は、必ずしも眼鏡の落ち込みによるものではない。様々な出会いを通して引き受けていた製品が、眼鏡が落ち込む中で新たな成長分野へと代わったのだ。創業以来の黒字経営の影響も大きい。常に無借金経営であったため、異業種参入の際に必要となる設備投資が大きな障害とはならなかった。

## ■「開拓者」であれ

以上の企業に共通するのは、自社ができる範囲で独自の戦略を見つけ出し、実行し続けている「開拓者」であることだ。

自社ができない部分はできないと素直に認め、他社との協力によって補い合う。できない理由をくよくよ考えるよりも、まずは一歩でも半歩でも前進することを試みる。前進するとは、とにかくできる限りのチャレンジをすることだ。

実際に前進することによって新たな戦略に巡り会えることも、開拓者は経験から学んでいる。だからこそ、困難に直面しても、いや困難に直面したときこそ、開拓者たちは決して歩みを止めようとしないのだ。自分たちの身の丈を常に意識しながらも、同時に可能性を少しでも広げるべく挑戦を止めない。業界全体が縮小していても、努力を積み重ねながら生き残っている開拓者の企業がいることを知るべきだ。

そんな開拓者たちが存在していることは、福井県鯖江市だけでなく、全国の経済が縮小している地域でも、同じなのだろう。全体の縮小を嘆くより、そんな開拓者の姿から私たちは今こそ学ぶ必要がある。そこには地域の経済と希望を再生するヒントが必ずある。

3

# 「越前がに」は、どこにいく

加瀬和俊

かせ・かずとし　1949年、千葉県生まれ。東京大学社会科学研究所教授。専門は経済史、水産経済。主な著書に『沿岸漁業の担い手と後継者——就業構造の現状と展望』（成山堂書店）、『集団就職の時代——高度成長のにない手たち』（青木書店）、『失業と救済の近代史』（吉川弘文館）など。

## ■評価は産地が高める

農産物・水産物は、消費者が買う値段と生産者の売る値段とが大きく開いている。消費者が払う値段のうちの生産者の取り分は、野菜では4～5割、魚では2～3割だ。腐敗しやすい魚を選別し、氷をかけ、保冷車にのせて高速道路を走る。早朝の卸売市場での競《せ》りを経て小売店・スーパーで売り終わる。その手間を考えれば、流通コストが高くなるのは当然ではある。

それだけに生産者からすれば、生産地で消費者に直接売りたいという強い思いがある。消費者の側にも、食材が生産された場で新鮮な状態で食べたいと希望する人が少なくない。ただ現実には、多数の消費者が生産地に出向くことはできず、希望が実現することはまれだ。

福井県の名物「越前がに」はそのまれな成功例の一つである。大都市でもズワイガニ（越前がにの品種名）を出す料理店は多いし、スーパーでも売られている。が、大半は輸入された冷凍品で、厳密には別の商品である。

ズワイガニは日本海のいくつかの場所で漁獲され、脱皮を終えた雄は特に珍重される。越前がに（福井県）、松葉がに（鳥取県・島根県）、間人《たいざ》がに（京都府）などの産地ブランドが名高い。それぞれの地域では、冬になると料亭や料理旅館などが高級なカニ料理を提供し、多くの顧客が泊まりがけでやってくる。福井県では越前町《えちぜんちょう》、坂井市《さかいし》三国町《みくにちょう》、敦賀市《つるがし》、小浜市《おばまし》がその産地である。

越前がには共同作業の産物だ。カニをとる漁業者。魚市場を経営する漁協。カニを買い入れて貯蔵し用途別に振り分ける仲買人。料理を提供する料亭・料

カニ漁は網を入れ，引き回し，網を上げてカニを取り出す作業を繰り返す．いてつく寒さの中で昼夜を継ぎ漁が行われている．

理旅館。観光客誘致に励む観光協会。地域振興を目指す地方自治体など。産地の評価を高めるために、皆が一体となって協力しあっている。

越前がにが強い集客力を持つようになったのは遠い昔のことではない。カニの通常の生息域は250メートルよりも深く、漁船が動力化する以前にはほとんど漁獲できなかった。それが、漁網・ロープが麻・綿から化学繊維へと変化する中で漁獲能力が徐々に高まってきた。本格的な漁獲量の増加は、戦後になってからである。

脱皮期間を終えた雄ガニはその味と姿が高く評価され、高度成長期に高値で取引されるようになった。しかし、「越前がに」となるまでに10年以上を要する遅い成長のために、漁獲が増えるにつれて資源は急速に減ってしまった。安価なメスガニ、水ガニ（脱皮直後の雄ガニ）を含めたズワイガニ全体の福井県

続々と水揚げされる越前がに．小さなカニは逃がすなど，資源保護のための規制を定め，その範囲内で成果を競い合うという「産地のルール」が確立している．

の漁獲量は、ピークの2100トン（1962年）から500トン（70年ごろ）、250トン（80年ごろ）まで下がった。生産量の減少は産地への顧客を減らす。一方、安価な輸入物によって大都市での消費は増える。越前がにの産地の将来性は大きく揺らいでしまった。

こうした危機感から1980年代以降に、独自の努力が続けられた結果、漁獲量は回復に向かい、今日500トン前後で推移している。輸入物とははっきり違う高価な特産物の産地として、日本海沿岸の中でも福井県の位置は高い。越前がにをめぐる人々の努力について考えてみたい。

## Q&A　工夫し生み出された手法

**Q　越前がには「まれな成功例」と指摘されましたた。ほかにも同様の事例はありそうですが。**

**A**　もちろん少なくありません。例えば「若狭《わかさ》ふぐ」もその一つであり、フグ養殖を営んでいる漁家の民宿に、冬場にたくさんのお客さんが来て、フグ料理を堪能しています。その結果、夏の海水浴シーズンを中心とした民宿経営が周年的に経営できるようになりました。

**Q それではなぜ、越前がには「ブランド」として地位を確立できたのでしょうか。**

**A** フグやタイのように養殖業の対象になる魚や農産物などの場合、人気が出て高い値段で消費されれば、輸入を含めて供給が増え、競争的な産地が拡大し、業者間の値下げ競争が始まるのが普通です。ズワイガニはまだ養殖できませんし、漁獲量を増やせば親ガニの量が減って、資源はすぐに減少してしまいます。資源枯渇を防ぐために供給量を抑制しなければならないという制約の下で、産地で生きているカニをゆで上げて、冷凍の輸入品とは異なる味を提供できているわけです。

**Q 「カニ」という生物の特徴が成功の秘訣《ひけつ》なのですか。**

**A** 生物の特性そのものではなく、それにうまくあった対応を人々がしてきたことが重要です。漁業者たちが競争して資源を減らしてしまわない工夫、輸入物を国産物と混ぜて流通させない工夫、産地としての高鮮度を強調した調理方式、しけによる供給不足を調整するストック機能の保有など、関係者が生み出してきた手法が産地を支えているといえます。こうした仕組みが全体として備わっていないと産地として存続できません。この点が、新興産地が急には生まれ得ない理由です。

## ■品質差表示、評判守る

ズワイガニの漁期は、毎年11月6日から3月20日までと定められている。冬場の荒い日本海ではしけの日が続き、操業日数は限られる。転覆の恐れがない限り、いてつく風雪の中でも、漁船はカニを追いかけ続ける。

漁業者は通常、夜中に出港し1昼夜操業して朝に入港する。その間、およそ30時間。冬の海の中でカニを傷つけないように、底引き網をスローで引いて水揚げすることを繰り返す。網目を大きくして小さなカニは逃がす工夫をし、競りの順序を輪番制にして無駄な競争を抑えるなど、独自の規則を定め、その範囲内で成果を競い合っている。

陸上でも厳しい課題が待ち受けている。入り込み客を誘致する努力が実を結んで、多くの顧客が来てくれると、地元のカニだけでは足りなくなる。しかし、他の産地のカニや輸入物を使えば、産地の評判を落としかねない。どうすれば地元の評判を守れるか。

まず料亭・料理旅館では、地元のカニ、他産地で採れたカニ、冷凍の輸入カ

水揚げ地の異なるカニが混ざらないよう、流通段階で取り付けられる越前がにを示す黄色のタグ.（口絵も参照）

ニが、はっきり区別して供される。カニ料理を食べる1泊コースの料金は、越前がにのコースが3万5000円から5万円、他産地の雄ガニのコースが3万円前後。メスガニ、水ガニと輸入物を組み合わせたコースが1万円から2万円となっている。

はじめて食する者でも、一度教えてもらえば、体の大きさと形、卵の有無、親指の太さ、身の取り出しやすさなどカニの種類を間違えることはない。さらに雄の硬ガニには水揚げ時点で漁業者によって水揚げ地を示すタグが装着される。水揚げ地によっては雌ガニにもタグをつけて、他産地との価格差を維持している。脚にタグを装着する作業は、船上または水揚げ直後に乗組員自身によってなされる。これは流通段階で水揚げ地の異なる品物が混ざってしまわないようにするための約束だ。漁業者の発案で1998年に装着され始めたタグは、他の産地でも採用されて、それぞれの漁港の色と名前が入っている。

ただし、最も安い輸入物も「下級品」の扱いを受けているわけではない。カニの輸入元の福井県漁連は、毎年のカニの漁期にカナダに技術者を滞在させ、カニを煮る塩分濃度、煮沸時間など細かな指導を行っている。そして、国内産と混同されることのないように肩の形に割った上で商品を引き取るのだ。

顧客の好むランクのカニを、途切れることなく提供することは容易ではない。12月と1月の週末に顧客は集中するが、漁船はしけになれば何日も出漁できない。仲買人は、人工の餌《えさ》を採らないカニがやせることなく保存できる期間を計算しつつ、他の水揚げ地からも買い付けて在庫量を維持しなければならない。カニを大きく扱っている仲買人は、地元への供給を最優先しつつ、土産物店や、贈答品需要の発送業務も兼営している。このようにカニの水揚げ地では、多くの人々が顧客への商品の提供がスムーズに進むように、支え合っている。地域経済振興に希望が生まれるには、それぞれが役割を果たしつつ、協力しあうことが欠かせないのだ。

### Q＆A　資源特性に見合った戦略を

**Q　輸入物など各商品の構成割合はどうなっていますか。大きな価格差は、越前がにに特有なことでしょうか。**

**A**　ズワイガニの日本での漁獲量は５０００トン前後、うち「越前がに」を含む雄の硬ガニは、その４分の１程度です。これに対して輸入は５万トンぐらいあります。都会の鍋料理で食べるズワイガニは、ほとんどすべて輸入物といえます。輸入物との大きな価格差は牛肉などでも良く知られている通りで、それぞれの商品の消費形態の違いと対応しているといえます。

**Q 黄色いタグの装着は産地側の総意だったでしょうか。越前がにを守ろうという心意気が感じられますね。**

**A** タグは漁業者の発意で始まったものですが、産地の関係者が全体としてそれを受け入れ、協力したことによって、定着しました。かつては北朝鮮からの活ガニの輸入もあり、輸入品と国産品の混在が避けられなかったのですが、輸入に反対するのではなく、輸入品をそれと明示して提供することによって、国産品の質的評価を守りつつ、量的な不足にも対処できるようになったわけです。

**Q 努力次第で産地の評判を高めることはできると言ってよいでしょうか。**

**A** 特殊な食通を除けば、イカやサンマやマグロを水揚げ地に行って食べたいという人は少ないでしょうから、商品特性の制約があります。「若狭ふぐ」の成功は、家庭では調理できない魚種である上、都会のフグ料理は高価だという条件の下で、民宿で安く食べることができる（逆に民宿を兼ねている漁業者は、仲買人に売るよりも高く売れる）という利点で広まったわけです。ですから、産地が活用できる資源の特性に見合った戦略が不可欠であり、やみくもに努力するだけでは、無駄な努力になってしまうでしょう。

## ■海とつなげ常連呼び込め

毎年多くの人たちが越前がにを堪能する。しかし、その将来は決して安心できるものではない。輸入物を使用して低価格で大量の顧客を集めようとした大型ホテルがあった。しかし、山奥の温泉地でも出される冷凍マグロと同じとみられたのか、結局は撤退を余儀なくされたそうだ。

一方、地元の料理旅館、料亭は長く地元で営業している家族的経営で、漁業関係者とも顔見知りの人たちだ。漁業者が兼営している料亭もあれば、仲買人と料理民宿が親せきという例も多い。お互いの事情がわかり合えるので、立場は違っても協力関係を作りやすい。

とはいえ、地元に水揚げされているというだけで高い評価が維持され、高く売れる時代は去ってしまった。まず、顧客層の懐は、年々厳しくなっている。不況が続き、宴会需要などの予算内では越前がにの提供は無理になってきた。そのぶん、年末年始の特別料理という性格が強まっている。

また、リピーターの高齢化も進み、子ども連れの家族や若者は少ない。料理旅館の経営者は「産地同士が競争しているので、料理の優秀さだけではリピーターも取られてしまう」と言う。お歳暮《せいぼ》用の贈答品としても越前がには珍重されているが、企業による贈答が減っている分を個人需要でカバーすることは難しい。

カニ料理を産地で食べることは、顧客層も「ぜいたく」と意識している。そのため、産地側がどんなに努力しても、景気の動向や時代風潮によって顧客の増減が左右されやすい。特に2011年の顧客数の落ち込みは、豪雪の影響とならんで、東日本大震災によって高価な消費の自粛ムードが響いたと関係者はみている。

越前がにの産地にとって、協力し苦労して作り上げてきた今の方式を大事にすることは必要だ。しかしそれだけでは厳しくなっていく経営環境に対応できない。これからは、各年齢階層に開かれた多様な集客力を、海とカニのイメージでつなげることだ。

越前がにの料理民宿の中には、夏はダイビングのインストラクター業と海鮮料理、冬は越前がに料理をメーンにしている業者もいる。夏の顧客である若者が、冬には手ごろな価格帯のカニ料理から入って、次第にリピーターになっていくこともある。

学校でセイコガニの食べ方を教わる子どもたち．希望の持てる産地へ地元の理解，協力は欠かせない．（写真と本文は関係ありません）

本格的な海洋レジャーに隣接して、漁業体験型の学習機会も試みられている。越前がにミュージアムも観光バスのルートとして健在だ。「今度は何が見られるか」という期待に応えられるように、漁獲の様子を示す模型などに斬新な表現がほしい。

高級物の観光地は、ともすれば地元の消費者と無縁になりやすい。直接に海に接することの少ない地元の人たちにも、地元の価値を納得してもらい、ともに支える輪を強めていきたい。

心強いことに料理旅館の経営者には若い後継ぎが多く、勉強会も盛んだ。料理にかかわるアイデアも重要だから、女性たちの活躍も当然に大きい。そうした力がもっと発揮されれば、さらに希望の持てる産地へと発展することが期待される。

## コラム3　現実は厳しい。でも目を背けない。

荒波の恐怖とにらみ合い、身を削りながら生計を立てる漁師。親から子へと受け継がれ、その灯を絶やすまい、待っている顧客への供給を滞らせまいと。カニ漁を行う越前町の30歳代半ばの若手乗組員、森川《もりかわ》貴文《たかふみ》さん、小平《こだいら》一博《かずひろ》さん、鈴木《すずき》幸《ゆき》弘《ひろ》さんに聞いた。越前がにの未来は――。

**森川**　漁はおもっしぇ。自然が相手で海は刻々と変わっていく。経験がモノをいう世界。「名人」から盗める技はいくらでもあるな。おんちゃんらは努力している。こっちも修業やな。

**鈴木**　僕は親から漁師になれ、と言われたことはない。この町にいると自然と漁師になっていく。けど現実は厳しいよ。油が高騰し経営はきつい。高齢化で乗組員の確保も課題。外国人労働者を雇い始めた仲間がいる。生き残るためには……。

**小平**　カニだけ獲ればいい時代は終わったんよ。編み目を大きくして小さいカニを逃がしたり、禁漁区域を広げたり。資源管理型の漁を考えている。次の世代にカニを残すことも僕らの役割。

**森川**　越前がにって都会でいくらで売られてるの？　そんなにブランドなんやろうか。認知度や流通量など、松葉ガニなんかと勝負できているんかな。オレらは海に出てカニを獲る。仕事をきっちりするだけ。

**小平**　先行きはやっぱり不安。不景気は続くし、魚の値段は下がりっぱなし。旅館の客や観光バスも減っている。カニの流通は複雑で、消費者に届くころにはびっくりの高値になっている。町外の人も買い付けできるよう門戸を広げたらどう変わっていくのか。いろんな課題から目を背けず、ブランド力を高めるため何ができるか考えていかないと。

4

# 家族で支え合う漁家民宿経営

高浜町日引集落の場合

長谷川 健二

**はせがわ・けんじ** 1948年、大阪府生まれ。福井県立大学海洋生物資源学部特任教授。専門は漁業経済学。主な論文に「漁民層分解と就業構造」(『漁業経済研究』第38巻第2号、漁業経済学会)、「マダイ養殖業における小経営的漁場利用と経営問題」(『漁業経済研究』第55巻第1号、漁業経済学会) など。

## ■漁家民宿を継ぐ

高浜町《たかはまちょう》の漁家民宿「由幸《よしこう》」(口絵参照) は、若狭《わかさ》高浜《たかはま》駅からさらに車で内浦湾《うちうらわん》へ県道21号線の曲がりくねった山道をたどり、約30分で眼下に内浦湾と棚田が広がる日引《ひびき》集落にある。日引集落は、かつてから半農半漁で生計を立て生活を維持してきた数世帯のきわめて小規模な集落である。

さらに、民宿「由幸」がある日引集落は、対岸に関西電力高浜発電所（高浜原発）が立地する、ちょうどその反対側にある。したがって、原発による「直接的な経済効果」はない。また、小浜《おばま》線若狭高浜駅の近くには、海岸が海水浴向けに整備された和田浜《わだはま》があり、その周辺に高浜町全体の民宿数１３０軒から１４０軒の７、８割が集中している。しかし、日引集落には、地理的不便さも手伝って３軒のみの民宿が存在するだけである。その中に、原発に依存することなく、家族の力で経営を維持している漁家民宿がある。そのうちの１軒について紹介しよう。

民宿「由幸」は、１９４０年生まれの山本幸男《やまもとゆきお》が現在の民宿を経営するようになった。山本の父親は内浦湾で刺網《さしあみ》漁業の漁師であった。当時、魚族も豊富であり、魚ではないが鯨《くじら》なども回遊してきたという。その後、１９７０年代初頭に当時の民宿業ブームに乗り、民宿経営を漁業の兼業

日引集落は，傾斜地の美しい棚田を下りた，ひっそりとした場所にある．

として始めるようになった。

山本は中学を卒業後、家業の漁業を継がず、1955年に15歳で大阪の会社に就職した。というのは、当時の高浜町は、町内に若者が就労できるような機会に乏しく、多くの若者達は、大阪、京都などの関西方面を中心に転出し、製造業、サービス業などの仕事に従事したからである。

山本も家業の小規模な刺網漁業に就かず、大阪の輸入商社に就職した。就職した会社は、海外のブランドのバッグなど2～3万品目を扱っていた。18歳になった時期に、後のダイエーの前身であり、日本で初めてのスーパーである「主婦の店」に商社からの出向で派遣された。当時、山本が勤めていた商社は、「主婦の店」に様々な輸入商品を納める、いわゆる「納め屋」であった。25年間、ダイエーへの出向社員として働いた。しかし、父親が高齢で病気となり、1980年、40歳の時に高浜町に帰ってきた。この時から父親が始めた家業の民宿業と漁業の跡継ぎとなったのである。

## ■家族みんなが働き手

漁家民宿「由幸」の経営の第一の特徴は、家族みんなで働き、支えあっているという「家族みんなが働き手」と言う点である。経営は、現在、その息子達3人が中心となり、経営をしている。長男は45歳（既婚）、次男は41歳（既婚）、三男は37歳（未婚）であり、三男とは一緒に住んでいるが、長男、次男は舞鶴《まいづる》市内に住んでいる。現在、山本の長男が民宿業の代表となっている。山本と3人の息子の他に65歳の山本の妻、長男の妻、次男の妻が民宿経営を手伝っている。息子達の妻2人は、夫である長男と次男とともに舞鶴から職場である民宿「由幸」まで自家用車で通っている。所要時間は、車でおよそ30分程度である。経営としては、民宿業を核とし、養殖業・漁業、遊漁船業などを兼業し、複合化している。全体の年間の売上は約7000万円であり、かなりの収入となる。民宿業、養殖業・漁業、遊漁船業の売上高の割合は、5：2：3となっており、養殖業・漁業、遊漁船業も個別部門としての売り上げもある。このように民宿業を中心とした現在の家業は、家族全体の就労機会となっている。

65歳の山本の妻が経理を担当し、長男と次男は月々40万円の給料を山本から貰っている。そしてさらに夏・冬にボーナスを支給している。親と同居している三男は「小遣い」程度の支給を受けている。こうして生計を異にする世帯員に対する所得の分配額は、それぞれの仕事に対する賃金としての観念が働いており、外で働いた場合に得られるであろう賃金水準を基準として考えられているのである。一般的に漁家の場合、生計をひとつとし、「どんぶり勘定」的な経営が多く、若年者が自立できるだけの所得の実現は出来ない。それゆえ、後継者が確保できないという問題を抱えているのが一般的であるが、山本の経営は異なる。これは、山本が早くから勤め人として賃金をもらってきたことが大きな要因であり、それぞれの部門を家族に担当させる、という家族内分業化を基盤とした合理的経営を実現しているのである。

現在、民宿経営は長男が経営主であり、養殖業は長男と次男が担当している。また、料理は主に次男が担当し、冬場の「かき入れ時」には長男も料理する。フグ・カニ料理は長男が担当し、活け造り、フライものは次男が担当している。遊漁船業は長男が担当する。若狭高浜駅からは、民宿「由幸」の場所が遠いため、宿泊客を出迎えるためのバス送迎は三男が担当する。こうして「一家総出」で漁家民宿を切り盛りしているのである。

## ■民宿業を中心とした経営の複合化

漁家民宿「由幸」の特徴の第二は、民宿業を核として、養殖業・漁業、遊漁船業を結びつけ、経営の複合化を図っていることである。民宿経営は、1980年代中頃のバブルの頃がもっとも良かったが、最近は客数が減少した。客の年齢層が少し上がり、50歳を越えている。最近は、町内会などの関係の団体客が多いという。予算は1人1泊食事つきで1万5000円から2万円である。秋と冬に会社関係の客が入るが、最近は歓送迎会で3月、4月などの予約はある。しかし、宿泊客はあまりいない。10月から翌年の3月までの秋・冬の売上げは周年の売上げの7割程度を占めている。料理はフグとカニを材料としたもので、一部はアンコウ鍋などを出す。漁家民宿「由幸」は、長男、次男がつくる工夫を凝らした料理が人気を呼んでいる。

以前からの家業である漁業は、刺し網漁業を行っている。若狭湾内の漁場で漁労対象魚はメバル、アイナメ、マアジ・シマアジ、グレ、マダイ、ナマコ、スズキ、イサキ、トラフグなどである。ナマコはクロナマコであり、当初は売れなかったが、最近、中華料理の食材として販売が伸びてきた。養殖業は、トラフグ、シマアジ、スズキ、イサキ、マダイを対象魚種にしており、6メートル×8メートル×深さ5メートルの生け簀《いす》200台を保有している。最も収獲金額の多いのがトラフグ、次いでシマアジ、3番目がマダイである。トラフグは、自家利用以外に福井県漁連にも販売しており、マダイは若狭湾内の「三方《みかた》の釣り堀業者」にも販売している。養殖ではないが、その他にも春はメバル、アイナメ、その他の時期にはグレ、タコなども畜養し、活魚《かつぎょ》として料理し、民宿客に提供している。

遊漁船業は、釣船を4隻所有しており、20トン1隻と10トン3隻である。20トンの釣船は10年前に建造した。

写真の手前が高浜町の日引集落で漁船，養殖施設がある．対岸にあるのは高浜原発．

これらの船を釣りの場所によって使い分けている。通常は6人単位の団体客の「仕立て船」であり、6人以下でメンバーがそろわないときは「乗り合い船」である。

3・11の東日本大震災以降は、客数が減少した。そして燃油の高騰が経営悪化に拍車をかけている。しかし、遊漁者の客は固定客が多いため、遊漁船経営も維持することが出来ている。

## ■家族の絆と分担

高浜町では、1960年代中頃から海水浴が盛んとなって1970年代はじめには、関西方面から年間150万人が訪れるようになった。この時期から民宿業も盛んとなり、町内に民宿・旅館が増加した。しかし、1974年11月に高浜原発1号機が稼働しはじめ、高浜町の観光業も様変わりした。それは、関西電力の社員が「長期滞在の宿舎」として民宿を利用し始めたからである。民宿の客室もかわった。とくに原発が立地している音海《おとみ》集落では、これまでのような複数人が宿泊出来るタイプの部屋を改造し、社員が長期に滞在できるような1人1室タイプとなった民宿が多くなった。それでも1980年代後半からの「バブル」経済の頃は、高浜町の民宿・旅館へは年間1万2000人から1万3000人が宿泊した。「バブル」経済がはじけた90年代以降、観光客は減少の一途を辿っている。現在は、7000人から8000人止まりである。

一方、漁家民宿「由幸」の経営は、民宿が関西電力の「社員寮化」のような原発効果に頼ることはない。山本には、「日引集落でこれからも根を張って生活する」というUターンによる帰郷時以来の決心がある。漁業、および父親の代からの民宿経営を引き継ぎ、養殖、遊漁船業を新たに始め、厳しい社会的経済的状況においても、息子達とともに自己経営の複合化と経費節減を行った。安定的な経営は「家族の絆」とお互いの分担によって支えられている。

ここにも困難な時代や状況に立ち向かう一つの希望の物語がある。

5

# 「営業」する自治体

稲継裕昭

**いなつぐ・ひろあき**　1958年、大阪府生まれ。早稲田大学政治経済学術院教授。専門は行政学、公共経営論。主な著書に『地方自治入門』（有斐閣）、『公務員給与序説——給与体系の歴史的変遷』（有斐閣）、『人事・給与と地方自治』（東洋経済新報社）、『自治体ガバナンス』（放送大学教育振興会）など。

## ■官と民コラボ、売り込め

「一体それは何のことやねん」と思った。

お好み焼きの具をスプーンでかき混ぜながら、向かいに座る同級生は話し続ける。キャベツが鉄板の上にこぼれる。「福井県庁には『営業部』というのがある。そして今日も営業してきた。少し研究してみたらどうだ」。

「ギョウセイエイギョウ」。私は20年以上、先進諸国の行政システムや公務員人事、地方自治論を研究してきた。公共経営論を教え、国の審議会メンバーも多数務めている。しかし、彼が発したこの言葉は、その時、私の辞書にはなかったのである。

学生のように議論に熱中してお好み焼きを焦がしたあの日から、何度も福井に足を運び、恐竜博物館なども見て、さまざまな実例を聞いた。結局、彼と共著で『行政ビジネス』（東洋経済新報社）という本まで出版することになった。今では行政が「営業」するというのは、自治体の標準的な仕事のスタイルになると感じている。いくつか興味を引いた事例を紹介しよう。

ユニバーサル・スタジオ・ジャパン（ＵＳＪ）。年間８００万人が訪れる大阪の巨大テーマパーク。恐竜がテーマの映画「ジュラシック・パーク」にちなんだアトラクションは、ＵＳＪの目玉のひとつだ。他方、福井県は、全国の８割の恐竜化石を産出し、世界三大と言われる恐竜専門博物館を持つ。

金融機関の窓口のように「お客さまにお尻を向けないようにと」配列された県観光営業部ブランド営業課の配置.

「恐竜つながりを生かさない手はない」。県の担当者はそう考えていた。しかし、なかなか糸口が見つからない。偶然、創業時のメンバーが身近にいることが分かった。彼とともにUSJ開業に苦労したキーウーマンにたどり着いた。会ったその日には、「共同して何かやりましょう」と盛り上がったという。数カ月後、映画会社と三者共同での恐竜展が開催された。USJは、福井県の持つ本物の恐竜の魅力を、福井県は、テーマパークの大きな発信力を相互に活用した。よくある委託イベントではなく、官民の対等なコラボレーションである。

小説『家康の子』。福井の藩祖、結城秀康《ゆうきひでやす》の物語である。著者は期待の歴史小説家、植松三十里《うえまつみどり》。福井新聞に連載され、中央公論新社から単行本として出版された。福井出身の出版社幹部から植松氏の紹介を受け、県側は「福井が舞台の歴史小説をぜひとも」とお願いした。著者への資料提供、取材協力を行ったが、県庁は出版費用は一切負担していない。その後「家康の子」と名付けた地酒や越前《えちぜん》うにが発売されるなど、地元

福井県立恐竜博物館．恐竜は福井が世界に誇る観光資源でもある．官民のコラボレーション事業の題材としても活用され，福井のアピールとなっている．

企業のビジネスにも広がっている。これがテレビドラマになれば、その経済効果も大きい。

全国チェーンのコーヒーショップの西新宿店で使われた越前和紙のインテリア。銀座の百貨店での福井の食フェア。ファーストクラス機内食への採用。県職員が県内企業と一緒になって売り込みを行っている。県、企業が、それぞれのメリットを得られることがポイントだ。

予算と職員を使って仕事をする通常の行政の仕事のやり方を前提として、それをいかに効率化するか。それが研究の中心であった私にとって、官と民が連携、融合する姿は、少なからずショッキングであった。この発想の転換は、実は福井県民ですら気付いていない。

## Q&A　ビジネスパートナーの意識で

**Q** 愛媛県が営業戦略監（部長級）を新設するなど、福井県を追随する動きがあります。福井の「観光営業部」は、全国的に見てどのような評価なのでしょうか。

**A** 県観光営業部は3年目を迎えています。この部の名称はインパクトがあり、多くの自治体の知るところとなっています。ただ「行政営業」という手法は、「予算と職員を使って仕事をする」

仕事のやり方になじんでしまった自治体職員にとっては理解しにくいものです。しかしながら、行政が仕事を進める上で、この手法は極めて合理的だと考えられますので、近いうちに自治体のスタンダード、普通の仕事の手法のひとつになるでしょう。

**Q 観光営業部が行っている「営業」には、具体的にどのような手法がありますか。また、従来の委託イベントとどこが違うのでしょうか。**

**A** メディアに情報を提供して無償で記事を書いてもらう「パブリシティ活動」、企業のビジネス活動の中で、福井の素材を活用してもらう「企業とのコラボレーション」、映画やドラマの誘致活動などが挙げられます。よくある委託イベントは、受注者の民間にとって、顧客は自治体です。しかし、行政営業の場合は、自治体と民間が知恵やお金を出し合って、イベントを共同開催しますから、両者にとって、顧客はイベントを観に来てくれる人々となります。

**Q 官民の対等なコラボレーションがうまくいくための鍵は何でしょうか。**

**A** 官は民に「仕事を出す」という発想を捨てること。自治体の営業マンとして、「民から仕事を受ける」くらいという気持ちを持つことが大切です。他方、民も、官の予算で受注するだけでなく、「儲かりそうな話があるのだが、自治体さん、一緒に組まないか」という気持ちが必要になります。お互いにビジネスパートナーと考えることができれば、官民コラボレーションの世界が広がります。

## ■地域の課題、「協働」解決

「官から民へ」。ずいぶん使い古されたように思うが、今も当たり前のように言われる。官と民について、もう一度原点から考えてみることにした。県庁営業、官民の融合の話を聞いて、少し思い込みがあったかもしれないと感じたのである。

自分自身、NPM（ニューパブリックマネジメント）を研究し、多くの自治体の実例も調べてきた。NPMは「公務部門に民間経営の手法を取り入れる」というものだ。民間の効率性を行政に、ということである。学問的には込み入った話もあるが、ここではやめておく。こうした考え方のベースにもなるのが、「民間にできることは民間に委ねる。役所は手を出すな」というものである。

では、何が民間に「できる」ことなのか。よく考えると、その判断は意外と難しい。社会情勢や地域の実態によっても変動するはずだ。実例をみよう。

「ほんまや」というペットボトル入り水道水。橋下徹《はしもととおる》大阪市長が生産中止を指示した。「世の中にはごまんとミネラルウオーターがある。赤字を出してまで売る必要がない」というのである。その3日後、「山形県が鶴岡市の水道水『おいしい山形の水』を商品化した」と地元紙が報じた。

大阪市の場合は「大阪の水がまずい」という世間の評判を払拭《ふっしょく》したいというのが当初の意図だ。赤字が多少出ても、それを始めたこと自体は間違いではなかったろう。「民間ができること」でも、状況によっては仕掛けてよいことがある。でも目的はもう達成できたと考えてよい。

山形はどうか。大阪とは状況が違う。水を商品化することはブランド戦略としてありうる。例えば、山奥のある村に健康長寿になると評判の泉があったとする。その水が村の唯一の地域資源。これを、役場がペットボトルで売り出す。民間が「やろうと思えば」やれるかもしれないが、あえて「やろうと思う」企業は出てこない。そこで、村役場がこの水を売り出すことは、多くの人が認めることになるのだと思う。

官民の区分について、先入観抜きでみてみよう。官民協働の国家プロジェクトが連日報じられる。日本政府は、企業と一緒に新幹線を海外に売り込む。オバマ、サルコジ両

図5-1　行政と民間の関係

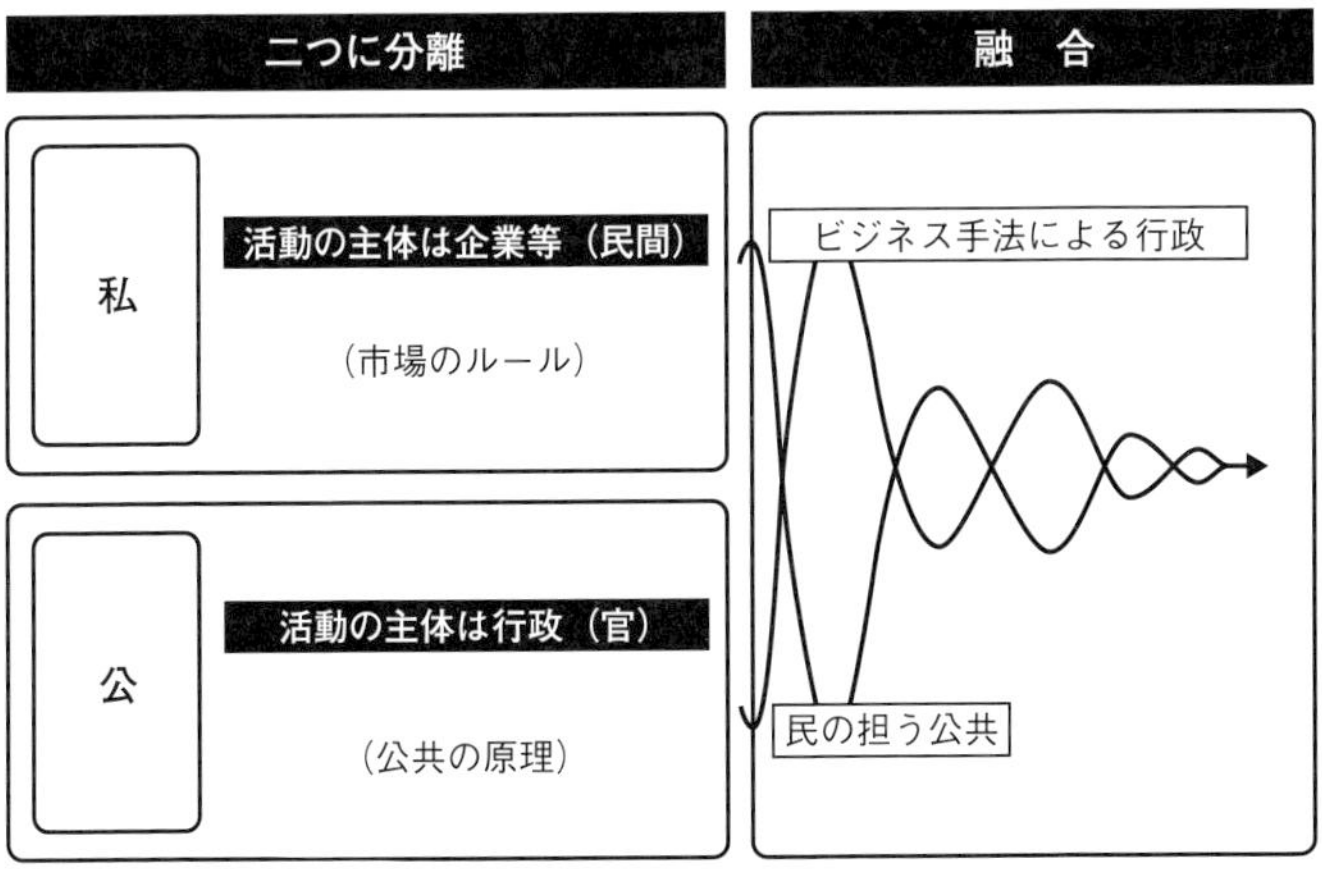

大統領（2012年当時）もトップセールスに必死だ。中国政府などは、もはや市場のプレーヤーだ。「官」と「民」は、互いに協力して地域の課題を一緒に解決する関係ととらえることも可能だ。民間の活用によって行政のムダをなくし、効率化することは大切だ。だからと言って、「官」と「民」を常に対立するものと考える必要もない。

福井県の営業事例には、行政と企業との多くの協働プロジェクトがある。「官民融合」は、地域ブランドや県産品の売り込みに有効であることは間違いないが、それだけではない。

過疎や子育て、介護など、全国の地域が抱えるさまざまな課題の解決につながる確かな可能性を私は予感した。県庁職員や県民は、そのことに気付いているだろうか。

## Q&A　公平性重視で非効率性

**Q**　「NPM」って難しそうですね。「民間の効率性を行政に」との解説ですが、これまでの行政は具体的に何が非効率だったのでしょうか。

**A**　これまでは、はじめに年度ごとの予算があって、それをうまく使い切ることが最優先でした。行政マンの仕事は予算を獲得することでした。年度末の3月に道路工事が集中するなど、非効率な例は数多く見られます。また、規則が最優先で、それを順守すること、極端な公平性の重視などが、非効率性を生み出してきた面も否定できません。行政の原理には、公正性、公平性、効率性がありますが、前の二つを重視しすぎてきたと言えるでしょう。

**Q 県内には17市町があり、市町でも官と民の協働プロジェクトができるはずだと思います。県ができて市町にできないこと、逆に市町ができて県ができないことってありますか。**

**A** 行政営業は、住民に身近な市町村の方が、より活用できる手法だと思います。先日、熱海《あたみ》市《し》が「営業する市役所」になっていきたいとのお話を聞きました。観光が主要な産業となっている熱海市などは、観光客増加に向けた活動に最優先で取り組むことが住民の期待でもあります。スピーディーに行政営業をスタートすることができるでしょう。

**Q 子育てや介護、過疎問題など、社会福祉的な分野の課題解決につながる行政の営業活動とは、具体的にどのようなものが考えられますか。**

**A** 最近は、若者の婚活の応援なども自治体が力を入れている分野です。買い物難民対策などについても、民間単独ではなかなか事業展開しにくいエリアへのスーパーなどの出店も、行政の財産である場所などを提供したり、共同出資したりすることで、解決につながる場合があります。公共の分野における多くの社会的課題の解決については、公私融合の取り組みが可能です。

## ■予算使い発注、脱却

小泉《こいずみ》元首相のワンフレーズ・ポリティクス。最近の大阪の橋下改革も似ている。強い言葉が人を動かす。組織文化を変える上では、ネーミングは特に重要だ。「行政」が「営業」するという、まるで異文化同士の言葉の組み合わせ。組織に揺らぎを与えるパンチ力がある。

「営業」とは「福井の良さに誇りを持って外に向かって働きかけ、売り込むこと」とされる。しかし、やろうとしていることは、さほど珍しくない。地場産品の宣伝や販路の拡大、観光地のＰＲなどは、普通の話だ。

何が違うのか? それは「仕事のスタイル」だ。

まず、「発注行政」からの脱却。行政は、予算を使って発注するというのが、伝統的なやり方だ。役所が有料で広告を打ったり、多額の予算をかけてイベントを委託するのが典型だ。

これを「営業」的にやろうとするとどうか。編集部に食材や伝統行事などの情報を、アレンジして提供する。取材に協力する。そして記事として取り上げてもらう、となる。

あるいは、企業のビジネス活動として地域の素材を使ってもらう。ユニバーサル・スタジオ・ジャパンの恐竜イベントやユニクロと共同開発した恐竜Ｔシャツが代表例だ。企業にとっては、集客や販売拡大につながり、県側は、企業の広報や販売の力を借りる。県が民に発注しているのではない。コラボレーションしているのだ。

顧客のとらえ方も違う。通常の行政サービスは直接的に市民や県民を顧客として考える。行政の「営業」の場合は、県外、さらには海外の人や企業が直接の顧客だ。その人たちが、観光をしたり、物を買ってくれれば、本来の顧客である市民や県民の受益につながるということになる。間接的に見えるが、その受益の成果は重要だ。

もう一つは、人のつながりを生かし、創り出すことが活動の中心をなすということ。「営業の物語」の大部分は、人と人とのつながりの物語である。何十年ぶりの同級生との再会や昔の仕事仲間、同郷の先輩、偶然知る共通の友人が登場する。そして新しい人間関係を積み上げていく。希望学のキーワード「ゆるやかなつながり」（ウィークタイズ）は、ここでも重要な役割を果たしている。

図5－2　自治体の顧客は誰か

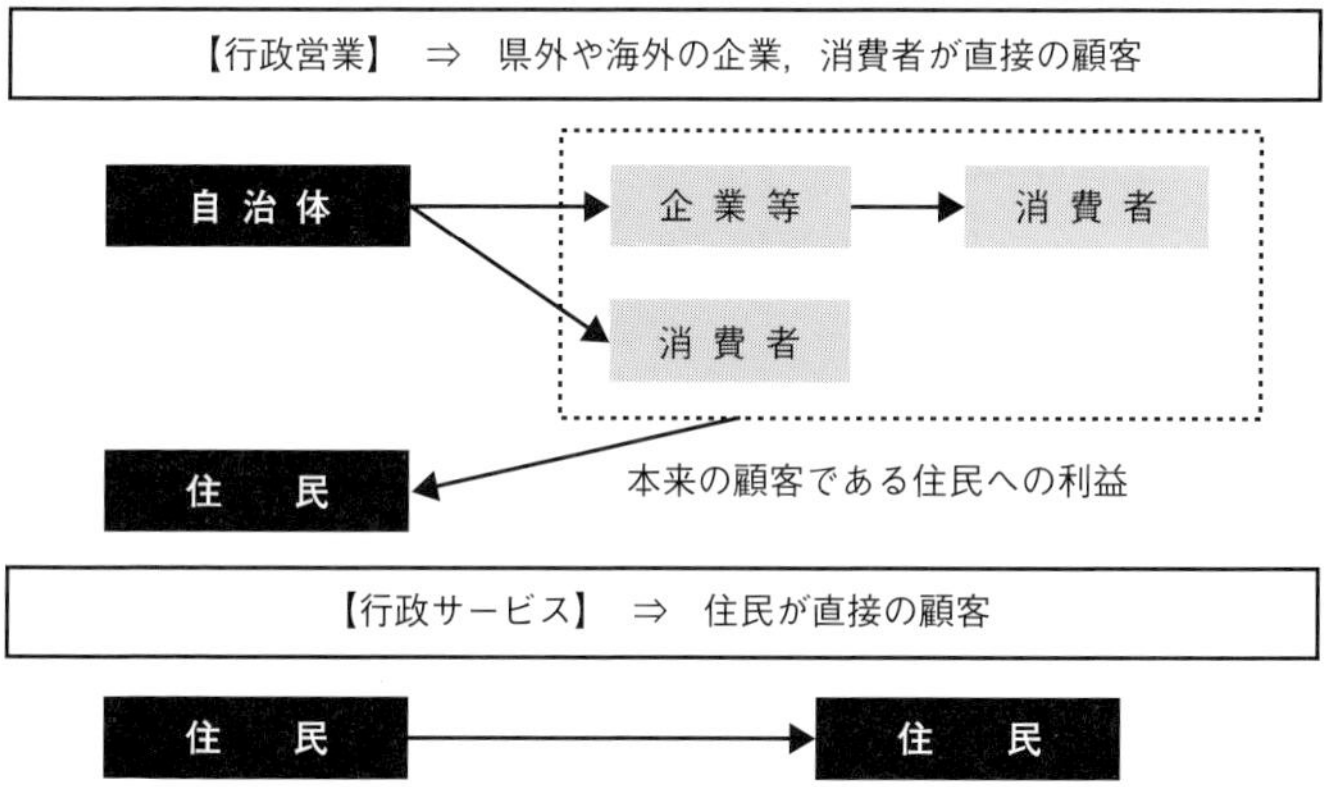

　こうした「営業」という仕事のスタイルは、たちまち自治体の標準として全国に拡大していくだろう。すでに関心を寄せる自治体も知っている。学者や民間の反響もある。若い自治体職員にとっては希望の光になるだろう。「無駄だ、やめろ、減らせ」。「公務員削減、人件費圧縮」。こうしたシュリンク（縮小）大合唱の中で職員は萎縮してはいないか。人材を最大限に活用することは、行政改革の最も重要なテーマだ。
「営業」は、目標を持って成果を上げようという前向きの姿である。前へ前へ。私は全国を飛び回り、情熱を持って住民と一緒に頑張っている若い自治体職員が全国のあちこちにたくさんいるのを知っている。彼らのエネルギーをさらに引き出すことによって、ふるさとの未来もつくられると信じている。

## Q&A　損得勘定で評価すべきでない

**Q** 通常の行政サービスに比べ、「行政営業」の手法は県民への恩恵、メリットが見えにくいと思います。行政はどのような手法で効果をPRしていくべきでしょうか。

**A** 行政営業の場合、まず顧客となるのは県外の民間企業や消費者です。県外から観光客を誘致したり、県産品の販売促進を進めたりする活動です。観光消費額や県産品の売り上げなどが、地元住民にとって分かりやすいデータになるのではないでしょうか。また、メディアに働きかけ、記事を掲載してもらう場合などは、掲載された記事によるPR効果を広告金額に換算できます。

**Q 「行政営業」という新しいビジネスの可能性を感じました。しかし、これらの取り組みに対する評価、検証がないといけないですよね。**

**A** 行政営業の場合も、もちろん地域にどのような成果がもたらされたかという観点からの評価、検証が必要です。仮に、観光客が10万人増えて、1人が県内で2万5000円消費すれば、年間25億円の消費拡大効果ですね。こうした評価の考え方を活用して投資効果を考えるべきでしょう。従来の家計的なコスト効果の考え、単純なコストベネフィット論で評価するべきではないということです。

6

# 希望の共有と企業再生
## セーレン株式会社における企業文化の再構築

中村尚史

**なかむら・なおふみ**　1966年、熊本県生まれ。東京大学社会科学研究所教授。専門は日本経済史・経営史、地域経済論。主な著書に『日本鉄道業の形成――1869~1894年』(日本経済評論社)、『地方からの産業革命――日本における企業勃興の原動力』(名古屋大学出版会) など。

### ■企業は変われるか

名門企業の変革は難しい。名門が名門であるゆえんは、事業目的とそれを実現する手段が明確に設定され、それがある種の「型」となっている点にある。さらに多くの場合、長い歴史のなかで、固有の企業文化が形成されている。ところが、いったん目的=手段関係が固定されると、人びとの認識は制約され、他の目的＝手段関係では情報となり得ることが、耳に入らない可能性がある。また、ある企業文化にもとづく価値観が絶対的になったとき、結果を度外視して、行為そのものが目的となり、絶対的価値を持つことがあり得る。その結果、組織内部の人びとにとっては常識であり、合理的と見なされることが、外部から見れば奇妙であり、非合理的であるという現象が生じる。しかし内部の人びとは、ある一定の目的や価値観にもとづいて誠実に行動しているため、その枠内においては目的を達成でき、行動様式を自ら変える必要を感じない。かくして名門企業は、過去の成功体験にもとづいて形成された「型」と文化を固守するに至り、変革を忌避《きひ》するようになる。

企業が外部環境の変化に応じて、自らを変革し続けるためには、何が必要であろうか。ここでは、こうした変革の原動力として、「うちの常識は世間の非常識」という複眼的な思考ができる、「内なるアウトサイダー（異端者）」に注目したい。名門企業の本流が伝統的な「型」と文化を重視するのに対して、本流からはずれた内なるアウトサイダーは、それらの呪縛《じゅばく》から自由である。また、外部からのモニター（観察者）と違い、組織内部の情報に通じているため、伝統的な「型」からはずれた社内の遊休資源を発掘し、活用することができる。福井市に本拠をおく総合繊維メーカーであるセーレン株式会社において、企業変革の原動力となったのは、こうした内なるアウトサイダーの一人である川田達男《かわだたつお》（現セーレン社長兼会長）と、その仲間たちであった。

本章では、まず戦後におけるセーレンの盛衰を概観し、繊維不況のなかでセーレンが直面した危機の正体を明らかにする。そのうえで、川田達男の入社から社長就任後の経営改革に至る企業者活動を、内なるアウトサイダーという視点から考察し、企業再生における変革主体の位置と役割を考えたい。

## ■高度経済成長期の成功体験(1)

福井の精練工場「京越組《きょうえつぐみ》」(1889年設立)に起源を持つセーレンは、絹織物の精練、染色、撚糸《ねんし》の委託加工業者として、福井県繊維産業の発展とともに成長してきた。戦後、合成繊維(合繊)の生産が盛んになると、その染色加工技術を独自開発して大きな飛躍を遂げる。具体的には、1950年代にベンベルク(1952年)、ナイロン(1952年)、ポリエステル(1958年)といった合成繊維の加工技術をつぎつぎに開発し、旭化成工業、東洋レーヨン、日本レイヨン、帝国人造絹糸といった大手合繊メーカーから大量受注を得た。大手合繊メーカーからの安定的な需要を前提として、セーレン(1973年に福井精練加工から改称)は矢継ぎ早に設備を増強し、企業規模を急速に拡大する。1955年度末に8億4000万円であった総資産額は、5年後の1960年度末には18億6000万円に、そして1965年度末には37億8000万円へと急増した。わずか10年間で、4・5倍の伸びである。この間、当期利益ベースの利益率(ROA)は11~20%の高率に達し、配当率は一貫して15%を維持していた。

当時の繊維業界は、原糸生産、編織、精練加工、テキスタイル販売、縫製、製品販売といった機能が、それぞれ別々の業者によって担われ、分業的な産業構造から成り立っていた。セーレンは、このうち精練・染色・捺染《なっせん》の賃加工を行っており、テキスタイル企画・販売を担う原糸メーカーや問屋、商社が主な顧客であった。

こうした委託賃加工は、利幅は小さいものの、在庫リスクや金利負担のない、典型的なローリスク・ローリターンの業態である。したがって、産業全体が成長し、一定の委託量が確保できていれば、安定的な収益を得ることができた。高度経済成長期のセーレンが、大手合繊メーカーからの大量発注を受けて、設備の大増強に乗り出したのも、一定期間の安定的な収益が見込めたからであった。そして事実、高度経済成長期前半（１９５５～１９６２年）のセーレンは、この業態で平均15・8％という高い利益率（ＲＯＡ）をあげていた。

委託賃加工の安定的な収益を背景に、このころのセーレンは積極的に研究開発投資を行った。

1956年に新設された技術部を中心に、染色技術の高度化や加工原理の究明、コンピューターによる色合わせといった最先端の研究開発が進められた。繊維業界の分業構造のなかでは、精練染色加工に特化し、他の追随を許さないほどその技術を高度化することが、委託量や加工賃を上昇させ、経営を安定化させることにつながった。その意味で、当時のセーレンにとって、経営の目的は受注増大＝加工賃増収であり、手段は研究開発＝技術の高度化であったといえる。

われわれは力を協《あわ》せて技術を磨き、品質を高め、もって社会に貢献し、みんなの幸福を築き上げる。

これは、当時のセーレンの社是である。技術を高度化して加工品質の向上を図ることが、社会（繊維業界）への貢献につながり、安定的な収益をもたらして、みんな（従業員）の幸福となる。高度経済成長期の成功体験によって、安定的な収益を確保するための賃加工の品質向上と、それを実現するための技術開発の推進が、セーレンにおける経営の「型」になったのである。

## ■企業文化の形成

一方、精練染色加工の委託量は、あくまで発注者の意向で決まるため、賃加工業者は単独では経営戦略を立てられない、受動的な立場に置かれていた。また、繊維業界の分業構造のもとでは、賃加工業者がハイリスク・ハイリターンの企画製造販売に乗り出すこと自体が、業界秩序を乱す危険な越境行為と見なされた。

精練・染色業者は委託賃加工だけを行っていれば、十二分に利益をあげることができる。それ以外に手を出すべきではない。1950年代から1960年代にかけての繊維全盛時代には、繊維業界も、そしてセーレン自身も、そのように考えていた。

このような「常識」を前提として、委託賃加工に従事しているうちに、セーレンではいくつかの固有の文化が形成された。まず、長年「委託されて、いわれたとおりに色をつけてお返しすればよい」という賃加工に慣れてきたため、在庫リスクや金利負担に対する認識が育たなかった。また、染色加工に関して世界一の技術水準に達したものの、その技術の染色加工以外への応用や、委託賃加工以外での付加価値の獲得についての関心は希薄になった。その結果、染色や設備の研究を行い、メーカーとタイアップして良い染料や機械を開発しても、セーレンはユーザーとしてのメリットを受けるだけで、染料や機械の技術開発によって生じる付加価値自体は、メーカー側に流失するという状況が生まれた。それは、賃加工のみに特化した企業構造のもとで、染色加工技術の開発が自己目的化したことから生じる問題点であった。そして、リスクや付加価値に対する認識の希薄さの根底には、分業的な産業構造のなかで長い時間をかけて形成された、受け身の企業体質が存在した。この受け身体質の変革は、現在に至るまでセーレンの大きな経営課題となっている。

さらに、セーレンの技術力が高まったことで、染色加工分野での絶対的な地位が確立すると、「セーレンが繊維業界を牛耳っているような」独特の中華意識が形成された。しかし、企画販売を行う原糸メーカーや商社からみれば、セーレンは精練染色加工という一つの工程を担う下請け業者にすぎず、「染工場というのは（繊維業界の中で）一番ステータスが下」という見方さえ存在した。こうした自意識と客観的な位置とのギャップもまた、繊維業界の分業構造のなかで形成された独特の文化といえよう。

これらの問題点を内包しつつも、高度経済成長期における繊維産業の成長のなかで、セーレンは大きな利益をあげ、企業規模を拡大し続けてきた。ローリスク・ローリターンの賃加工業は、業界全体が拡張している限り、「みんなの幸福を築き上げる」ための合理的で最適な業態であった。

## ■環境変化と経営危機

繊維業界の我が世の春は、日米繊維交渉、ドル危機、石油危機という相次ぐ経済環境の激変によって終わりを告げた。そして、1970年代以降は構造不況のなかで繊維業界全体の収縮が始まった。

セーレンもまた、1971年を境に事業成績を急速に悪化させていった。1971年上期に5億2000万円であった経常利益は、1973年上期には2億6000万円と半分以下に減少し、さらに1974年上期には5億9000万円の赤字を計上するに至った。同様に、経常利益ベースの利益率（ROA）は、1971年上期の16・4％から、1973年上期には5・2％へと急落し、翌1974年上期にはマイナス11・5％となって、無配に転落した。

以後、資産売却等によって当期利益は何とか確保していくものの、1980年代前半までの10年間以上、経常赤字を繰り返す不安定な経営が続くことになった。

セーレンが陥った経営危機の直接的な理由は、本業である染色加工部門で、染料薬品、燃料費、人件費などが大幅に高騰したにもかかわらず、加工賃の値上げではその上昇分の半分しか補えなかった点にあった。繊維業界の構造不況の影響が、賃加工業者へのしわ寄せという形で現れたのである。こうした構造的な危機を打開するには、経常赤字が続く本業を縮小し、付加価値の高い新規事業を伸ばす必要があった。そのため、1970年代以降のセーレンでは、「拡染色路線」と称する多角化や、さまざまな多業種化、海外進出などが図られたが、いずれもうまくいかなかった。

長年、委託賃加工に慣れてきたセーレンにとって、さらに難しかったのは、企業体質の変革であった。構造不況の過程で、従来の賃加工という業態から、より高い付加価値が見込まれる企画製造販売という業態への転換の必要性が認識されたものの、社内には本格的な「企画」や「販売」のノウハウが皆無であった。しかも委託賃加工のもとで、リスクとは無縁な下請け経営を行ってきたセーレンにとって、取引相手の信用管理や在庫、金利負担といった基本的なリスク管理やコスト意識が未成熟であった。その結果として、衣料分野における企画製造販売の試みは尽《ことごと》く失敗し、経営危機が10年間の長きにわたって続くことになった。

こうした経営危機を打開する契機は、本流からではなく、内なるアウトサイダーによってもたらされる。

以下では、セーレンにおける企業変革の原動力となった川田達男の企業者活動の軌跡をたどりつつ、セーレンの再生の過程を概観していく。

## ■内なるアウトサイダー

「ここは『企業』ではないと僕は思いました」。川田達男は、1962年のセーレン（旧福井精練加工）入社当時をこう振り返る。

高度経済成長全盛期のセーレンは、合成繊維の精練染色加工で好調な業績をあげ、福井県でも指折りの名門企業といわれていた。大学を卒業したばかりの川田は、地元福井で「一番いい会社」に入社したつもりであった。ところが、新人研修で同社が繊維の委託賃加工に特化し、商品企画や製造、販売といった製造業の企業に通常備わっている機能がないことに気づき、愕然《がくぜん》とする。そこで素直に、「物をつくっていない、売っていない会社はおかしい」と上司に直言した。

「何を言っているのか、わけがわからん」というのが会社幹部の反応だった。繊維業界の分業構造のなかで、一部の工程を請け負い、対価として加工賃をもらう。それが創業以来、連綿と続いてきたセーレンの業態であった。しかも、繊維産業の隆盛とともに、委託賃加工の仕事は増え、前述したように、セーレンは毎期15%の配当を行っていた。当時の繊維業界の「常識」からみれば、「しっかりと利益をあげているのに、何を言っているのか」という、当時の経営者の気持ちもわからないではない。

川田は、新人研修中に「セーレンの常識は、世間の非常識」と実習日記に書き続けた。その結果、半年間で「程度が悪い」とのレッテルが貼られ、最初の配属先は支工場の勝見《かつみ》工場になった。文系学卒の同期生が本社に配属され、エリート・コースを歩み始めるなかで、たった一人の「現場」からの出発であった。

勝見工場に赴任した川田は生産計画を任され、5年半の間、毎日工場内を走

セーレン本社のホール．夢の共有へ，社員へ語りかける場である．

り回った。その間、現場の人たちとともに汗を流し、スポーツに精を出した。工場長の信頼を得て、工場管理や労務管理といった経営管理の一端も学ぶことができた。「お前のサラリーマン生活は終わった」とまで言われた支工場への赴任であったが、のちに「現場の5年半が私のサラリーマン生活のすべてです」と語るほど、川田にとって得がたい財産になる。

1967年秋、川田は営業本部への異動を命じられ、大阪に赴任した。当時の営業は、工場と顧客をつなぐだけのメッセンジャーボーイにすぎず、マーケティングとはほど遠い仕事だった。「本当の営業をやらなければいかんし、会社を変えないと、このままでは絶対だめです」。川田の切なる訴えは、ここでも聞き入れられなかった。結局、川田は営業のラインからはずされ、製品開発という名の事実上の窓際に配置されることになる。

## ■企画製造販売への挑戦

1972年初、川田は係長として編物営業課製品開発グループに赴任した。従来、精練・染色の賃加工を本業としてきたセーレンにとって、製品開発は文字どおり、未知の分野であり、「何でもいいから勝手にやって」という雰囲気だったという。期待もされていないが、枠もはめられていない。川田は、早速、3人の部下とともに、「自分でモノをつくって、自分で売る」という新規事業に乗り出した。のちに「川田軍団」

と呼ばれる産業資材部門の始動である。

川田らは、靴の中敷き、傘の布地、乳母車の生地と、手当たりしだいに「製品開発」を行った。そのなかの一つが、カーシートをはじめとする自動車内装材である。きっかけは、「塩化ビニールからもう少し付加価値の高い内装材に変えたいのだけれど、なかなかいい素材がみつからない」という自動車メーカーの開発担当者との雑談だった。カーシートは耐久性や耐光性に関する条件が厳しく、天然繊維では難しい。だが、セーレンが染色加工を得意とする合成繊維であれば、これらの条件をクリアできる。そう判断した川田らは、自動車メーカーに合織カーシートの採用を提案した。

こうして、自動車内装材の開発が始まったものの、セーレン社内の大勢は委託加工以外の仕事に対して冷淡であり、なかなか協力してくれなかった。そこで川田らは、工場の仲間たちと夜間に試作品をつくり、翌朝、自動車メーカーに持ち込むという、綱渡りのような製品開発を行った。その後も、社内外に築き上げたネットワークを駆使して、1975年にようやく合織カーシートの量産化にこぎつけた。

石油危機後のこの時期、繊維業界の構造不況が深刻化し、セーレンの委託賃加工部門は、大幅な赤字に転落していた。繊維産業の衰勢という時代状況のなかで、当時の経営陣も重い腰を上げ、委託賃加工依存からの脱却をめざし始めた。

こうした時代の追い風を受けて、1970年代末から自動車内装材部門への投資が本格化し、その売り上げも急速に伸びていった。とくに、ニット編物子会社であるセーレンKPの設立（1985年）は、カーシートの一貫生産体制を構築するうえで、重要な意味を持った。同社の設立によって、川田の「自ら企画・製造した製品を販売する職場をつくる」という「夢」が実現可能になったからである。

　自動車内装材を中心とする製品営業部門の売上高利益率（ROS）は、付加価値の高い企画製造販売という業態によって、1980年以降、委託賃加工部門を大きく上回り続けた。そして1982年には、利益額でも委託染色加工部門のそれを凌駕《りょうが》し、セーレンの屋台骨を支える部門に成長した（図6－1）。

　内なるアウトサイダーとして出発した川田は、自動車内装材を中心とする製品営業部門での業績を引っ提げて、1981年に取締役として本社に乗り込んだ。そして、

**図6－1　セーレンにおける部門別利益額・利益率（ROS）の推移**

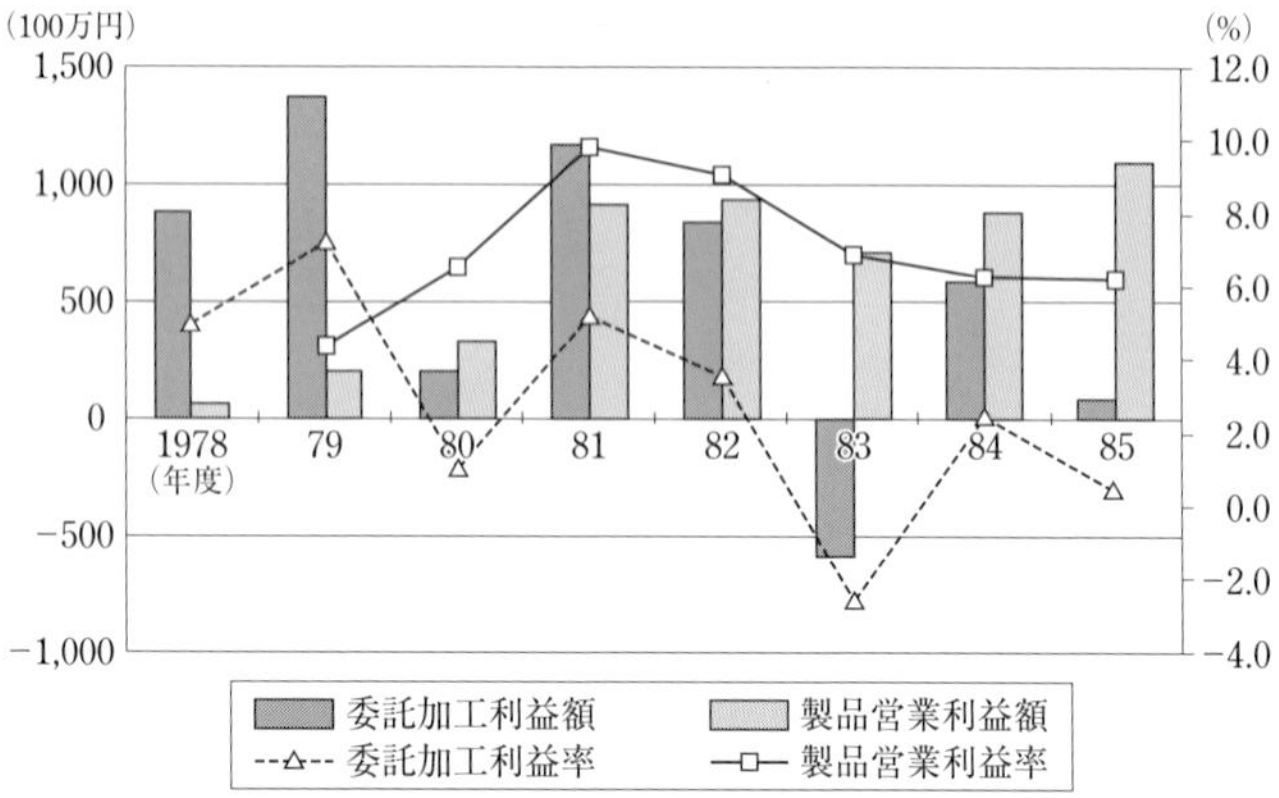


出所：セーレン株式会社作成.

1987年には47歳の若さで社長に就任する。セーレンにおける企業革新の幕開けであった。

## Q&A　組織活性化　欠かせぬ「あそび」

**Q　個人によるイノベーション（革新）という考えは欧米的にも思えますが、日本でも受け入れられる考え方でしょうか。**

**A**　「革新」にはさまざまな種類があります。個人による創造的破壊にもとづく根本的な革新もあれば、組織による小さな改善の積み重ねにもとづく漸進的《ぜんしんてき》な革新もありえます。さらにこの両者は対立的な関係にあるのではありません。まず根本的な革新によって現状が打破され、次に漸進的な革新がその成果を維持・拡大し、定着させていくのです。根本的革新を抜きに、漸進的革新は存在しようがなく、また後者を抜きに、前者は革新の果実を得ることはできません。このように考えれば、私たちは「革新」を受け入れた時点で、組織による漸進的革新だけでなく、個人による根本的革新をも認めていることになります。

**Q　しかし、最初から革新者として認められるわけではないですよね。**

**A**　革新者は、既存の秩序や慣行の破壊者であり、組織側から見れば本質的に異端者です。秩序を乱す異端者を組織内部に抱えておくことは、組織内の安定を願う人たちにとって決して心地よいものではありません。さらに異端者は、当面、必要ない、目障《めざわ》りな存在かも知れません。しかし「心地よさ」や効率性を追求するあまり、彼らを排除してしまえば、内なる革新の芽が失われ、組織の衰退がはじまります。

**Q 異端者が力を発揮するために、組織側はどのように対応すべきでしょうか。**

**A** 組織が活力を維持するためには、「うちの常識は、世間の非常識」という複眼的な見方のできる異端者を抱えておく「余裕」が必要なのです。一見、役に立たないようにみえる異端者は、組織にとって「あそび」の部分だといえるかもしれません。「あそび」のない機械がすぐ故障するのと同じように、異端者のいない組織は環境変化に対応できず、滅び去るでしょう。「あそび」を大切にし、彼らの自由な発想を生かすことが、組織の粘り強さにつながると思います。

## ■企業革新の始動

1987年初秋、セーレン社長に就任した川田は、社報に「2年で創ろう新しいセーレン像」というイラストを発表した（図6‐2）。それは、川田が全従業員と共有したい「夢」だった。

事業多角化という戦略目標を立て、2年で経常利益30億円、各自のボーナス100万円という数値目標を達成する。従業員や株主、顧客、仕入先など、すべての関係者が満足できる、新しいセーレンに生まれ変わる。そうした川田の強い意志の表明だった。それは具体的な将来構想であり、川田が従業員とともにめざしたい「夢＝希望」であった。

新しいセーレン像に続いて、川田は、「のびのび（自主性）、いきいき（責任感）、ぴちぴち（使命感）」というスローガンを打ち出した。それは、従来のセーレンに欠乏していた「自主性」を、経営理念の中心に据えたものであった。セーレンは委

図6－2　新しいセーレン像

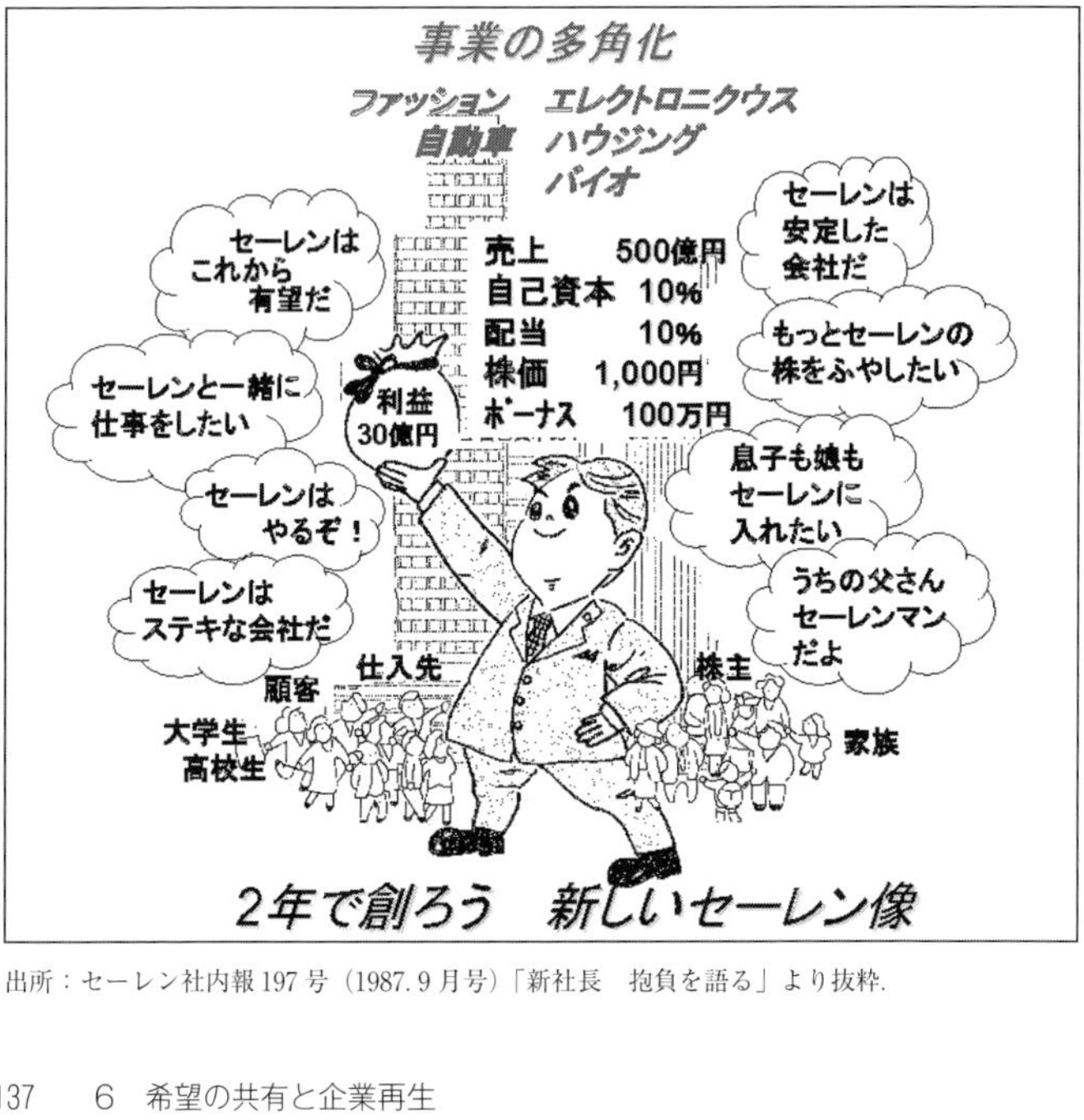


出所：セーレン社内報197号（1987.9月号）「新社長　抱負を語る」より抜粋.

託賃加工依存の体質から脱却し、企画製造販売を軸とする新しい企業となる。過去の企業文化を根底から覆す。会社そのものを一からつくりかえる。そうした経営理念の提示は、川田が本流からはずれた内なるアウトサイダーだからこそ可能になった。

意識改革と並行して、川田は夢＝希望を実現するための企業構造改革に乗り出す。それは、①流通ダイレクト化、②非衣料化、③グローバル化、の三つから成り立っていた。このうち①は、原糸から最終製品までの一貫生産体制を構築し、セーレンが小売ないし消費者に直接製品を供給することをめざしていた。こうした戦略を実現すべく、１９８９年以降、巨額の研究開発投資を行って、多品種少量・短納期・在庫レスの染色加工システム「ビスコテックス」を開発した（口絵参照）。そして、２００５年には原糸生産を行うカネボウの国内工場を譲り受けた。その結果、企画、製造（原糸、編立、仕上加工、縫製）、販売の全過程を自社で直接担当し、アパレルや小売、最終消費者に対して、納期、品質、価格を保証し得る体制を整えることができた。これは、工程別分業という繊維業界の「常識」を根底から打ち破る、革新的企業行動であった。

また②は、セーレンが長年蓄積してきた染色加工技術やＩＴ技術をもとに、繊維の新たな可能性を追求し、事業の多角化を推進することである。具体的には、自動車（自動車内装材、エアバック）にとどまらず、エレクトロニクス（電磁波シールド材など）、バイオ・メディカル（セリシン、人工血管など）、ハウジング（インテリア資材、ハウスラップ材など）といった新規事業分野が切り拓かれた。

③では、自動車産業のグローバル化に対応する形で、アメリカを皮切りに、韓国、タイ、ブラジル、中国へと、積極的な海外進出を展開した。２０１０年にはビスコテックス・システムを導入した一貫工場をタイに建設し、衣料分野でのグローバル化にも乗り出した。

さらに川田は、企業改革のもう一つの大きな柱として、委託賃加工時代に形づくられた「受け身体質」の変革をめざし、企業体質改革に取り組んだ。具体的には、１９９５年12月に行動指針として、原理、原則、現場、現物、現実を重視する「五ゲン主義」を提唱し、原理・原則を踏まえた現場主義の重要性を強調した。このうち「原理」とは、「一人一人が自分の使命・役割を明快に理解し、それを責任を持って果たすことで付加価値を生み出すこと」[2]である。これにもとづき、従業員全員がそれぞれの持ち場で、付加価値に対する意識を高めることを強く求めている。

ところが、いくら行動指針を提示しても、染みついた受け身の企業体質は容易に変革できなかった。そこで川田は、五ゲン主義を具現化する仕掛けとして、２０００年には工程仕掛かりを極力抑え、スムーズにものが流れる整流生産活動を始めた。以後、「全社見つけましたね運動」や目標管理、利益管理をはじめとする経営管理のシステム、評価保証制度と成果制度のような人事管理システムの構築など、さまざまな業務改革を実施し、着実に企業体質の変革を進めていった。

## ■希望の共有をめざして

川田による経営改革の成果は、速いペースで現れた。1987年以降、セーレンの経常収支は急速に向上し、2年後の1989年には公約どおり、経常利益30億円を達成した（図6－3）。

その後、バブル崩壊による平成不況のなかで、在庫リスクに対する認識の未成熟という企業体質面での課題が顕在化し、1990年代前半にはいったん業績が急落した。そこで、1995年には不良在庫の処分を行うとともに、五ゲン主義の徹底と業務改革を進め、付加価値に関する意識を高めていった。

企業構造改革により、セーレンでは原糸から最終製品まで一貫生産が可能になり、自動車内装材（2010年度の売上高比率44％）、衣料（同34％）、エレクトロニクス（同

図6－3　セーレンにおける経常利益の推移

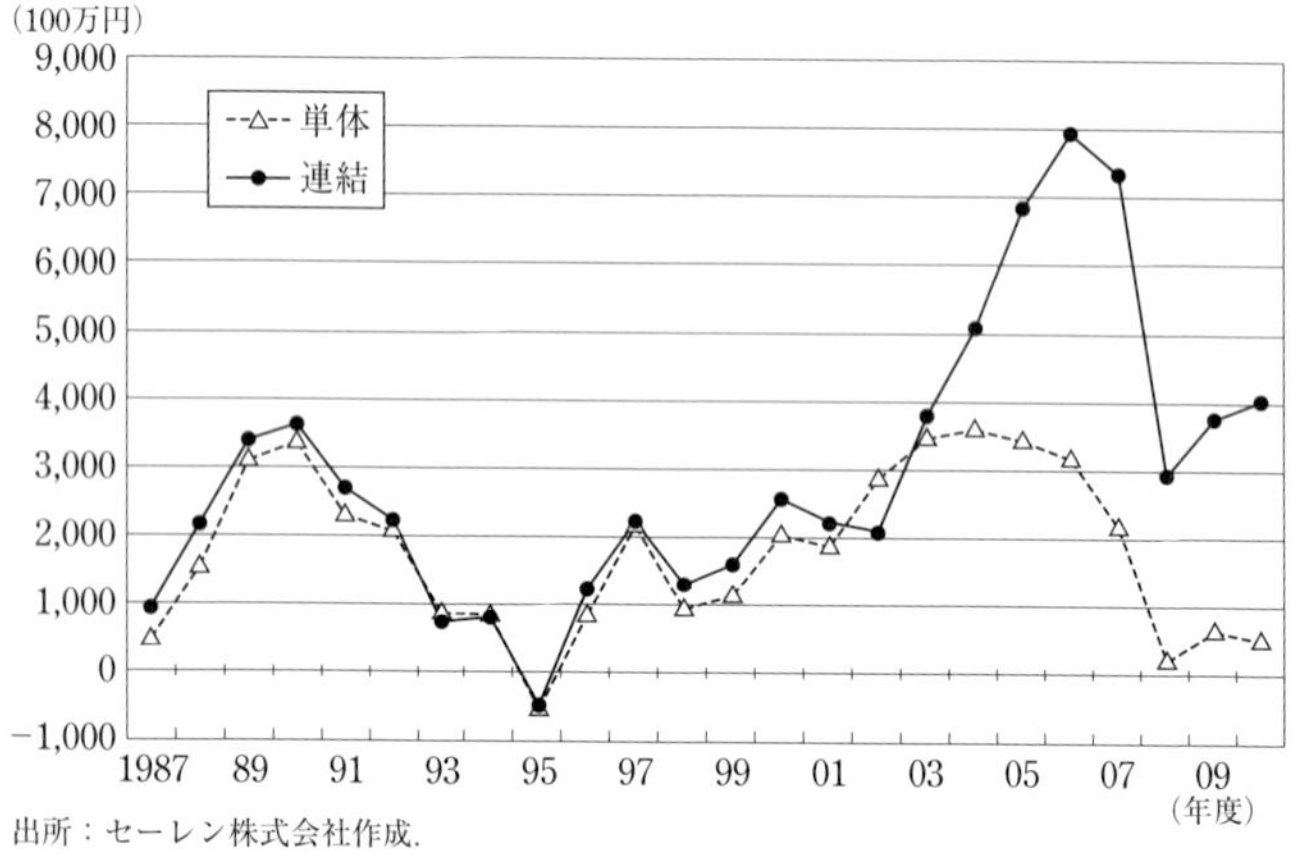


出所：セーレン株式会社作成.

10％）、ハウジング（同9％）、バイオ・メディカル（同3％）と、バランスがとれた事業構成になった。また、海外進出の進展にともない、北米、南米、アジアと世界中に生産拠点を有するグローバル企業に生まれ変わった。さらに、企業体質改革の過程で、企業の「原理」である付加価値創造に関する認識が徹底され、その経験がカネボウ国内工場の再生にも活かされた。

一連の経営改革の結果、２０００年代になると、セーレンの事業成績は再び急伸し、２００６年には経常利益が79億円（連結ベース）に達した。経常赤字の連続で存亡の危機に直面していたセーレンは、総合繊維メーカーとしてみごとに再生したのである。

入社直後の支工場配属に始まり、セーレンの本流からことごとくはずされ続けた川田は、社内における「異端者」であった。そのため、セーレンの本流である安定的な委託賃加工ではなく、あえて自らがリスクをとる企画製造販売という独自の道を模索し続けてきた。その過程で、自動車内装材という有望な商品を見いだし、それを社内でのさまざまな軋轢《あつれき》を克服しながら大きく育て、セーレンの経営危機を救うことになった。そして社長就任後は、企業文化の次元からセーレンを徹底的に改造し、一貫生産を行う総合繊維メーカーという新しいビジネス・モデルを創造していった。それは、「創造的破壊」と「新結合」によって成し遂げられる、イノベーションそのものであった。

「福井から世界へ」。今やセーレンは、高付加価値を実現した会社として、日本全国、さらには世界にその名を轟《とどろ》かせている。幾多の困難を経験しながら、川田はどうして夢＝希望に近づけたのだろうか。その答えの一端を、次の一文から垣間見ることができる。

> 夢というのは、一人で漠然と想っているだけでは実現できませんが、夢を具体的に描き、これを仲間と共有することができれば必ず実現できます[3]。

個々人が、それぞれの目的に応じた個別の希望をもっている以上、その共有は極めて困難な課題である。しかし、川田は、あえて具体的な夢＝希望を掲げ、仲間＝従業員とその共有をめざし続けている。希望の共有という困難な課題に立ち向かうことによってはじめて、企業も、そして地域も、共同体としての生命力を維持し続けることができるのである。

## Q&A　認め合うこと＝公約数探ること

**Q** 夢や希望を「共有」するというのは、具体的にどういうことですか。

**A** 一言で言えば、将来構想を互いに認め合うということです。会社や地域をどのようにしていきたいのか、という将来構想は、希望と同様に、もともと主観的なものです。10人いれば、10通りの将来構想があってもいいはずです。しかし10人が自分の希望を叶えるべく、それぞれ別々な方向に向かって行動した場合、その会社や地域の将来構想は分裂し、お互いの成果がぶつかり合ってしまう可能性があります。これでは会社として、または地域としての利益が減殺されてしまいます。人々が互いの方向性＝将来構想を確認し合うことができれば、こうした機会損失を防ぐことが可能になるのではないでしょうか。

**Q　なぜ共有することが重要なのでしょうか。**

**A**　希望は「共有すること」ではなく、「共有をめざすこと」が重要だと考えています。バラバラの希望を束ね、対話を重ねつつ、組織としての一定の方向性を追求していく。こうした、希望の共有をめざす、真摯《しんし》な取り組みにこそ意義があります。この姿勢を徹底することが、組織内部の一体感を高め、結果として大きな成果を生むことになるでしょう。

**Q　組織の全員と共有するのは容易ではないのでは？**

**A**　希望が主観的な存在である以上、それを全員と共有することは不可能です。組織や社会の全員が全く同じ希望を持っている状態は、むしろ危険です。全員が同じ方向をむき、異端者を排除する会社は、外部環境の変化に対応できず、倒産してしまう恐れがあります。また社会であれば、それは全体主義とよばれる閉塞《へいそく》状況をもたらします。

**Q 全員が同じ方向を向いてしまうと次の革新が起こらないような気がします。**

**A** その通りです。希望の多様性を許容しない組織では、異端者が排除され、革新の芽が摘まれてしまいます。重要な点は、全員を無理やり、同じ方向にむかせるのではなく、互いの希望を認め合い、その最大公約数を探っていくことです。

(1) 本節の記述はセーレン株式会社百年史編集委員会編『セーレン百年史』セーレン株式会社、1990年による。

(2) 川田達男『社長が語る「整流」と「五ゲン主義」』セーレン株式会社、2007年、48頁。

(3) 中村尚史・青木宏之・中島裕喜編「川田達男オーラルヒストリー」東京大学社会科学研究所 Discussion Paper Series J-196, 173頁。

＊本章は中村尚史「序　企業は変われるか」『セーレン125年史（仮）』（セーレン株式会社、2015年刊行予定）に加筆修正を加えたものである。

7

# 羽二重生産がもたらした希望

## 繊維王国福井の形成と発展

橋野知子

**はしの・ともこ**　栃木県生まれ。神戸大学大学院経済学研究科准教授。専門は近代日本経済史・経営史。繊維産業を中心とした産業集積の形成・発展史を研究している。主な著書に『経済発展と産地・市場・制度――明治期絹織物業の進化とダイナミズム』（ミネルヴァ書房）、『MBAのための日本経営史』（共著、有斐閣）など。

### ■羽二重は世界に舞う

全国の人は無理だとしても、福井の人、特に年配の人なら、誰でも知っているはずである。特産物の羽二重《はぶたえ》餅《もち》が、かつて盛んに生産されていた絹織物の羽二重に由来することを。羽二重とは白地の絹織物であり、明治の中頃から大正の中頃にかけて、日本から西欧諸国に盛んに輸出された製品であった。羽二重は、ときには、日本の総輸出品額の10%を占め、外貨獲得のための重要輸出品の一つだった（図7－1）。

その羽二重輸出を支えたのが、福井県の嶺北《れいほく》地方を中心とする福井産地だった。1887（明治20）年の生産開始から約数年で、福井は日本一の羽二重産地に躍り出た。かつての奉書紬《ほうしょつむぎ》から羽二重へ、そして縮《ちり》緬《めん》等の変わり織物へ。原料も生糸《きいと》から人絹《じんけん》（人造絹糸＝レーヨン）、合繊《ごうせん》（合成繊維）から化繊《かせん》（化学繊維）へと変化しつつ、技術を磨いてきた。

しかし福井県における繊維産業の比重は、現在年々小さくなってきている。とはいえ、繊維産業はこれまでの幾多の困難を乗り越え、1世紀以上にわたって福井経済の重要産業であり続けている。実際、福井県における従業者4人以上の事業所の26・1%、全従業者数の22・8%、製造品出荷額の12・8%が、今も繊維

図7－1　日本の羽二重輸出額，福井の羽二重生産の成長，全輸出に占める羽二重の割合

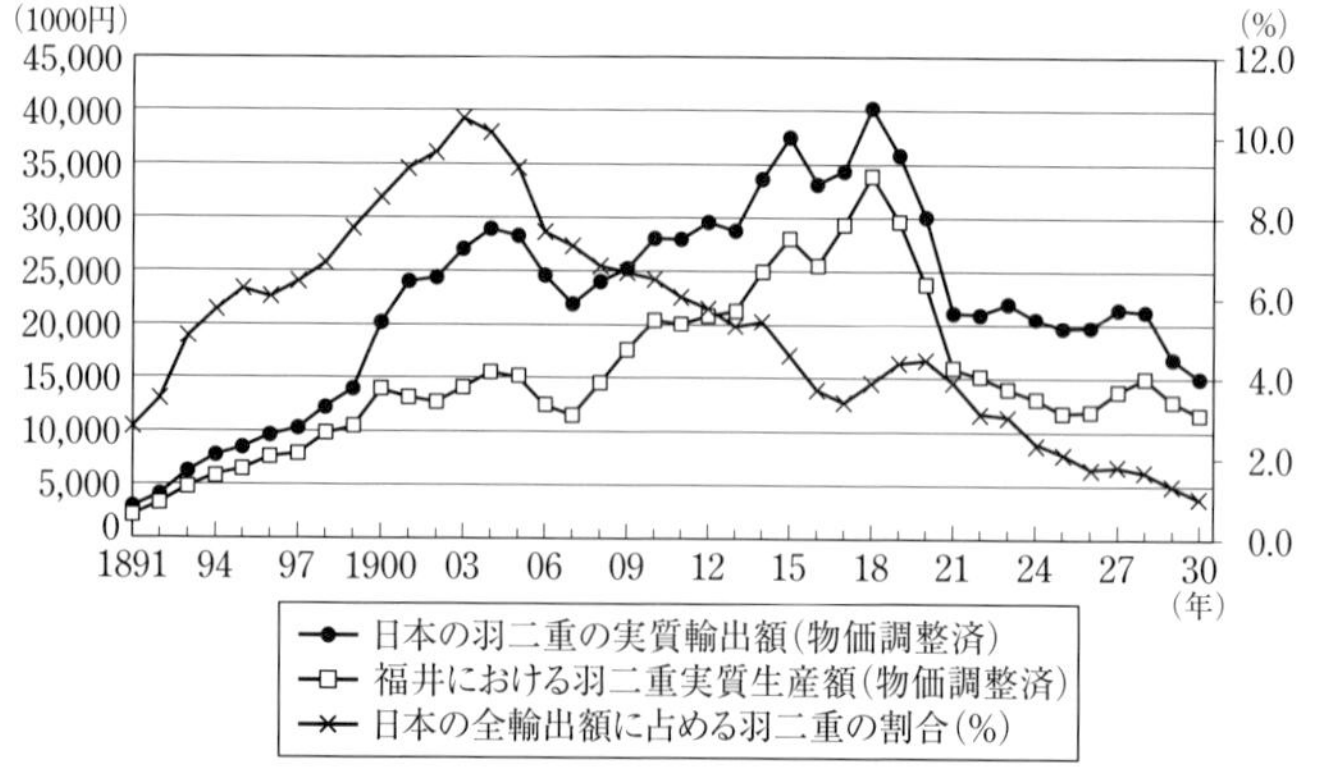


出所：Discussion Paper No. 1303, Graduate School of Economics, Kobe University.
http://www.econ.kobe-u.ac.jp/doc/seminar/DP/files/1303.pdf

産業で占められている（2010年、福井県工業統計調査）。事業所数、従業者数は、今でも県内トップを占める。だが10年前と比べて、事業所数は4割減、従業者数も3割減へと縮小したのもまた事実だ。

福井市で羽二重生産が始まってから約130年。福井で繊維産業が重要な産業であり続けたのは偶然ではない。先人達が新しい産業をこの地に根付かせようとした苦労と努力の賜物《たまもの》である。地域に産業が存在することは、そこに生きる人びとに希望を与える。雇用が生まれ、人びとはそこで生活の糧を得、家族とともに暮らすことができるからである。地域はその産業を通じて発展し、関連産業も興り、他の地域からの人びとを吸収する。人、カネ、モノ、情報の活発な動きは、地域を活性化させる源である。

現在の福井産地は、国際的には、中国繊維産業の成長や繊維貿易の枠組みの変化、国内的には信用不安や流通構造の変革などの大変動の中にある。しかしそれでも福井産地の息の長さや強靱《きょうじん》さを感じずにはいられない。途上国から先進国へ。外貨獲得と貿易立国。先人達の抱いた希望、そしてそのための苦労や努力が、繊維産地福井に受け継がれている。先人達には、織布《しょくふ》業者も、繊維関連業者も、県政府も含まれている。実は、民間、政府ともに力を合わせて、産地を育ててきたのだ。第二次世界大戦前を中心に、その歴史を繙《ひもと》いてみよう。

## ■県内生産地の拡大

福井における羽二重生産は、1887(明治20)年、群馬県桐生《きりゅう》の技師・高力直寛《こうりきなおひろ》(後の京都市染織試験場長)が福井県に招聘《しょうへい》され、福井市で3週間の技術伝習を行ったことがその始まりといわれている。従来、越前国《えちぜんのくに》では奉書紬の伝統があった。[1] しかし、この技術伝習ならびに京都からのバッタンの導入によって、まずは福井市において羽二重生産が盛んになっていった。[2] 日本で初めて輸出羽二重を生産したのは桐生である(1877年頃)。福井県も含め、福島県・川俣《かわまた》(1886年)、石川県(1883年)、富山県(1889年)が、桐生から間接的・直接的に技術移転が行われた。

日本の羽二重輸出は、1890年代から1900年代中頃にかけて、また第一次世界大戦期に拡大した。その輸出額は、1899(明治32)年には1500万円にのぼり、生糸(6000万円)、綿糸(1800万円)に次いで、重要輸出品の第3位を占めた。輸出羽二重の約7割は、福井県産だったといわれる。福井県では、明治以降、輸出向けの洋傘地や絹手巾《きぬはんけち》(絹のハンカチーフ)の生産が試みられていた。販路の広い織物を製織することが得策であると考えられ、早くからさまざまな模索が試みられていた。よって、羽二重生産の成長は、福井の人々に大きな希望を与えたに違いない。

羽二重伝習の後、1888(明治21)年には生産は急増し、まもなく桐生産の羽二重を圧して輸出額も増加した。羽二重生産が初めて開始された福井市を中心として、生産は郡部にも拡大し、1889(明治22)年には県下の織機数が2000台に達した。1891(明治24)年に一時に大量の注文があってからというもの、ますます機業は活気づき、農家や商家が急に転業した。そのため、福井市近在では地価の急速な下落さえみられたという。さらに1892(明治25)年、横浜の外商が福井市内に支店を置いてからは、福井市内で日々新調された織機は50台を超えたとさえいわれる。

1890年代以降、福井市には、横浜の外商や生糸商・羽二重商が集積した。県内の産地も、鯖江《さばえ》・武生《たけふ》・粟田部《あわたべ》・森田《もりた》・勝山《かつやま》・大野《おおの》・松岡《まつおか》・丸岡《まるおか》・春江《はるえ》といった旧市街や交通の要所を中心にして、郡部へと広がっていった。羽二重生産が開始された当初は、その9割以上が福井市で生産されていたが、郡部で生産が開始されると、福井市のシェアは急速に縮小した。1890年代、足羽郡《あすわぐん》、吉田郡《よしだぐん》といった福井市の近隣の郡部での生産が拡大したが、1900年代以降、両郡の占

明治時代のバッタン. 中央の紐を引っ張ると杼(ひ)を左右に移動させることができたバッタンは, 生産性の向上に大きく寄与した. (写真提供:ケイテー)

める割合は小さくなった。

それに代わるように坂井郡《さかいぐん》、今立郡《いまだてぐん》、大野郡といった福井市からより離れた郡が、1900年代以降、確実にシェアを伸ばし、1910年代後半には全体の半分を占めるようになった。坂井郡や大野郡では、1910年代後半から手《て》織機《おりき》から力織機《りきしょっき》への移行が進んだが、それは福井市よりも急速だった。産地が一地域にとどまらず、嶺北地方を中心とした広い範囲に生産が拡大したのも、他産地には見られない福井独特の特徴だった。これは、いかに多くの人びとが、羽二重生産に希望を見いだしたかという証しであろう。

## ■絹紬、そして人絹織物へ

第一次大戦の勃発（1914年）により、市場は一時混乱し、福井県機業界も打撃を受けたが、1919〜1920（大正8〜9）年には、輸出絹織物の全盛期を迎えた。輸出の回復・隆盛とともに、仕向地は従来の英国・仏国から米国・カナダ・豪州へ、輸出絹織物の品種は羽二重から変わり織物（繻子《しゅす》、縮緬、壁織《かべおり》、絹紬《けんちゅう》、富士絹《ふじぎぬ》など）へと大きな変化が見られた（図7-2）。福井

この杼（ひ）の中には，緯（よこ）糸を巻き付けた管（くだ）が納められている．杼が左右に移動運動を繰り返すことにより，織物が織り上げられていく．（写真提供：はたや記念館ゆめおーれ勝山．153 頁も同じ）

県では特に、輸出縮緬や輸出絹紬の生産額が増大し、撚糸《ねんし》業も振興した。大衆向けの低廉な絹紬や富士絹、高級撚糸を利用した欧米向けの各種縮緬は、1900年代後半から勃興したが、福井県では、1909（明治42）年、工業試験場でフランス縮緬を試織したのがその始まりである。

第一次大戦中には、柞蚕糸《さくさんし》を原料とする絹紬の生産も急上昇した。福井県では1914（大正3）年頃、国内向け柞蚕裏地が製織されたのが始まりであるが、1916（大正5）年、坂井郡春江地方の有力機業家が輸出向け絹紬の生産を開始した。大戦中、輸出絹紬の生産が急速に拡大し、福井は絹紬の先進地・岐阜を追い越して日本一の生産地となった。

昭和戦前期に絹織物が不調となった反面、生産が爆発的に増加したのは、人絹織物であった。当初、人絹糸は輸入品だったが、1924（大正13）年には国産品が輸入品を

図7-2 福井県の織物生産の多様化（金額ベース）

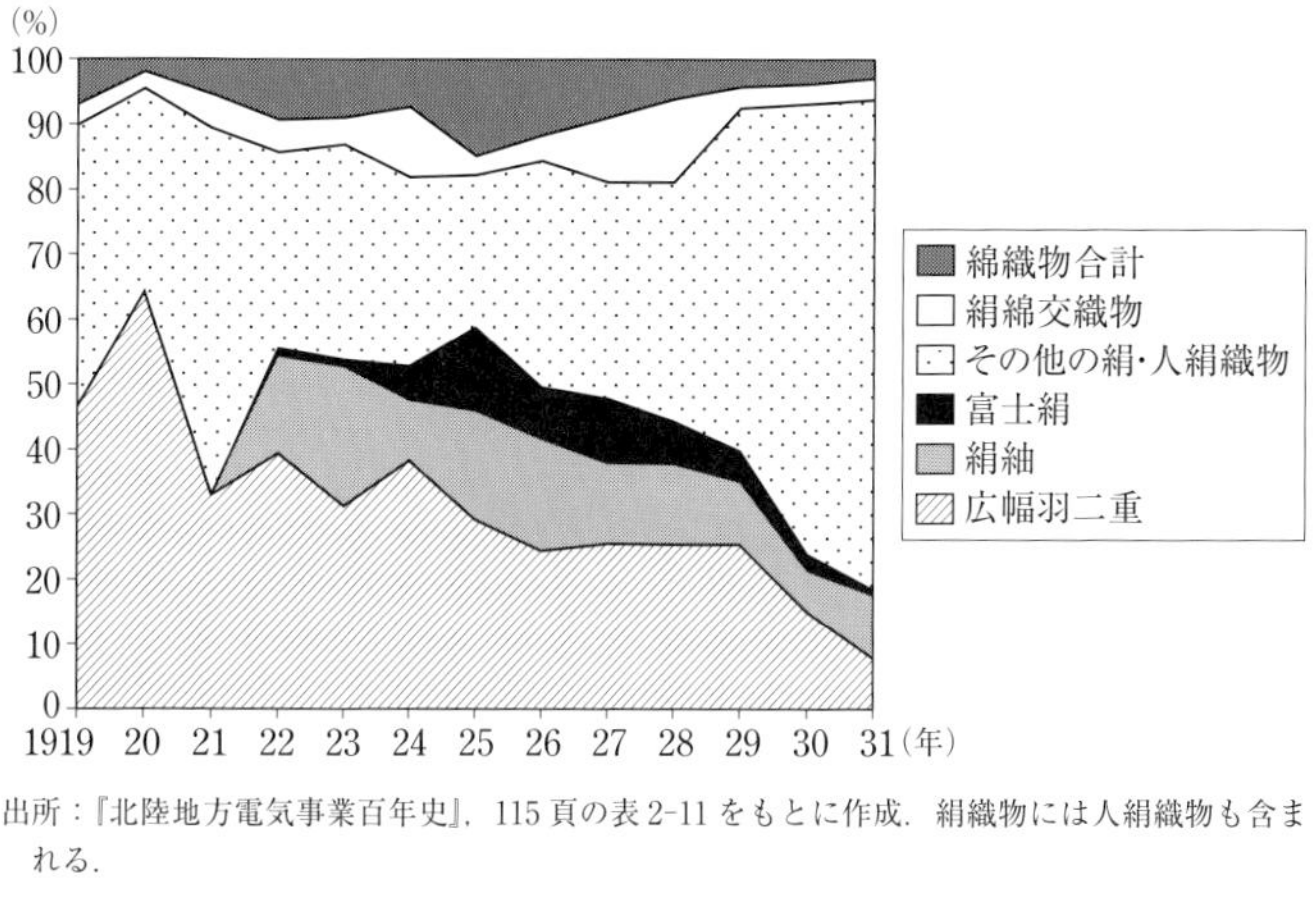


出所：『北陸地方電気事業百年史』，115頁の表2-11をもとに作成．絹織物には人絹織物も含まれる．

上回るようになった。1915（大正4）年に鈴木商店が人絹糸の生産を開始し、その後帝国人造絹糸株式会社へと発展した（1918年）。1922（大正11）年には旭絹織《あさひけんしょく》株式会社（現在の旭《あさひ》化成《かせい》）が設立されて以降、人絹メーカーが続々と設立された。国産の人絹糸は、技術の向上とともに繊度の均一化が進んだ。先に見たように、世界恐慌のため絹織物輸出は急減したが、低価格である人絹織物は主にアジア市場に向けて輸出された。

福井における人絹織物は、1916（大正5）年、福井県工業試験場で行われたマドラス織りの試織がその始まりである。全国一の絹織物産地を誇っていた福井においては、当初、機業家は人絹をまがい物として、人絹織物に積極的な姿勢を見せなかった。1922（大正11）年、森田村の工場が純綿《じゅんわた》紋《もん》ポプリンの緯《よこ》糸に人絹糸を使い商品化し、人絹ポプリンと称して綿布需要地に輸出され好評を得た。福井県の人絹織物は、大部分が輸出織物として生産され、金輸出再禁止による円安の影響を受けて、中国、東南アジア、インド、アフリカ向けの輸出が進んだ。1937～1939（昭和12～14）年に人絹織物生産は最盛期を迎えた。

## ■染色加工技術の登場

本書でも既に登場した「セーレン」で有名な精練工程は、羽二重生産が開始された際に、福井には存在しなかった。これは、京都から移植された産業である。精練のみならず、第一次大戦期に盛んになった変わり

織物のための加工技術も県外から導入された。このような繊維関連技術が盛んであったことも、福井産地の発展にとって重要だった。それだけではなく、品質や評判の維持のために、中央政府や県政府、組合、工業試験場が積極的に活動を展開したことも見逃せない。すなわち、政府と民間がともに繊維産業を県の産業として育成してきたのである。

羽二重生産の成長にともなって、精練工場も増加し、しばしば過当競争や品質の低下を招いた。越前羽二重の品質は、海外市場でしばしば酷評された。工業試験場は民間企業と連携し、技術上の問題点の解決を図った。また福井県政府の勧めで、県下の精練業社は二度の合併を行った。これが現在のセーレンである。羽二重は先進国市場に輸出され現地で染色・加工されたが、人絹織物は染色加工技術をもたない後発国に輸出された。そのため、人絹織物は輸出前に加工される必要があった。セーレンは、この人絹時代の加工技術をベースとして、第二次大戦後の化学繊維、合成繊維の染色加工技術を開花させていった。

第二次大戦後は、県内の織布業者や染色・加工会社が、東レ《とうれ》、帝人《ていじん》、旭化成等の合織メーカーの賃織（下請）として系列化された。福井県、石川県、富山県の繊維産地は、総じて北陸産地と呼ばれる。現在、国内最大のテキスタイル（織物・ニット）産地として知られている。北陸産地は、戦後長きにわたって、合織メーカーの系列下に置かれ、織物・染色・加工等の委託生産をしてきた。委託加工といっても、織り方、染色法、加工法について、合織メーカーに対して現場からさまざまな提案を繰り返してきた。このことは、産地の技術力の蓄積につながった。

主力製品は、合成長繊維織物（ナイロンフィラメントやポリエステルフィラメント製の織物）であり、福井は現在でも全国の約4割、そして北陸産地全体で全国の約8割を生産している。これまでの下請体質からの脱却、自己製品の開発等、さまざまな工夫を凝らして、県内企業は繊維産業の生き残りに長年励んできた。

１９６０年代以降、繊維産業を取り巻く環境が大きく変化し、「斜陽産業」や「衰退産業」と言われてから半世紀以上。それでも、繊維産業が成熟産業として生き残ってきた理由は何だろうか。

さまざまな原料を駆使して織物を生産するなかで培われた高度な技術が繊維産業で蓄積されたこと。それをベースとした応用技術が高性能のスポーツ・カジュアルから産業資材、他産業の開発・成長をもたらしたこと。福井県が発行した「『実は福井』の技」をみると、そんな事例について、枚挙にいとまがない。

主要な輸出品としての羽二重生産に始まり、戦後の合繊メーカーの委託加工に至るまで、常に高品質をめざしてきた伝統。品質に対するこだわりは徹底的であり、量から質への脱却を支え、差別化商品の開発とも深くかかわってきた。そして何よりこの地に産業を育て続けようとした地域の人々の辛抱強い気質と努力。さらに福井県の繊維産業を取り巻く環境として、産業や企業を支えてきた県政府と人びとのたえざる連携を見逃すことはできない。

最近では、三県が一体となって、「北陸3県繊維産業クラスター」の形成によって、販路開拓、研究開発、人材育成の支援が試みられてきたと聞く。従来の産地の枠を越え、官民ともに繊維産業を地域に残そうという努力には、羽二重生産をこの地に根付かせようとした頃からの人びとの希望が脈々と受け継がれているのである。

（1）奉書紬とは、奉書紙のように純白であるということから名付けられた良質な紬（節のある生糸で織られた絹織物）である。かつて福井や石川で生産され、染められて紋付などに用いられた。

（2）バッタンとは、イギリスのJ・ケイが発明した飛杼《とびひ》装置（flying shuttle）を指す。織物は経糸《たて》と緯糸《よこ》を交差させることによって織り上げられる。その際、緯糸を経糸の間に通すために使われるのが、「杼《ひ》」という道具である。従来、織り手は、右手で持った杼を左に動かして左手で受け取る動作を繰り返して織物を織っていた。ケイは、織機の両側に杼箱を置き、この中に入れた杼をひもを引いて弾き飛ばすと、杼がもう一方の箱に入るという発明をした（1733年）。このことによって、製織の生産性は向上した。日本には、1873（明治6）年頃に輸入されたと言われている。

＊本研究は、日本学術振興会・科学研究費補助金・基盤研究C（西陣・桐生・福井における近代技術定着過程と制度革新）の成果の一部である。

8

# 変わりゆく福井は政治を使いこなせるか

宇野重規

**うの・しげき** 1967年、東京都生まれ。東京大学社会科学研究所教授。専門は政治思想史、政治哲学。主な著書に『政治哲学へ――現代フランスとの対話』(東京大学出版会)、『トクヴィル　平等と不平等の理論家』(講談社選書メチエ)、『〈私〉時代のデモクラシー』(岩波新書)など。

## ■福井県であることの「奇跡」

福井県は福井県だ。はたしてそう言い切れるだろうか。

あるいはそこに暮らす人々にとって、福井県という存在はあまりにも当然のものかもしれない。たしかに道州制の議論はある。福井県は北陸に入るかもしれないし、近畿の一部になるかもしれない。とはいえ、多くの人々にとって、福井県という存在は疑う余地のないものだろう。福井県は昔からあり、未来も同じように続いていくはずである、と。

ところが、福井県の歴史をひもといてみると、そうとも言い切れないことがわかる。福井県の地図を見ると、象に似ている。頭が嶺北《れいほく》地域で、鼻が嶺南《れいなん》地域だ。かわいらしく不思議な形だが、最初からそうだったわけではない。

明治の出発時においては、現在の福井県は、敦賀県《つるがけん》と足羽県《あすわけん》に分かれていた。その後いったん敦賀県としてまとまったものの、間もなく再分割されてしまう。旧若狭《わかさ》と敦賀は滋賀県に、それ以外の旧越前《えちぜん》は石川県に統合されたのである。つまり、この時代、滋賀県と石川県だけがあって、福井県は存在しなかったことになる。

図8-1　福井県の移り変わり

最終的には、明治14年、両地域は再度、分離・統合され、現在の福井県に至っている。このとき一緒になった両地域を今日では嶺北・嶺南と呼ぶが、嶺南地域ではその後、滋賀県への復帰運動も起きている。現在の道州制論議においても、このような歴史的経緯が微妙に影響しているはずだ。

このように、福井県という単位はけっして当たり前ではない。象の形でないどころか、福井県がそもそも存在しなかったかもしれないのだ。福井では「困ったことがないのが困ったこと」という声も耳にするが、実はかなりドラマティックで波乱にみちた過去をもっている。

逆にいえば、福井県の歴史は、多様な諸地域をいかに一体化するかという課題と、切っても切り離せない。県の主要課題を振り返っても、新幹線などの交通網整備、臨海工業地から原発に至る開発政策など、いずれも福井県の一体化という課題と深く関わってきた。

しかし、今後、ハードの整備に多くを期待することはますます難しくなるはずだ。経済的に大きな成長を見込めないなかで、いかに県の

図8－2　福井県の主な全国順位トップ3

| | | |
|---|---|---|
| ●人口1万人当たりの事業所数 | 595.1事業所(2009) | 1位 |
| ●有効求人倍率 | 1.18倍(2012年度平均) | 1位 |
| ●救急告示病院・一般診療所数（人口10万人当たり） | 7.8施設(2008) | 1位 |
| ●小学校，中学校（公立）学力テスト正答率（全教科平均） | (2012)ともに | 2位 |
| ●正規就業者の割合 | 69.9％(2007) | 3位 |
| ●持ち家比率 | 77.4％(2008) | 3位 |

諸地域をつなぎ、ひとつにまとめていくか。政治にとっても知恵の見せ所である。

ちなみに私自身は、道州制に慎重な立場をとっている。正直いって、現在の県ですら大きすぎると思うからだ。県を単なる行政区割りにとどまらず、住民が未来をともに考えていくための真のまとまりにしていけるか。地方自治と民主主義の大きな課題だと考えている。大きすぎず、小さすぎず。福井県はそういう存在になりうるだろうか。

ひとつのコミュニティとしての福井を構想していくためには、県内諸地域のつながりや公平性をいま一度考えねばならないはずだ。ともに一緒に福井県を作っていくという住民の意識が十分に熟しているか、福井の希望はそこにかかっている。

## Q&A　福井県がある「奇跡」考えよう

**Q　住民自治の観点で考えた場合、福井のあるべき姿はどの程度の規模が適正と考えておられますか。その理由も合わせてお願いします。**

**A**　今のサイズでいいと思っています。嶺南・嶺北などの地域区分はありますが、それぞれの地域だけだと、ちょっと自己完結的に過ぎる気がします。ある程度の多様性を内部に含む方が、現代の住民自治はうまくいくのではないでしょうか。地域ごとの特性を組み合わせて、いかにベストな補完関係をつくるか、これを住民自らが考えていくべきです。現在のサイズでちょうどいいと住民の方が思えるとき、その地域の自治はうまく機能しています。はたして福井のみなさんは「大きすぎず、小さすぎず」と思っているでしょうか。

**Q これまで県の主要課題で県の一体化を目指したにもかかわらず、うまくいかなかった理由は何でしょうか。行政は何をすべきだったのか、今後どうすればよいのでしょうか。**

**A** 福井県の各地域でお話を聞いていて、「県というのは遠い存在だ」という言葉を何度か耳にしました。物理的な距離もありますが、心理的な距離もあるようです。自分たちの状況が同じ県内にいる人にすら理解されていない。このような不満をもっている人が多いとすれば問題です。これまでの政策が交通網整備を重視してきたことの意義は理解しています。ただ、今後ますます重要になってくるのは、ソフト面での一体化でしょう。多様な地域の抱えた問題について、どれだけ情報と理解を共有していけるかが問われます。

**Q 一つのコミュニティを目指して意識を熟させるにはどうしたらよいのでしょうか。また、どうしたら未来を描けるのでしょうか。**

**A** 最大の問題は「福井県を一つのコミュニティにする」という課題それ自体が、まだ十分に共有されていないように見える点です。そのためにあえて、今の福井県という姿が、歴史的にみてけっして当たり前ではないことを強調しました。福井県であることの「奇跡」を住民自身がどれだけ自覚できるかが鍵です。まずは個別の自治体における自治が大切でしょう。その充実があってこそ、今度は県でなければできないことは何か、という意識が熟してくるはずです。

## ■「キャッチボール」型の知事像

地方自治体がひとつのコミュニティになるにあたって、その首長に求められているのは、地域のマネージャーになることだ。福井県の西川《にしかわ》一誠《かずみ（いっせい）》知事の場合はどうだろうか。よく知られているのは、座ぶとん集会である（口絵参照）。県のホームページで確認したところ、２０１２年までの10年で２７０回を越えている。最初の1年など、平均して週に1回以上をこなしている。ずいぶんと数が多いし、場所も県内各地に広がっている。

嶺南のある集落のお年寄りから、こんな話を聞いたことがある。集会の前半、地域にこのような設備を充実して欲しいという声が次々とあがった。これに対し知事は、「その前に、地域で受け継いでいけるような仕事をつくれないか」と逆に尋ねたという。

仕事があってこそ、地域に人が残り、設備も生きる。もっともだが、陳情に対し、逆に問いかけてくる政治家も珍しいと思ったという。「学者のような知事さんだ」。

一方で、「話しやすいと思った」とお年寄りはつけ加えた。どうやら、これが知事のスタイルらしい。ともかく話を聞く。そして逆に質問をする。「国が何をしてくれるかではなく、あなたが何をできるかだ」といった、ケネディ大統領を思い出す。

このスタイルは県庁内でも同じようだ。県庁職員にとって、知事ヒアリングは試練の場所である。「それだけなのか」。提案の背後にある考えを求める知事の矢継ぎ早の質問に、職員は全力で答えねばならない。問いを当事者に投げ返し、問題提起を続けるのが知事のスタイルである。

しかし、これは西川知事の個人的なスタイルというだけでなく、むしろ歴史的な要請なのだろう。かつてであれば、県は各地域、各産業からの要望を吸い上げ、国からの予算にあわせて調整した。いわば、

上部団体への米の販売委託をやめるなど，自主的な取り組みをみせるJA越前たけふ．台湾の食品国際見本市に出展するなど，販路拡大に自ら乗り出している．＝2012年6月，台北市

ボトムアップ作業のトップにいたのが知事である。

しかしながら、財源のきびしい現在、さまざまな要望に応えることはますます難しくなっている。そうだとすれば県にできることはどんどん減っていくのだろうか。

そうではあるまい。地域のマネージャーとしての知事は、むしろ県内の各地域や各産業に問題提起を繰り返す。ボールを投げ、それぞれが考えることを求め続ける問題提起型の知事像がいま現れつつあるのかもしれない。

逆に、県民の側はこれにどう応じるべきか。ＪＡ越前たけふでうかがった話が興味深い。このＪＡは、米の販売を上部団体に委託するのをやめるなど、自主的な取り組みで注目されている。だが、組合長の冨田《とみた》隆《たかし》さんらは「農家の協同組合という原点に戻っただけ」と笑う。

「自分たちにできることをまずやる。国や県に頼むのはそれからだ」とも。もちろん、農業、とくに米作りをめぐる環境は厳しくなるばかりである。それでも食味の優れた、環境にも配慮した米作りを極めることなしに活路は開けない。他人頼みではだめだという。

福井県民は、あまり「希望」という言葉を口にしない気がする。だが、ＪＡ越前たけふでお会いした方々の次の言葉が記憶に残っている。「希望なしに、農業はできませんから」。

## Q&A 厳しい時代こそ希望を

**Q 時代の要請に従い、問題提起型の首長が増えているのでしょうか。財政的に厳しい現代に求められているのは、どのような知事像なのでしょうか。**

**A** 興味深いのは、この十数年、自治体の首長への関心が高まり、その発信力が拡大していることです。国会議員等からの転身も少なくありません。財政的に厳しい分、首長はやりくり上手でなければなりませんが、他方で、自治体をアピールし、その問題点を明らかにする役割も期待されます。もちろん、行政だけでできることは限られているので、多様な関係者を刺激したり、巻き込んだりする能力が大切になってきます。その意味で、ボールを投げて反応を待つ、「キャッチボール」型知事は重要なモデルになってくるでしょう。

**Q 知事というと東国原英夫《ひがしこくばるひでお》前宮崎県知事や、大阪府知事だった橋下徹《はしもととおる》大阪市長が目立ちます。最近、国政に復帰した石原慎太郎《いしはらしんたろう》前都知事もいます。これらの知事と比較すると、西川知事はどのような位置づけになるでしょうか。**

**A** たしかに芸能人出身の知事は目立ちますね。政治家になる前から知名度が高く、その人気を生かして知事としての発信力につなげています。これは時代の趨勢《すうせい》であり、今後もある程度続くと思います。とはいえ、最終的に重要なのは、その地域に暮らす人々の、仕事や地域への思いを高める能力です。その点では、住民を観客として楽しませる劇場型の知事よりも、地域の実情を知り、具体的な問題提起をし続ける知事の方が望ましいと思います。西川知事が目指しているのもそのような知事像かもしれません。

**Q 地方経済は疲弊し、希望を持つこと自体が難しい。どのようにしたら希望が持てるのでしょうか。そもそも希望の定義とは何なのでしょうか。**

**A** 必ずしも希望を「持つべき」とは思いません。ただ、歴史的に見ると、災害など厳しい苦難に襲われた地域において、希望という言葉がしばしば語られてきました。裏返しにいえば、希望がなければやっていけないということです。オバマ大統領はかつて「希望は楽観とは違う」と言いました。およそ楽観できない状況で、それでも苦難に耐えなければならないとき、希望が必要になるというのです。希望とは「何かを実現しよう、それも自分の行動によって実現しようとする思い」のことだと思います。

## ■国と対峙する自治体

2012年4月14日、枝野幸男《えだのゆきお》経済産業相が福井県庁に西川知事を訪問した。定期検査で停止中の関西電力大飯《おおい》発電所（大飯原発）について、安全の確認ができたとして再稼働への理解を求めるためである。

ここで再稼働の是非、それ自体は論じない。ただ、その報道で目にした一枚の写真が印象的であったことに触れたい。西川知事と枝野経産相とが、左右の机に分かれてすわり、真正面から対峙する写真であった。

ここには、かつてのように自治体に対し、その「上位機関」として臨んだ国の大臣の姿はない。両者の立場は「対等」であり、国の要請に対しても、あくまで自らの立場はきちんと主張したいという自治体の姿勢が、そこには示されていた。

実際、西川知事はこれまで行ってきた県独自の安全対策を強調するとともに、原発に対する国の姿勢を明示するよう求めた。国ははたして十分な安全対策を講じてきたのか、再稼働の明確な基準を示したのか。逆に国を問いただし、責任の所在を明確にしようという意図がうかがえた。

言うまでもなく、原発を含むエネルギー政策について最終的な決断を下すことは、本来国の仕事である。しかしながら、現実には国の対応は後手後手にまわった。原発を再稼働するにあたって国が示した対策は、県が以前から、しかも暫定的《ざんていてき》なものとして提案してきたものを大きく上回るものではなかった。

問題は、ややもすれば国が責任ある方針を示さず、しかも最終判断の責任を地元に押しつけようとしたことである。西川知事が最後まで、国としての姿勢の明示にこだわったのも無理はない。

もちろん、原子力というのは国と自治体が交渉できる、数少ないカードの一つなのかもしれない。また、今後もそうであり続ける保証はない。生活をめぐる多様なリスクをいかに分かち合うのが公平か、自治体が国に主張し続ける必要がある。

ある意味で、東日本大震災の経験は、県の存在意義を問い直すきっかけになった。もちろん、被害に対し直接的に対応するのは地元の市町村である。しかしながら、財政的にも、人員的にも基礎自治体にできることには限界がある。

そのときに広域自治体である県は何をすることができるのか。個別の自治体には不可能な地域間の連携をはかり、法制度や地域全体の経済までを考慮に入れた総合的な対策を講じることが県の使命である。最終的には国の出番となるが、やはり被災地に近い県の役割は大きい。自然災害などの巨大なリスクに対応するものとして、県が注目されている。

大飯原発3，4号機再稼働への協力を要請する枝野経産相（左）と正面から対峙し，責任の所在を問いただす西川知事．東日本大震災は，県の存在意義を問い直すきっかけになった．＝2012年4月14日，福井県庁

むしろ、このように考えるべきかもしれない。住民は福井県民であると同時に、それぞれの自治体の市町民である。だとしたら、その両義性をフルに活用することはできないか。身近な自治体にはダイレクトな反応が欲しいし、県には総合調整や、国との交渉もして欲しい。住民からのイニシアティブで、いろいろなレベルの政府を使いこなすべきだ。

地震、豪雪、水害。福井県はさまざまな災害を経験してきたし、原発事故というリスクがこれに加わる。だが、リスクと向き合うことからしか希望は生まれない。政治はその手段なのだ。

### Q&A　住民から問題提起を

**Q　国と地方が対等なのは、こと原子力に関することだけではないでしょうか。他のリスクに対しても対等となりうるのでしょうか。**

**A**　地方分権改革以降も、国と地方自治体との関係は何ら変わっていないという声は少なくありません。対等になったのは建前だけで、現実には上下関係が残っているというわけです。その意味でいえば、原子力というのは国と自治体が交渉できる、数少ないカードの一つなのかもしれません。ただし、今後もそうであり続ける保証はありませんし、他のカードを増やす必要があります。私たちの生活をめぐる多様なリスクをいかに分かち合うのが公平か、自治体は国に主張し続ける必要があります。

**Q 自然災害などの巨大なリスクに対応するものとして県が注目されるとありますが、県の役割、自治体の役割を教えてください。**

**A** 東日本大震災の復興過程では、あらためて県に注目が集まりました。土地利用のあり方から漁業権の問題まで、県による違いが目立ったのです。その違いが復興過程にどの程度影響を与えたのか、今後検証されるでしょう。住民に直接対応するのは地元の自治体ですが、制度や法整備となるとやはり県の出番なのです。福井豪雨の際の住宅再建支援制度なども、他の自治体に先んじた取り組みとして注目されました。重要なのは災害が起きる前にどれだけ準備しているかです。そのためにも住民からの問題提起が不可欠です。

**Q リスクと向き合うとありますが、向き合うとは？ どうすればいいのでしょうか。**

**A** リスクのうち、現時点でも予測可能なものについては、心の準備を含め、時間をかけて対策を考えることができます。災害はいつか必ず来ますし、10年後、20年後の自分や家族、地域のことを考えておく必要もあります。そのために今何ができるかが、行動の指針になるでしょう。準備をしているという手応えが、前向きな気持ちを生むはずです。問題は予測不能なリスクです。準備は困難ですが、日常的なリスクへの対応こそが、やはり第一歩であると思います。

## ■政治を使いこなす

はじめて福井入りをしたとき、高速道路を走る車窓から眺めた福井平野の古い家屋を眺めて、とても立派であると感心したことをおぼえている。自分が関東地方の新建材の家々ばかり見て育ったためかもしれないが、福井は豊かな場所だと思った。

実際、福井県は歴史的にみて豊かな場所である。日本有数の米どころであり、江戸時代には北前船《きたまえぶね》の寄港地としても栄えた。また明治以降は、歴史的に蓄積された富を元に、繊維や眼鏡などの製造業でも日本をリードした。福井の強みは第一次産業と第二次産業の絶妙なミックスにある。

そして現在、福井はひとつの岐路に立っている。日本中で社会的「きずな」の喪失が言われる時代にあって、家族と地域を中心とする福井のネットワークは、子どもの学力・体力や女性の就労率の高さを支えている。人々のつながりを含めた意味での福井の「豊かさ」は、今や日本中の注目の的である。

他方で、福井を支えた農業や製造業は、厳しい国際競争に立たされ、前途を楽観できない。関西地方に電力を供給した原子力産業も、福島第一原子力発電所の事故以来、あらためてその安全性が問い直されている。今後も、福井の「豊かさ」が維持されていく保証はどこにもない。

未来への鍵は、福井県を構成する諸地域にあるだろう。本書の中でも、五百旗頭《いおきべ》薫《かおる》氏は、「そもそも福井県の魅力とは、実のところ、収拾がつかないほどの多様性なのだ」と語っている。各地域が小さくまとまるのではなく、嶺南・嶺北を含め、その地域らしさを最大限に発揮しながら、いかにひとつの福井県をいかに織り上げるかが課題である。

とはいえ、現状において、福井県がひとつのコミュニティとし十分に機能しているかといえば、道はいまだ半ばという印象である。繰り返しになるが、福井県は本来存在しなかったかもしれない。その意味で、福井県が存在すること自体が「奇跡」なのだが、はたして、その「奇跡」は現在十分に活かされているのだろうか。

重要なのは、政治を使いこなすということである。たしかに経済状況が厳しく、税収が伸び悩むなか、「あれをしてくれ、これを作ってくれ」と求めても、国・県・市町のいずれからも、はかばかしい反応は戻ってこないだろう。

とはいえ、政治とキャッチボールをすることはできる。各レベルの政府を使い分けながら、それぞれを自分たちの税金で運営し、その分しっかりチェックもする。口も出すし、場合によっては力も貸す。それが、政治を使いこなす第一歩である。

実際、地方分権改革以降、より自立的な運営を求められている自治体は、厳しい財政状況の下、地域内の多様な問題を何とか乗り越えていこうとしている。住民の側からも、政治をチェックし、自らの問題意識を

かつて福井の豊かさを支えた産業は，前途を楽観できない状況だ．豊かさを維持していくためには，住民自らの力で社会を変えていく必要がある．未来を切り開くために，住民自らの意識を熟成させるとともに，行政の知恵の見せどころでもある．

いろいろなレベルの自治体にぶつけていくべきだろう。
未来は見えない。だから不安が残る。とはいえ、そのような未来に立ち向かうために必要なのが希望だ。自分たちの力で自分たちの社会を変えていくことが政治だとすれば、政治と希望は不可分のものなのだ。そしてその政治を、政治家だけに委ねるべきではない。

### Q&A　身近な政府のチェックを

**Q** **豊かさや未来を追い求めるためには、県が一つのコミュニティとして機能することが大切とありますが、なぜですか。一体化すると豊かさや未来が見えるのでしょうか。**

**A** 一つ間違いないのは、地域の主体性なくして、未来は切り開かれないということです。各自治体はグローバル化の圧力にさらされる一方で、これまでのように国に依存することも難しくなっています。それでは、どのような単位にまとまったときに、もっとも地域の主体性が発揮できるのでしょうか。話題になっている大都市制度や政令指定都市に縁のない福井の場合、個別の地域での生き残りよりは、県単位でのベストな補完関係の構築の方が力を発揮すると思いますが、いかがでしょう。判断するのは県民のみなさんです。

**Q 政治を使いこなすことは可能なのでしょうか。**

**A** もちろん簡単ではありません。それでも、政治を自分と無縁なものと考えるよりは、「使いこなすべき」道具であると考える方がいいと思います。国と比べれば県や市町は、はるかに身近な存在です。各レベルの政府を使い分けながら、それぞれを自分たちの税金で運営し、その分しっかりチェックもする。口も出すし、場合によっては力も貸す。それが、政治を使いこなす第一歩です。

**Q 住民が使いこなす政治と、住民の代表を選挙によって選ぶ政治とは、大きくは変わらないのではないかという気がします。どう違うのでしょうか。**

**A** 選挙だけが政治ではありません。つまり、代表を選べば、それで私たちにとっての政治は終わり、というわけではないのです。選挙で選んだ代表が、はたして選挙で約束したことを実現しているか。代表による決定は、私たちが代表に託した思いと合致しているか。これをしっかりチェックするという意味で、選挙の後こそがむしろ重要です。さらに選挙以外で、自分たちの思いを表明する道もあります。政治に「ゆがみ」があるとしても、その解決を政治家だけに委ねるべきではありません。

9

# 「長期計画」は希望となるか

## 自治体の行政計画

松井　望

まつい・のぞみ　1972年、富山県富山市生まれ。首都大学東京都市教養学部准教授。専門は、行政学、都市行政論。主な著書に『地方自治論入門』（共編者、ミネルヴァ書房）、『政策変容と制度設計――政界・省庁再編前後の行政』（共著、ミネルヴァ書房）など。

### ■「福井県庁の仕事を知っていますか?」

2012年12月2日に、福井市で開催された希望学のイベントでの問いかけだ。しかし、会場に参加した中学生50人からは、手が挙がらない。14歳の中学2年生には、福井県の仕事の具体的なイメージを持てなかったようだ。でも、本当だろうか。もう1年もすれば、高校に進学する。そう、多くの中学生が進学するであろう県立高校は、県の仕事だ。その他にも、市と市の間をつなぐ道路の整備や川の管理もそうだ。警察も県の仕事だ。

実際には、県の仕事は県民の身近にある。だが、中学生の目には見えない。でも、目に見えないながらもそばにある、それが県の仕事なのだろう。

## ■「願望（wish）のリスト」としての長期計画

では、県の仕事を見るにはどうしたらよいのだろうか。ひと目でわかるよいリストはないか。実はある。長期計画だ。長期計画では、福井県がめざす将来の仕事を描いてきた。

福井県では、戦後から20世紀末までに10本の長期計画を作成した。はじまりは1950年の「総合開発計画」だ。国が策定した国土総合開発計画に基づき、戦後の福井県の経済再生を目指した。ただしこれは、県独自の計画というよりも国の政策に沿ってつくられた。その後、県独自でも長期計画を策定する。例えば、1961年の「総合開発計画」である。北陸本線の電化複線化で「関西経済圏への大巾《おおはば》な接近」を実現し、関西圏との経済的な連携を進めることが目的だ。そのためにも、産業基盤となる施設整備の内容が多かった。

その後、知事交代毎に、長期計画は絶えず作成された（表9－1参照）。各知事が就任後の初期に策定し、目指す未来を描いたものが長期計画であった。たとえば、福井県はかねてより「希望」の地域でもあった。1978年策定の「第三次福井県長期構想」の副題は、その名もずばり「21世紀への希望に満ちたふるさとづくり」である。希望のふるさとづくりを25年前から夢見ていたのである。

長期計画は行政を動かすための行政のための計画である。しかし、それは県庁の職員だけがつくってきたわけではない。県民も多く策定に参加してきた。

表9-1　福井県の長期計画・ビジョン一覧

| 策定年 | 名称 | 策定知事 | 策定任期 | 目標年 | 計画期間 |
|---|---|---|---|---|---|
| 1950年 | 福井県総合開発計画 | 小幡知事 | 1期目<br>3年目 | | |
| 1956年 | 福井県経済振興5カ年計画 | 羽根知事 | 1期目<br>2年目 | | |
| 1961年 | 福井県総合開発計画 | 北知事 | 1期目<br>3年目 | | |
| 1964年 | 福井県総合開発計画（改訂版） | 北知事 | 2期目<br>2年目 | | |
| 1968年 | 福井県新総合開発計画 | 中川知事 | 1期目<br>2年目 | 1975年 | 12年 |
| 1972年 | 福井県長期構想 | 中川知事 | 2期目<br>2年目 | 1985年 | 13年 |
| 1978年 | 第3次福井県長期構想 | 中川知事 | 3期目<br>4年目 | 1985年 | 7年 |
| 1983年 | 第4次福井県長期構想 | 中川知事 | 5期目<br>1年目 | 1990年 | 7年 |
| 1989年 | 福井県新長期構想<br>（福井21世紀へのビジョン2000年） | 栗田知事 | 1期目<br>2年目 | 2000年 | 12年 |
| 1997年 | 福井県新長期構想<br>（ふくい21世紀ビジョン2010年） | 栗田知事 | 3期目<br>3年目 | 2010年 | 13年 |
| 2010年 | 「希望ふくい」の創造<br>福井県民の将来ビジョン | 西川知事 | 2期目<br>3年目 | 2020年 | 概ね<br>10年 |

例えば、20世紀最後の計画となった「ふくい21世紀ビジョン」（1997年策定）では、1つの審議会と5つの部会、さらには7つの専門部会で、総勢138名が1年間をかけて策定した。そして、年齢、性別、県内外の居住状況といった属性毎に、県内の各地区で住民との懇談会も頻繁《ひんぱん》に開催した。

このように多くの県民の意見や思いを集めてつくられたものが、長期計画である。そのため多くの県民の意見を集めた長期計画は、ときに「願望（wish）のリスト」とも呼ばれる。

多くの県民の願望が掲載されているとすれば、長期計画を見れば、具体的な県の仕事が見えてきそうなものである。しかし、実際は見えにくかった。それは、長期計画はつくるまでが目的であったからだ。つくった後の実現は行政の計画となり行政にすべてを委ねてしまう。そのため県民は関心をもたなくなる。これは、当時の安定した財政が、県民には見えない計画であっても、結果的に大方が納得するように、確実に実現してきたためである。

つまり、見えなくても特段の大きな問題にならない時代が続いてきたのだ。

## ■「知事の約束」としてのマニフェスト

しかし、福井県は、2003年から長期計画の策定を止めた。では、県行政は、さらに見えなくなったのだろうか。

そうではない。むしろ、見えはじめている。なぜなら、マニフェストがあるからだ。福井県では、2003年から、知事選挙で掲げられたマニフェストに基づく県政運営を開始した。県では、毎年度、各部長が知事との間で政策合意を結び予算も組む。つまり、マニフェストを毎年度確実に具体化した。そして、毎年度、政策合意の達成状況を公開する。担当者の一人は、このようなマニフェストによる県政運営によって、「曖昧な内容」となりがちだった長期計画に基づく県政運営から、「逃げていない」県政運営に変わったという。

図9-1　福井県の税収と県債残高の推移

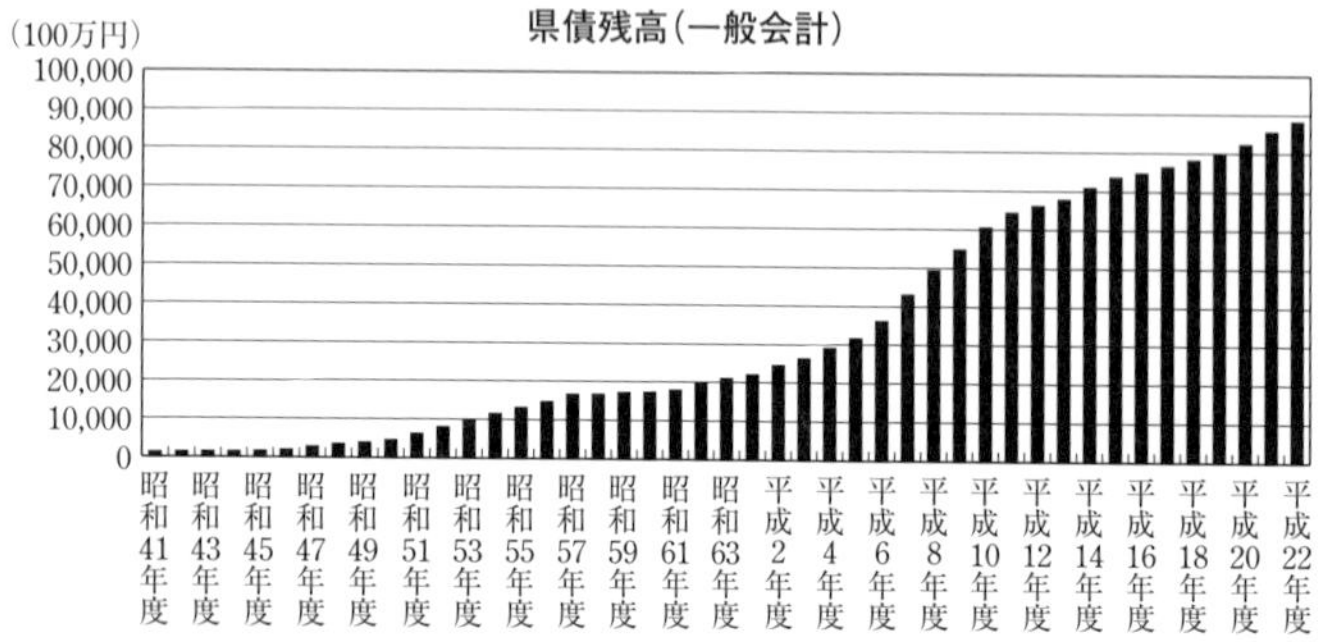

マニフェストは長期計画に比べると、4年間という短い期間の計画だ。内容も具体的である。マニフェストは、知事選挙を起点とした、県が目指す目的と仕事を示した県民と知事との約束である。そのため、見えやすい。

では、なぜ、マニフェストだったのか。その理由は長期計画と同様に、やはり財政にあった（図9-1参照）。例えば、県税である。県税は、2002年（平成14年）を境に明らかに以前の傾向とは異なっている。基本的には、下降傾向にあり、変動も大きい。また、地方債の現在高は、ほぼ時を同じくして確実に増加し続けた。財政不安定ななかでの県政運営を余儀なくされたのだ。そのため、長期を見据えた計画内容を、毎年度、着実に実現するような県政運営では立ち行かなくなったのである。むしろ、まずは目の前にある目標を知事が確実に実現するためにマニフェストが使われたのである。

## ■「県民の計画」としての将来ビジョン

しかし、長期計画をつくらなかった福井県が、2010年に「『希望ふくい』の創造」というタイトルの将来ビジョンを作成した。作成の契機は、福井県議会からの強い願望にあった。おそらくは、以前の長期計画がそうであったように、知事任期にとどまらない、長期を見据えた計画的な行政運営を願望したのであろう。

では、福井県が計画をつくったことで、ふたたび県の仕事は見えなくなったのだろうか。

これも、そうではない。将来ビジョンは、従来のような長期計画やマニフェストのいずれとも性格が異なる。例えば、見えやすいマニフェストであっても、これは知事が守るべき約束であり、当事者は知事である。一方、将来ビジョンは、県と県民が目指す行動指針という性格をもつ。つまり、県民が当事者になったのだ。

将来ビジョンのつくり方も当事者であることを特徴づける。将来ビジョンの素案は県側が作成した。この素案をもとに、県内外の有識者に聞き取りを進めた。そして、県民とも地区別、分野別での意見交換会を開催した。特徴はこの意見聴取にある。意見交換会では、福祉や環境分野で実際に活動する県民の声を聴いたのである。これまでの長期計画では往々にして、各団体や組織の役職者の声を聴くことに力を置いてきた。しかし、現場を支える当事者の声を第一に聴いたのだ。まさに、当事者の声が反映された将来ビジョンとなっている。

福井県の長期計画等

長期計画からマニフェスト、そして、ビジョンへと、県の仕事のリストのかたちは変わってきた。長期計画は、県庁と県民がつくり、マニフェストは多くの県民が選挙を通じて、県政の未来を知事に委ねた。いずれも、どこかの時点、県民は当事者ではなくなる。それは、行政がつくる計画、行政の計画であったためだ。しかし、今回のビジョンは、県政づくりの担い手と位置づけた、まさに、県民が県の当事者となる、県民の計画となった。

はたして将来ビジョンは希望となるだろうか。県の仕事の実現には財源も必要になる。また、長期の時間がかかることもある。しかし、当事者となった県民が、誰かに県の仕事を委ねることなく、自らが当事者として実現すれば、「希望（Hope）のリスト」にもなりえるのではないだろうか。

10

# 健康長寿県のつくり方

## 介護行政に携わる人々の希望

荒見玲子

あらみ・れいこ　青森県生まれ。東京大学社会科学研究所助教。専門は行政学、政策学、地方自治論。主な論文に「ガバナンスにおける計画――市町村地域福祉計画を事例に」（『年報行政研究』第44号、日本行政学会）、「自治体計画におけるガバナンスと情報――市町村地域福祉計画を事例に」（『公共政策研究』第9号、日本公共政策学会）など。

### ■健康長寿福井と高齢社会

福井県は、全国トップクラスの健康長寿県である。

このように聞くと、昔からずっと健康長寿の県であった印象をもつ。しかし、実際は、ここ15年位でトップクラスに入り始めた、「新興長寿県」だ。戦前の福井県の平均寿命は低く、高度成長期以降に「健康長寿」

の素地が作られた。

高齢化には避けられない問題がある。高齢者の介護だ。では、福井県の健康長寿を支える特徴は何か。福井県は元気な高齢者が多く、就労意欲や社会貢献への意欲も高い。反面、要介護となり他人の世話になるのを嫌がり、恥ずかしいと思う高齢者も少なくない。さらに多くの人が健康であり、家族が同居・近居でいざとなれば世話をしてもらえる以上、介護にかかる費用を社会全体で支えあう、という発想も少ない。

高齢者が病院や施設だけではなく、家で家族や親しい人と過ごしつつ、社会全体で介護を負担する仕組みとして、2000年に介護保険制度が施行された。しかし、介護保険制度の理念と健康長寿の福井県は、実のところ、相性が良いとは言えなかった。家族と自分の力で健康長寿を独自に支えるという福井の特徴と相反する面を、介護保険制度は構造上持っていたからだ。

## ■高齢者福祉の普遍化――20年前の希望

今から20年前の1990年代前半、介護保険制度の導入以前から、福井県では高齢者福祉に取り組んできた。例えば、「県寝たきり老人ゼロ推進本部」を発足させ、「新ふくい健康長寿プラン」を策定した。高齢化先進県と位置づけ、目玉である「生きがいづくり」という特色を生かしながら、次々に施設整備や、在宅サービス、それ以外にも関連する基盤整備を行った。

各市町村でも特別養護老人ホームや、当時は珍しかった老人保健施設や有料老人ホームをオープンした。織田町《おたちょう》や池田町《いけだちょう》、永平寺町《えいへいじちょう》、美浜町《みはまちょう》などでは、施設と在宅介護支援センター、ときには病院なども集約化させたエリアが作られた。またそれぞれの市町で独自の施策も急ピッチで進められた。福井はマイカー王国のため、バスの赤字路線に助成をした自治体もあった。さらには、訪問看護制度や勤労者介護休業への生活対策資金融資制度の開始、移動入浴車「ご湯っくり号」が走ったり……、すべて今の介護サービスの基礎となる。

時代はバブルがはじける前後とはいえ、国のゴールドプランに合わせて、特に在宅サービス関連には潤沢に予算がついた。行政も医療・保健・福祉の関係者も、施設・在宅サービスの基盤整備を推し進めさえすればよい時代であった。まさに高齢者福祉行政の関係者には希望にあふれていた時代だったのである。

結果、福井県は全国トップクラスの施設サービス環境を実現させている。これは、夫婦共働きの多い福井県では、家族が日中高齢者の世話をするのが難しい状況を考えると、当然の政策的な対応であった。

それでは人々の意識はどうだったのだろうか。１９９３年2月18日から3月3日に10回シリーズで連載された『日刊福井』の「豊かに支えようふくいの在宅福祉事情　高齢者世帯ルポ編」では、「他の人の世話になるのは嫌や」（87歳女性）、「人に迷惑だけはかけたくない」（90歳男性）といった、一人になっても他の人に頼ることが苦手といった、当時の高齢者の声が多く伝えられている。高齢者の意識は変わっていなかったのだ。

## ■介護保険導入「前夜」

介護保険制度は、1997年に介護保険法が成立したときから始まった。この時から介護保険制度をどのように実施するのかが、市町村職員及び県の職員にとっては、大きな課題となった。全国の各自治体で優秀な人材が介護保険制度の準備セクションに集められ、地域でも主だった人材が集められ、育成が急ピッチで進められた。

福井県も例外ではない。1996年の国の介護支援専門員指導者研修に、県から10数名派遣された。その時の指導者研修のメンバーは、今も福井県の介護保険の中核を担う人材である。翌年の1997年には介護支援専門員試験が行われ、福井県では1192人のケアマネージャーが誕生した。「イイクニー幸先がよい」。当時の関係者は皆、福井県ではきっと介護保険制度はうまくいくと喜んだという。

## ■要介護認定制度

しかし、介護保険制度には新しいしくみが数多くあり、それが難しさでもあった。その一つが要介護認定制度である。誰がどのくらい介護サービスを受けられるのかを決める仕組みが要介護認定である。40歳以上の人が介護保険料を納めた結果、高齢で介護が必要となった際に、1割の負担で認定に応じて決められた金額の分の介護サービスを受けることができる、支えあいの制度である。強制加入の社会保険制度から生じる公平性と、介護サービスに求められる個別性を調和させる難しさを伴うのが介護保険制度の特徴である。

要介護認定制度は認定調査員が申請者の心身の調査を行い、その結果と主治医意見書を合わせて、コンピューターによる一次判定を行う。一次判定結果を受けて、コンピューター判定では反映しない介護の手間を評価するために、医療・保健・福祉の専門家から構成される介護認定審査会で最終的な結論を出

図 10－1　要介護認定制度

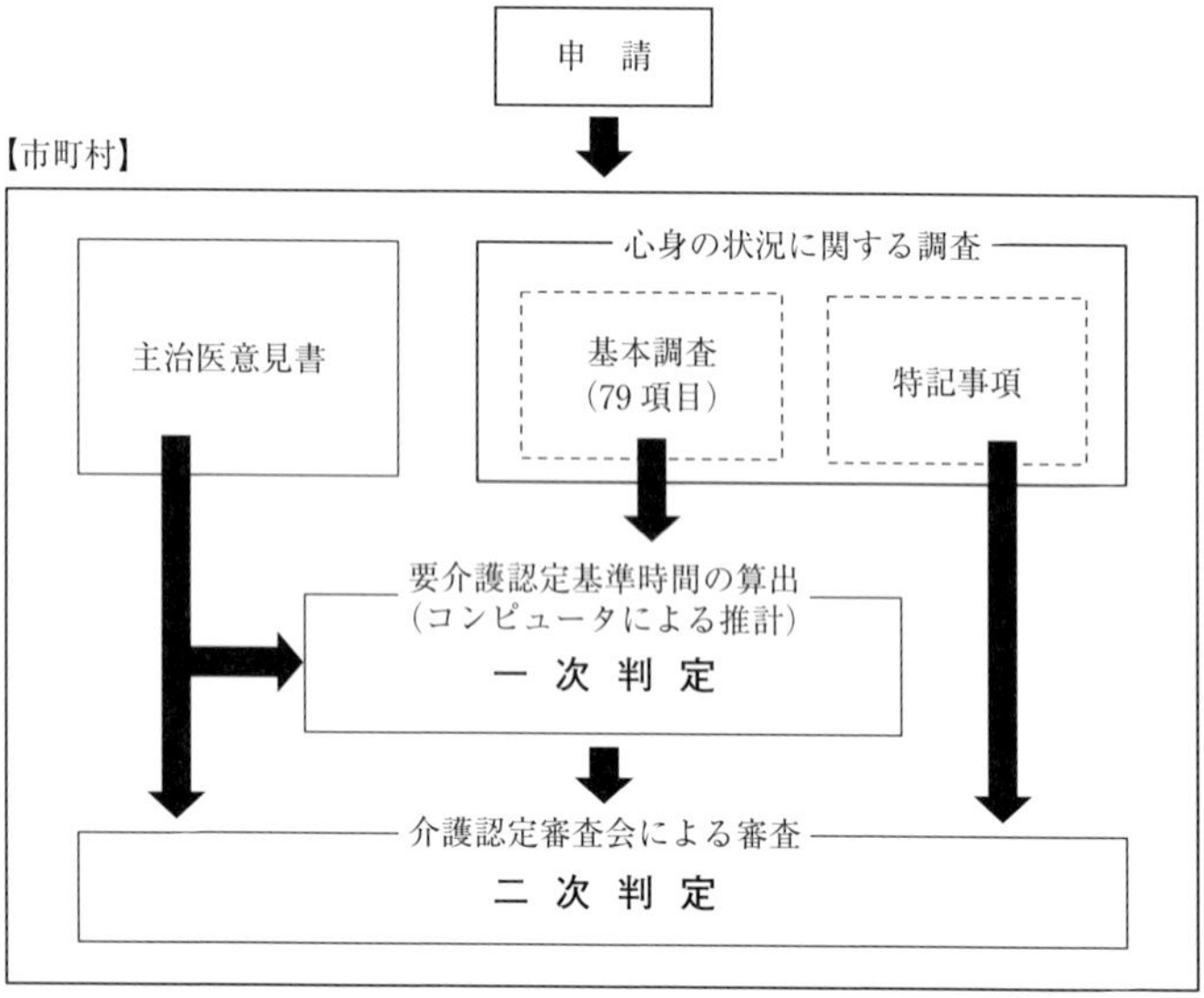


出所：厚生労働省ホームページ.

す。自治体職員は認定調査員を非常勤で雇い、委託した調査員と合わせて指導を行い、認定審査会の事務局を行う。

一次判定はコンピューターが結果を出すとはいえ、要介護認定を公平・公正に行うには、介護認定審査会が決定的に重要となる。ここでも福井の人びとの生真面目さと正直さ、一生懸命さが最大限発揮された。研修は徹底した。審査会委員になるためには、研修を受けていることが条件となった。都合がつかないときは夜遅くでも県の担当者が応じられる限り、県庁に来てもらってマンツーマンで研修を行った。最後の一人に受けてもらうまでやったという。県としては、研修を受けていない人がいて、審査に影響を与えている、と言われてはいけないし、そのような疑問をもたれる状況自体が許されないと考えていた。

主治医の研修も、医師会を通じて行った。99年の秋に認定がスタートし、主治医意見書が書けていない、というトラブルが発生した。総合病院の医者は日常の治療に忙しく、医師会に入っていない場合もある。県の担当者は50床以上の県内の病院を全て回り、院長に必ず会って「きちんと書いてもらえないと認定が受けられなくなるから」とお願いして回ったという。予防接種等、様々な事業で市町村と医師は密接な関係にあるため、市町村は医師に細かいことを言いにくい。「気が付いたら徹底してやらないとだめ、ここで留まっているわけにはいかない」と考えてお願いして回ったそうである。行動し、走り続けたのである。

## ■要介護認定への理解の難しさ

要介護認定は、最初は専門家ですら理解を得るのは難しかった。不満を持つ人もいれば、自分の経験から離れられない人もいる。

今まで高齢者福祉サービスを受けるための明確な基準がなかったのに対し、初めて基準ができた。市町村の関係者は自治体も、医療・保健・福祉の関係者も皆、それまでは自分の考えや経験でやっていた。しかし全国統一基準でやるということは、それまでの独自裁量を奪われることを意味した。認定審査会の説明会に参加した経験のある医師は当時を思い出し、次のように語る。「嶺北《れいほく》の人は『正解、みたいなかたちで決められるか』と怒っていた。土地柄が控えめであまり要求しない嶺南《れいなん》の人は『声を荒げなくても勝手にやればいいのではないか、マニュアル通りにやっとけばいいのではないか』と冷めた目で見ていた」。

一方、県の担当者は、認定調査員に「さじ加減はしてはいけません」、「認定調査を1回でできるような調査員になってください」と口を酸っぱくして言った。審査会委員に対しても「オールジャパンでやっている。ぶれないように徹底したい」。一次判定コンピューターシステムの生みの親の研究者に頼み、厚生省の医系技官を県に呼び寄せ、審査会委員に説明してもらった。自分たちだけでは専門職を納得させるのは難しいと判断したのだろう。それでも、認知症の人でも軽い要介護度が出るといった制度上の不備もあり、果たしてみんな同じ気持ちになれたかは正直疑問だったという。
それでもとにかく介護の認定を無事スタートさせる――。県の担当者は、その意気込みだけで困難を跳ね返し、駆け抜けた。

## ■市町村では

市町村の様子はどうだったのか。例えば、県庁からはいちばん離れた若狭《わかさ》地区認定審査会。若狭地区は上《かみ》中町《なかちょう》、小浜市《おばまし》、名田庄村《なたしょうむら》、大飯町《おおいちょう》、高浜町《たかはまちょう》の1市4町村で審査会を共同設置していた。事務は広域で横並びに行っていた。介護保険事業計画の策定や認定調査員・審査会委員の研修、模擬審査会や、保険証の色を揃えるといった小さなことまで連携をとり、共同でできることは共同で行い、広域連合を立ち上げたほうが楽なのではないかというほど、頻繁《ひんぱん》に集まっていた。

集まる時は小浜市がリーダーシップをとり、各市町が集まった。制度のことでわからないことは、当時若狭健康福祉センターにあった地域支援室に連絡を取り、保健師が県の本課に聞き、必ず若狭として情報共有をした。県だけでなく、市町村が自ら共同歩調をとり制度実現に向けて行動していた。

「船は出るんだ！」が当時の合言葉だったという。健康長寿を育んできた福井の素地は、必ずしも介護保険の理念とは一致しない。それにもかかわらず、県の担当者は、国から降りてきた情報をいかに市町村や関係者に正確におろし、理解してもらうのかに心を砕いた。市町村自身は、県に頼るところは頼り、一方、当事者として自ら情報収集に努め、地域の関係者に伝えていった。皆が一丸となって行動し、制度の実施を実現させた、それが福井県の介護保険制度の導入であった。

## ■要介護認定の「現在」

2013年は、介護保険制度がスタートして14年目である。今はどうなったのだろうか。福井県の1つ目の特徴は、要介護認定率が低いことにある。これは、全国平均に比べても常に少ない。2つ目には、認定者の中では中重度者の高齢者が多い点もある。3つ目は、要介護認定での一次判定と二次判定の間の変更率も一貫して低い。サービスの利用率も9割前後であり、全国の自治体の中では数値が安定している。4つ目は、在宅福祉サービスも普及しつつあるが、施設サービスの利用者割合が全国と比べて高い点である。

では、実際に福井県で要介護認定を受けた人は、介護保険制度をどのようにみているのだろうか。アンケート調査では、約6割の人が「認定調査は要介護の手間を公平に反映している」と思い、同様に約6割の人が「介護保険制度が支払う保険料に対して十分なサービスを提供してくれている」と評価する。総じて、介護保険制度に対しても、要介護認定の公平性に対しても、県民の評価は高いと考えてよいようだ。

## 図 10－2　認定調査の評価

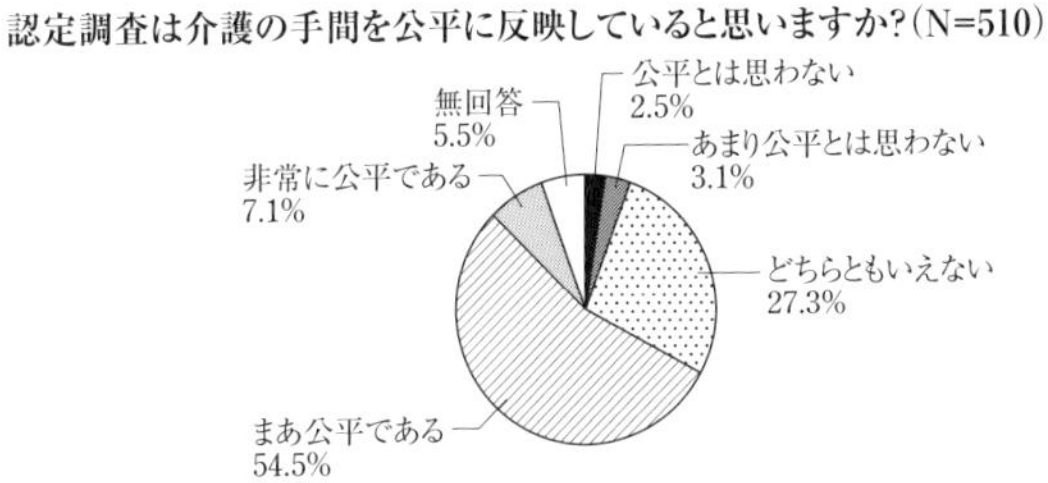


注：福井市を除く15保険者.
出所：福井県の要介護認定経験者の要介護認定への認識についてのアンケート調査（東京大学社会科学研究所，2012年）.

## 図 10－3　介護保険制度への評価

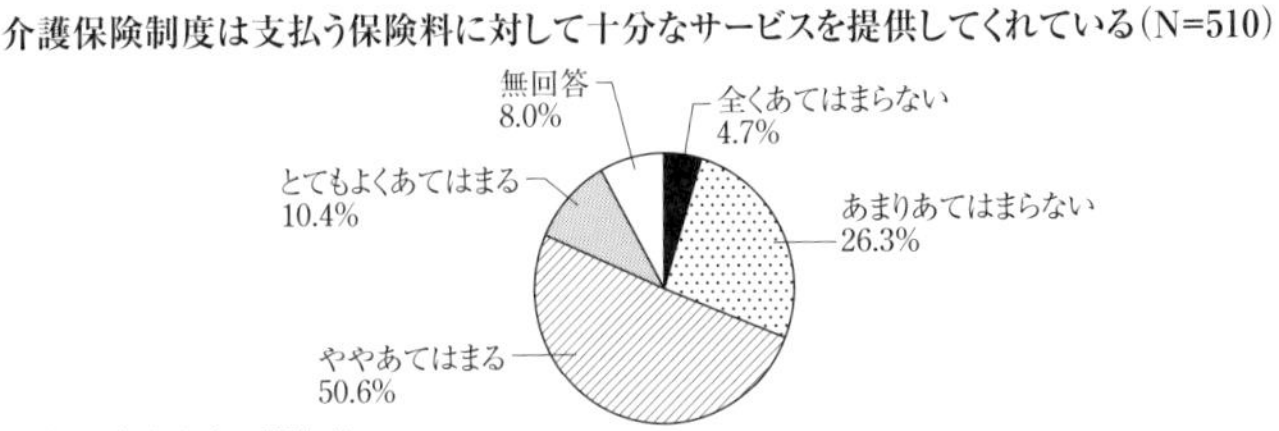


注：福井市を除く15保険者.
出所：福井県の要介護認定経験者の要介護認定への認識についてのアンケート調査（東京大学社会科学研究所，2012年）.

## 図 10－4　関係者の仕事の満足度

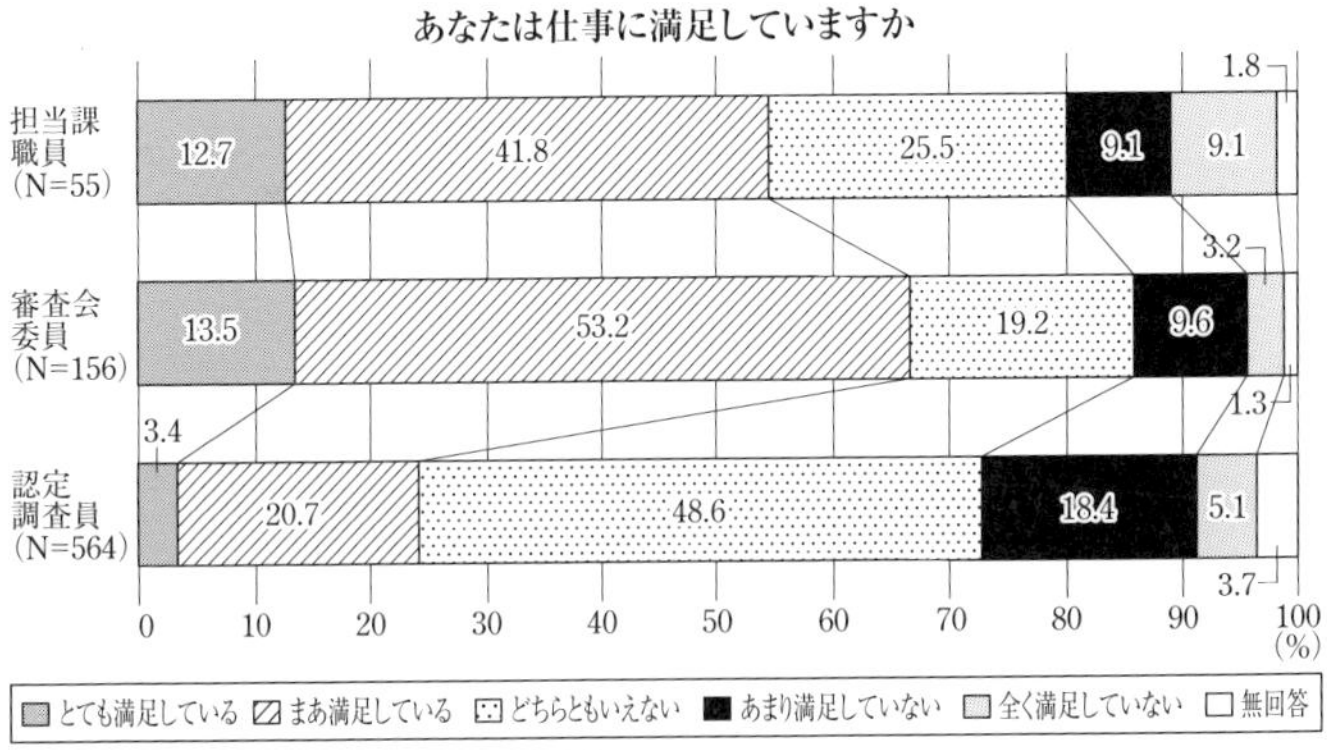


注：審査会委員は福井市を除く7認定審査会.
出所：福井県の要介護認定に関する各種アンケート調査（東京大学社会科学研究所，2012年）.

しかし、関係者の仕事の満足度には、ばらつきがある。認定調査員の「とても満足している」「まあ満足している」を合わせた割合が24・1％と、審査会委員や担当課職員に比べ、相対的に少ない。また、満足度は認定調査員、担当課職員、審査会委員と要介護者に近いほど下がっている。どういうことだろうか。

## ■ガラパゴスと多様性——福井県特有の課題

「福井ってとこはね、『ガラパゴス』みたいなところなんだよ。人が移動しなくて、地縁、血縁のつながりが濃くて、その中で人々があーやこーやしながら物事を進めていく。そんなところで、ごちゃごちゃとした制度のもと、皆がごちゃごちゃとものを決めている」。

ある審査会委員の言葉である。確かに福井県は全国から見ても、人の転入、転出が少ない。定住性が高く、歴史的な積み重ねが厚く、様々な人間関係において地縁・血縁のネットワークが強く影響している。仕事の運び方も同様である。和を尊び、忍ぶ、生真面目に一生懸命取り組み、工夫するという文化は、このガラパゴスと言う地域特性も影響しているようだ。

要介護認定制度には、制度上の問題に加え、財政的な問題、人的資源の課題がある。特に認定審査会の委員の確保や、主治医意見書の作成者の確保、認定調査員の確保など、福井県のように都市圏から離れたエリアでは、専門職の人材の確保が難しい。審査会も主治医意見書も認定調査も必置であるにもかかわらず、依頼できる人材が少ない。そうなると、たとえ合議体という複数の委員の話し合いの結果を反映させるしくみをとっていたとしても、独占に近い立場の専門職個人の考えが、要介護認定にも反映されやすくなることもある。

ある行政職員は審査会で「これで確定していいのかな、と思っていたのにスルーされているときに、どう切り出していいかわからなかった」という。また別の職員も「どこまで言っていいのかな、と思うことがある。言いたいことは山ほどある」。「公平性に対する説明責任があるから」とある自治体の職員は、審査会の合議体ごとの項目別の変更率を調べた。審査会の議事録を一つ一つ拾ってである。同じような数値の部分もあれば、違ったりすることもあった。これらの数値をどのように考えるかについてさえも、議論の余地がある。せめて合議体長を集めて会議を開こうとしたが、その時は合議体長自身や他の自治体を動かすことができなかったという。

こうした問題は全国どこでも多かれ少なかれ必ず起きる。福井県でも多くの行政職員や専門職が、地域の在宅医療・福祉の推進や介護保険制度や検診などの分野で熱心に取り組み、自分たちの住む地域をよくしようとしている。しか

表 10－1　審査会設置方法の多様性

| 設置方法 | 審査会名と構成市町 |
|---|---|
| 単独設置 | 福井市，敦賀市，永平寺町 |
| 広域連合 | 坂井地区（坂井市・あわら市） |
| 一部事務組合 | 丹南地区（鯖江市・越前市・越前町・池田町・南越前町），<br>大野・勝山地区（大野市・勝山市） |
| 共同設置 | 美浜・若狭，若狭地区（小浜市・おおい町・高浜町） |

し、多くの職種が関わる制度構造が国から強制されている状況で、ガラパゴスの地域特性から生じた仕事の運び方がかけあわされると、お互いに「言えない」場面が増えてくる。結果、自分でなんとか頑張ろうとしてしまう。

課題や問題点を「言えない」だけではない。とある審査会の事務局は、審査会の運営準備でとても良い取り組みをしている。なぜ皆に言わないのですか、と聞くと「うちの条件とほかの条件が違いますもん」、「福井県は多様すぎるんですよね」という。こんなに制約のある中で必死に業務に取り組んでいるのに、「よい取り組み」、「困っていること」についてすら、話し合おうとする機会があまりにも少ない。

確かに表10－1が示すように、福井県は県内の自治体間で審査会だけをみても全く異なる運営方法を取る。同じシステム同士の自治体も少なく、あったとしても、そもそも社会経済地理条件、文化的歴史的条件が大きく異なる。そのために直接比較できないと考えてしまう担当者も多い。ガラパゴスである以上、その中の人々はお互いの多様性に配慮をする。しかし、果たしてそれだけでいいのだろうか。要介護認定には制度設計上、内在する難しさがあり、共通する課題も多いはずだ。

## ■「相互参照」へ――希望への行動

政治学では、自治体が政策決定・政策の実施に対して、他の自治体の行動を参照することを「相互参照」

という。「相互参照」は、自治体の行動のリスクや調整コストといった不確実性を下げるため、政策革新をするときに不可欠な試みであると言われている。この「相互参照」が行われないと、余程強烈なリーダーシップがない限り、イノベーションが起きにくい。ガラパゴスが、本当に進化を止めた本当にただのガラパゴスになってしまう。

制度導入時には、皆が制度実現のために一丸となって取り組み、何度も集まって、様々な取り組みにチャレンジし、議論を何度も行った。あの時の熱気から10年以上が経った。自治体職員も、専門職も、自らの課題を抱え込まず、遠慮することなく話をし、良い工夫や取組みを積極的に伝え合う。ときには「行政」として「専門職」として、市町を超えて共通する課題を協力して乗り越えようとするのもよいだろう。それが独自に進化するガラパゴスにつながり、福井の良さが生きることにもなる。

希望学では「希望」を、現状の維持ではなく、現状を未来に向かって変化させていきたいと願うときに現れるものとした。Hope is a Wish for Something to Come True by Actionだ。自負をもって自分たちのできることを真摯《しんし》にやっていく、福井県の人びとの生真面目さ、一生懸命さは素晴らしい。寡黙《かもく》で忍ぶ文化もそうしたところから生まれ、こうした人たちの尽力で、制度は支えられている。

しかし一人でできることは限られている。あと一歩だけそれぞれが行動（Action）することで、こうした自負を持ったひとりひとりの働きにシナジー（相乗効果）が生まれ、積み重なる。そのときに介護保険制度も、単なる「制度の維持」だけでなく、健康長寿の福井にふさわしい新しい姿に進化するだろう。それが健康長寿・福井の、健康にまつわる新しい希望を生むはずだ。

11

# 原発に依存しない嶺南の未来図

橘川武郎

**きっかわ・たけお**　1951年、和歌山県生まれ。一橋大学大学院商学研究科教授。総合資源エネルギー調査会総合部会委員。専門は経営史、エネルギー産業論、地域経済論、スポーツ経営論。主な著書に『原子力発電をどうするか――日本のエネルギー政策の再生に向けて』（名古屋大学出版会）、『電力改革――エネルギー政策の歴史的大転換』（講談社現代新書）など。

## ■共生すれども依存せず

希望学の福井調査で、私たちのチームのテーマは「嶺南《れいなん》地域の希望と原子力発電所との関係の検証」であった。調査は２００９年に始まり、３年目を迎えた２０１１年３月11日、東日本大震災と東京電力福島第一原子力発電所の事故が起こった。調査チームには４人のメンバーがいたが、３・11以後はそれぞれが個人の立場と責任で発言することにした。この文章も、あくまで筆者個人の見解である。

調査では10年夏までに嶺南に立地する原子力発電設備を全て見学した。日本原子力研究開発機構、日本原子力発電、関西電力などの事業者と意見交換しつつ、原発立地4市町（敦賀市《つるがし》・美浜町《みはまちょう》・高浜町《たかはまちょう》・おおい町《ちょう》）や福井県（電源地域振興課・原子力安全対策課・嶺南振興局）に対する聞き取りも行った。

一連の調査で印象に残っているのは、何といっても高浜町とおおい町での地元商工会青年部との対話だ。十数名の青年部のメンバーから地元の本音を聞き、時には深夜まで割り勘で酒を酌み交わしながら侃侃諤諤《かんかんがくがく》の議論を重ねた。青年部の面々は高浜町やおおい町の第一線で事業に携わり、地域に対する冷静さと情熱を兼ね備えていた。

高浜町でもおおい町でも、原子力発電所があることは、少なくとも震災前は議論の余地のない既定事実だ

表11－1　嶺南各市町村への電源三法交付金等の交付実績（1974～2010年度の累計額）

（単位：百万円）

| | | 金額 |
|---|---|---|
| ① | 敦賀市 | 46,263 |
| | 美浜町 | 21,034 |
| | 高浜町 | 27,841 |
| | おおい町 | 34,505 |
| | **原発立地市町小計 ①** | **129,643** |
| ② | 小浜市 | 6,035 |
| | 若狭町 | 9,202 |
| | 旧名田庄村 | 3,821 |
| | **嶺南地域小計 ①＋②** | **148,701** |
| ③ | 福井県内市町村 | 163,867 |
| | 福井県 | 180,896 |
| | その他 | 1,367 |
| | **総計 ③** | **346,130** |

出所：福井県電源地域振興課『福井県電源三法交付金制度等の手引　平成23年度版』（2012年3月）.

った。青年部の彼らが物心ついた頃には、原子力発電所は既に運転を開始していた。今の原発立地市町の財政にとって、電源三法交付金などが不可欠なことも否定のしようがない（表11－1）。しかし彼らはその現実を、永遠に続く「当たり前」とは考えていなかった。

将来を見据えた青年部の本音は、こうだ。「原発と共生すれども依存せず」。原発と共生することと原発に依存することは、イコールではないのだという。私はその冷静な決意と志の高さに、ある種の感動を覚えた。

彼らの言う原子力発電所に依存しないとは、原発以外に町のアイデンティティ（個性）を独自に確立することを意味していた。「ローカル・アイデンティティ（地域らしさ）」は、東大社研が取り組んだ希望学・釜石調査で浮かび上がった地域再生のキーワードである。原発は「個性のある町」をつくる要件ではある。だが、それだけでは地域の人々が気持ちを一つにして未来に向かうのには十分でない。高浜町やおおい町は、原発だけの町ではない。自然、歴史、文化、暮らし、産業など、長年培われた地域の人々や環境の中にこそ、その地域が住民にとってかけがえのない場所で

町の将来を白紙に戻して考え直そうとする「高浜白宣言」のキックオフイベント．原発以外の地域の個性を確立しようとする行動が希望につながる＝2009年7月，福井県高浜町和田の若狭和田海水浴場

ある意味を見つけなければならないのだ。
高浜町では、町の将来を白紙に戻して考え直そうとする「白宣言」の運動が広がっている。おおい町では、原発の町であるからこそ、省エネの町としても先陣を切り、二酸化炭素の排出量を抑制する「ゼロ・エミッション・シティ」を目指す構想が始まろうとしている。震災前から意識されていた彼らの心意気に、私は福井の希望を感じる。そしてあえて困難に挑もうとする嶺南の若者の行動が、日本のそして世界の希望になると思っている。

## Q&A　地域らしさとはなにか

**Q** 地域らしさ、まちの個性とは、他の自治体と違う点という意味ですか。それとも、住民が誇りに思える点という意味でしょうか。

**A** 住民が誇りに思える点という意味です。その誇ることができる個性を作り出すのは、それぞれの地域が歩んできた歴史であり、育んできた風土や文化です。結果的に、他の自治体と共通する要素が含まれることもありえます。

**Q 住民にとっては身近すぎて見つけにくいのかもしれません。地域らしさを確立するためには何が必要でしょうか。**

**A** たしかに、いったん地元から離れて外から見る機会があった方が、「地域らしさ」を見つけやすいのかもしれません。最近、日本人が自信を失っているのは、あまりにも「内向き」になりすぎて、外国から見るとわかる日本の良さを実感できないからだと言われています。進学や就職でいったん地元を離れた人が、もう一度地元に戻って働くことのできるような仕組みが、地域らしさを確立するうえでも重要ではないでしょうか。そのような人は、地元の住民が慣れ親しみすぎて強く意識することがなくなった地域らしさを、もう一度想い起させる「新鮮な風」を吹かせることになるでしょう。

**Q 困難に挑もうとする若者がいる一方で、原発にこだわる人もいます。意識の溝は埋められるでしょうか。**

**A** 原発をめぐって意識の壁があるとしたら、それを取り除かなければなりません。「共生すれども依存せず」という原発に対する見方は、すべての嶺南の住民に共通するものだと思います。現時点では原発の存在はいわば「与件」であり、それを前提にして、未来へ向けてまちづくりをどのように進めるかが問われています。その未来へ向けた設計図において原発は、あくまで「ワン・オブ・ゼム」、全体のなかでの一部の位置しか占めない。設計図の大きな構図を決めるのは、やはり嶺南のローカル・アイデンティティでしょう。

　本章の最後に取り上げますが、嶺南の未来設計図づくりでは、「原発からの出口戦略」が大きなテーマになります。高浜やおおいの青年部の方々の決意や志からみて、嶺南の住民は、このテーマを必ず成し遂げるでしょう。

## ■医療・福祉と観光に伸びシロ

　地域経済の活力をはかる上で最も重要なのは、従業者数の増減だ。総務省統計局『平成18年事業所・企業統計調査』（２００８年）によれば、２００１～２００６年に、全国47都道府県のうち43道府県で雇用規模が縮小、日本全体の従業者数は２・５％減った。

　表11－２は、３・11以前の嶺南地域における従業者数の推移を、２００１年と２００６年について比べたものである。正確な比較のため、２００１年は敦賀市・小浜市《おばまし》・美浜町・三方町《みかたちょう》・上中町《かみなかちょう》・大飯町《おおいちょう》・名田《なた》庄村《しょうむら》・高浜町を、２００６年は敦賀市・小浜市・美浜町・若狭町《わかさちょう》・おおい町・高浜町を集計対象とし、調査地域に違いが出ないようにした。

　嶺南地域の従業者数は、２００１年の７万５８９６人から、２００６年の７万１１８３人へ６・２％減った。これは全国平均（2・5%）をかなり上回る減少率であり、同時期の福井県全体の従業者数減少率（4・3%）と比べても大きい。

嶺南で雇用縮小が目立ったのは、製造業と卸売／小売業、飲食店／宿泊業である。2001～2006年の製造業の従業者減少率は、全国平均では9・4%だったが、嶺南では14・7%に及んだ。同じ時期に卸売／小売業、飲食店／宿泊業の従業者数も、全国平均を上回るペースで減少した。全国で「その他サービス業」の雇用を牽引したのは医療／福祉だ。嶺南でも医療／福祉の従業者数は急増したが、その増加率は全国平均にわずかに及ばなかった。近畿圏からの距離が遠くない嶺南には、新たな医療や福祉の拠点として、事業と人材が生まれる余地があると考えるべきだ。

一方、嶺南の雇用動向が全国平均より良好だったのは、建設業と電気・ガス・熱供給・水道業である。2001～2006

表11－2　嶺南地域における従業者数の推移

（単位：人）

| 産業 | 2001年 | 2006年 | 増減率（%） | 全国の増減率（%） |
|---|---|---|---|---|
| 建設業 | 10,847 | 9,700 | －10.6 | －16.2 |
| 製造業 | 11,583 | 9,880 | －14.7 | －9.4 |
| 電気・ガス・熱供給・水道業 | 2,818 | 2,715 | －3.7 | －12.7 |
| 卸売／小売業<br>飲食店／宿泊業 | 21,898 | 19,945 | －8.9 | 卸売／小売業　－6.9<br>飲食店／宿泊業－4.7 |
| 医療／福祉 | 5,470 | 6,724 | ＋22.9 | ＋23.4 |
| 全産業 | 75,896 | 71,183 | －6.2 | －2.5 |

出所：総務省統計局「事業所・企業統計調査」（平成13年，平成18年）より筆者作成．

年の建設業の従業者減少率は、全国平均で16・2%だったが、嶺南は10・6%にとどまった。同じ時期の電気・ガス・熱供給・水道業の従業者減少率は、全国平均で12・7%だったが、嶺南は3・7%に過ぎなかった。これらは、日本を代表する電源地帯である嶺南の特徴を如実に反映している。

電源地帯であることは、建設業や電気・ガス・熱供給・水道業の雇用を下支えしているばかりではない。嶺南地方への来訪者の中には、多くの電力業関係者が含まれる。そのような来訪者は、嶺南の卸売／小売業、飲食店／宿泊業を支える役割もはたしている。しかしそれだけでは、雇用が増えることはない。流れを変えるためには、電力業関係者以外の来訪者、ずばり言えば観光客を増やすことが必要である。

嶺南は、三方五湖《みかたごこ》や海水浴場、多くの名刹《めいさつ》など、観光資源が豊富である。食も酒もおいしい。そして本書のなかで五百旗頭《いおきべ》薫《かおる》氏が指摘するように、嶺南には知る人ぞ知る、さまざまな歴史や風土が織りなす独特の「積み重ね」の文化がある。

嶺南の未来を切り拓《ひら》くのは、伸びしろがある医療／福祉、そして観光である。医療や福祉が新しく整備され、高齢者にとっても住みやすい嶺南。日本の原風景が残る貴重な地域として訪れたくなる嶺南。そんな物語が紡《つむ》ぎ出されるとき、嶺南に新たな希望が生まれるはずだ。

## Q&A　伸びしろと住民

**Q　医療・福祉、観光の充実は長年の課題です。全国的な競合も多いと思いますが、嶺南がリードする策はありますか。**

**A**　たしかに全国的な競合は存在します。そのなかで嶺南が勝ち抜いてゆくには、近畿圏との距離が近いという条件をどう活かすかが大切になります。

2001～2006年の医療・福祉の従業者増加率は、全国平均で23・4％でしたが、神奈川県（32・1％）、奈良県（30・9％）、埼玉県（30・3％）では30％を上回り、兵庫県（29・4％）でも30％に迫りました。これら4県には、大都市に近いという共通点があります。医療・福祉関連事業のビジネスチャンスは、大都市から車で行くことができる圏内に広がっています。嶺南も、この圏内に含まれます。

観光についても、「安い、近い、短い」という「アン・キン・タン」の顧客ニーズにどう応えるかが、ポイントになります。近畿圏の観光業で成果をあげている兵庫県・城崎《きのさき》温泉や滋賀県・長浜《ながはま》のまちづくりも参考になるでしょう。

**Q 伸びしろを生かすために住民にできることはありますか。**

**A** すばらしい風景を見て、一生の思い出ができたとしても、一度しか訪れないのであれば、それは「観光」にしか過ぎません。訪問者が繰返し訪れるようになって初めて、なりわいとしての「観光業」が成り立ちます。観光客が繰返し訪れるようになるには、おいしい食べ物、おいしい飲み物、温かい人情、心を動かすストーリーが、なくてはならない。嶺南の人びとに求められているのは、食べ物、飲み物、人情、ストーリーを一つにまとめて、魅力的な地域ブランドを作り上げることだと思います。

**Q 県は、「原子力との自立的連携」を目指すエネルギー研究開発拠点化計画を打ち出しています。エネルギー関連にも可能性はありますか。**

**A** とくに敦賀市にある若狭湾エネルギー研究センターの役割が注目されます。同センターは、エネルギー関連の研究開発や人材育成で成果をあげているだけでなく、陽子線がん治療など医療面での研究開発にも力を入れています。電源地帯にある、医療への架け橋となるユニークな研究機関として、今後の活躍が期待されます。

## ■「福井目線」が「東京目線」を制した

2011年の3月11日に東日本大震災が発生し、東京電力福島第一原子力発電所の事故が起こった。この事故は日本最大の原発集積地であり、「原発銀座」と呼ばれる嶺南地域（表11－3参照）に大きな波紋をもたらした。

福島第一原発事故は今、日本経済を深刻な危機に陥れている。それは「東日本大震災の発生→東京電力福島第一原子力発電所の事故→中部電力・浜岡《はまおか》原子力発電所の運転停止→定期検査中の原発のドミノ倒し的運転中止→電力供給不安の高まり→高付加価値工場の海外移転→産業空洞化による日本経済沈没」という連鎖が発生し、日本経済が沈んでゆく危機である。

矢印の連鎖が進むなか、2012年5月、全国の原子力発電所の全てがいったん運転を停止した。3・11以前に日本の電源構成の約3割を占めていた原子力発電が、全面停止したのである。大規模な停電の可能性が現実味をもつようになった。

だがここで見落としてはならない点がある。電力を大量に消費する工程。半導体を製造するクリーンルーム。常時温度調整を必要とするバイオ工程。瞬間停電も許されないコンピュータ制御工程等々。結果的に停電が回避されたとしても、電力供給の「不安」が存在するだけで、操業は不可能になる。

これらの工場は、高付加価値製品を製造する日本経済の「心臓部」である。それらが海外移転することによって生じる産業空洞化は、「日本沈没」に直結する破壊力を持つ。さらに火力発電用燃料費の増大による電気料金値上げが、空洞化加速の懸念に追い打ちをかけている。

問題を複雑にしているのは、連鎖をつなぐ矢印が全て合理的判断に基づく「善意」から生じている点だ。東南海地震を憂慮し、浜岡原発を停止した菅直人《かんなおと》首相（当時）の判断、手続きには大いに問題を残したものの、一応の国民の支持は得た。浜岡原発停止を踏まえ、地元原発の定期検査明け運転再開に慎重姿勢をとる各県の知事。それも住民の安全に

**表 11－3　福井県に立地する原子力発電設備**

| 区分 | 設置者 | 発電所 | 所在地 | 認可出力（万 kW） | 運転開始年月 |
|---|---|---|---|---|---|
| 完成 | 日本原子力発電 | 敦賀 1号 | 敦賀市 | 35.7 | 1970年 3月 |
| | | 2号 | | 116.0 | 1987年 2月 |
| | 関西電力 | 美浜 1号 | 美浜町 | 34.0 | 1970年 11月 |
| | | 2号 | | 50.0 | 1972年 7月 |
| | | 3号 | | 82.6 | 1976年 12月 |
| | 関西電力 | 大飯 1号 | おおい町 | 117.5 | 1979年 3月 |
| | | 2号 | | 117.5 | 1979年 12月 |
| | | 3号 | | 118.0 | 1991年 12月 |
| | | 4号 | | 118.0 | 1993年 2月 |
| | 関西電力 | 高浜 1号 | 高浜町 | 82.6 | 1974年 11月 |
| | | 2号 | | 82.6 | 1975年 11月 |
| | | 3号 | | 87.0 | 1985年 1月 |
| | | 4号 | | 87.0 | 1985年 6月 |
| 建設中 | 原子力機構 | もんじゅ | 敦賀市 | 28.0 | 未定 |

注：原子力機構は，独立行政法人日本原子力研究開発機構.
出所：福井県電源地域振興課『福井県電源三法交付金制度等の手引　平成 23 年度版』(2012 年 3 月).

対する善意だ。電力供給不安に直面して生産拠点を海外へ移す動き。株主への善意を怠ることの許されない経営者としての判断がある。

一つ一つの矢印は善意に基づいていても、それがつながってしまうと「日本沈没」の最悪シナリオが現実化する。まさに「地獄への道は善意で敷き詰められている」(カール・マルクス『資本論』)のだ。

「日本沈没」への連鎖を断ち切るには、どうすればいいのか。「中部電力・浜岡原子力発電所の運転停止→定期検査中の原発のドミノ倒し的運転中止」の矢印を外すしか手はない。そのためには国がリーダーシップを発揮すべきだった。しかし、現実はそうならなかった。

そして矢印を外す第一歩となったのが、2012年7月の関西電力大飯原子力発電所3、4号機(口絵参照)の再稼働だった。ただ、それは国のストレステストシナリオではなく、福井県の暫定《ざんてい》安全基準シナリオに基づいて実行された。「福井目線」が「東京目線」や「大阪目線」を制した瞬間だった。

なぜそのような事態が生じたのか。その意味は何だったのだろうか。

2012年6月，西川知事(左端)が官邸にて大飯原発3，4号機の再稼働への同意を伝え，頭を下げる野田首相(当時).(写真提供：毎日新聞社)

## Q&A 原発のリスクと理解

**Q 原発の安全への不安、必要性への疑問は残っています。経済面のリスクだけで考えてよいのでしょうか。**

**A** 原発問題を考える時、経済面よりも倫理面の方が重要だという意見があります。このような意見を言われる方のお気持ちはよくわかりますが、少々違和感も残ります。倫理とは、「いかに生きるべきか」ということです。それに対して経済とは、「その前提となる生きることを実現するには何をなすべきか」ということです。経済も倫理も、両方とも重要なのです。倫理か経済かという二者択一的な発想では、原発問題を解決できません。

**Q 再稼働をめぐり、世論は真っ二つに割れました。「福井目線」でも多くの人の理解を得られたとは思えませんが。**

**A** 再稼働問題の局面を動かしたのが「福井目線」であったことが、多くの人の理解が進まない一因になっているのかもしれません。人口が集中している地域からの見方、つまり「東京目線」や「大阪目線」が役に立たなかったわけだから、理解が進まないのもある意味では当然です。

しかし、ここで強調したいのは、「福井目線」が局面を動かしたという事実がもつ意味の大きさです。困難な問題に対する真の解決策は、問題に最も近いところで向き合っている当事者によって見出されることが多いと言えます。問題を遠くからながめている部外者は、あれこれ口を挟むことはできても、本当の解決策を導くことはできません。このように考えると、原発問題について「福井目線」は、根本的な意味での説得力をもちえます。時間はかかるでしょうが、「福井目線」への理解は、今後徐々に広がってゆくに違いありません。

**Q 批判にすらさらされた県民は複雑な思いを持っています。今回の再稼働を県民の立場でどうとらえればよいのでしょうか。**

A 「福井目線」が根本的な説得力をもつわけですから、原発問題について嶺南の住民や福井県民は、外へ向かいどんどん意見を発表すべきです。その場合、再稼働に賛成か反対かは、関係ありません。問題に対峙する当事者の真剣な発言は、他の多くの部外者を動かす力をもつのです。

## ■一番悩んでいる者が希望を見出す

東京電力福島第一原子力発電所の事故が発生してわずか1カ月後の2011年4月、福井県は海江田万里《かいえだばんり》経済産業大臣（当時）に宛てて「要請書」を提出した。その中で県は国に対して、事故で得られた知見を踏まえた新たな安全基準の明確化を求めた。その際、新安全基準を「相応の時間を要する」ものと「暫定的」なものとに大別し、当面、暫定基準による原発再稼働の検討という、局面の打開策を提案した。

国の反応は鈍かった。7月になってようやく重い腰をあげたが、それも菅直人首相（当時）が突然、ストレステストの実施を再稼働の前提条件として持ち出すという、付け焼刃的なものだった。

ストレステスト自体は、原発の非常事態に対する余裕度を測るものであり、原発の安全性向上に資する有意義なものだ。事実、ヨーロッパ諸国は、福島第一原発事故を受け、日本に先駆けて、２０１１年6月にストレステストを開始した。ただしそれは原子力発電所を稼動させながら、コンピュータを使ってのものだった。

しかし日本では、ストレステストが原発再稼働の前提条件とされた。なぜヨーロッパと違うのかについての説明はなかった。そもそも福島第一原発事故の当事国である日本の首相でありながら、なぜヨーロッパ諸国より遅れてストレステストを突然持ち出したのか。やるならば福島第一原発事故の直後にストレステストを提案すべきだった。これらの事実は菅首相のストレステスト提案が、唐突で場当たり的だったことを物語っている。

その後の展開は、よく知られているとおりである。12年7月、関西電力の大飯原子力発電所3、4号機は、国のストレステストシナリオにはよらず、福井県が提唱した暫定安全基準シナリオに基づいて、再稼働することになった。

なぜ、そのようなことになったのか。国も、電気事業者も、そして途中で口を挟んだ大阪市、滋賀県等の関西広域連合も持ち合わせていなかったものがあった。そしてそれを福井県だけが持ち合わせていた。「当事者能力」である。

嶺南の住民そして福井県民は、長い間、多くの原発と共に日々暮らしてきた。そして表11－4にある通り、これまで原発事故をいく度も経験してきた。だからこそ福井県は原発当事者として、全国の立地自治体の中でも突出した独自の厳しい安全規制を遂行し、それを担う体制を整えてきたのである。そのあたりの事情は、長年、福井県の原子力行政に携わってきた来馬《くるば》克美《かつみ》さんが3・11

**表11－4　福井県内の原子力発電設備における主要な事故**

| 事業者 | 発電所 | 事故の内容 | 発生年月 | 運転再開等 |
| --- | --- | --- | --- | --- |
| 日本原子力発電 | 敦　賀 | 1号機一般排水路放射能漏洩事故 | 1981年 4月 | 通商産業省が6カ月間の運転停止処分 |
| 関西電力 | 美　浜 | 2号機蒸気発生器伝熱管破断事故 | 1991年 2月 | 1994年10月営業運転再開 |
| 原子力機構 | もんじゅ | ナトリウム漏洩事故 | 1995年12月 | 2010年5月試運転再開 |
| 日本原子力発電 | 敦　賀 | 2号機1次冷却水漏洩事故 | 1999年 7月 | 2000年2月営業運転再開 |
| 関西電力 | 美　浜 | 3号機2次系配管破損事故 | 2004年 8月 | 2007年2月営業運転再開 |

注：原子力機構は，独立行政法人日本原子力研究開発機構．1995年の事故当時は，動力炉・核燃料開発事業団．
出所：福井県原子力安全対策課『福井県の原子力＜別冊＞』（改訂13版，2009年）．

直前に出版した『君は原子力を考えたことがあるか――福井県原子力行政40年私史』（発行・ナショナルピーアール株式会社、編集製作・文藝春秋企画出版部）に詳しい。

なぜ福井県が大飯原発再稼働の過程で主導権を発揮できたのだろうか。それは嶺南の住民や福井県民が、常に最前線で真正面から問題に対峙してきたからだ。一番悩んできた者は、一番真剣に考えてきた者である。そして一番真剣に考えてきた者が、多くの場合、一番現実的な打開策、つまりはリアルな希望を見出せるのである。

## Q&A 原発問題の当事者として

**Q** 原発問題では「推進」「反対」の二項対立が繰り広げられています。「当事者能力」の欠如が理由でしょうか。

**A** 当事者能力の欠如は理由の一つだと思いますが、それだけではありません。二項対立の背後には、「リアルでポジティブな姿勢」の欠如があります。原発問題の解決に必要な、現実的で建設的な姿勢が欠けているのです。
リアルな議論を展開しなかったからこそ、原発推進派は、エネルギー自給率4％（2008年）という資源小国でありながら、3・11以前にも原発への風当たりを弱めることができませんでした。ポジティブな対案を示さなかったからこそ、原発反対派は、広島・長崎・第五福竜丸を経験した被爆国でありながら、これまでドイツの緑の党のような有力な脱原発政党を育てることに成功しなかったのです。日本における現在までの原発論議では、二項対立の構図のなかで、反対派と推進派が互いにネガティブ・キャンペーンを繰り返してきた感が否めません。もはや、そのような時代は終わりました。相手を批判するときには、必ず、現実的で建設的な対案を示すべきです。今後の原発論議は、リアルでポジティブなものでなければなりません。

**Q 本来は国がリーダーシップを発揮すべきだった、との指摘ですが、今後、当事者能力を共有するために嶺南、福井県が果たすべき役割は何でしょうか。**

**A** 原発についての安全規制は、本来、独立性の高い国の機関が担うべき仕事です。ただし、そのような機関がきちんと業務を遂行するには、最前線で原発問題に対峙する当事者の意見を積極的に吸収しなければなりません。「嶺南目線」や「福井目線」で発言することは、これからも大きな社会的意味をもちます。

**Q 最も悩み、真剣に考えてきた者がリアルな希望を見出せる。他の課題にも当てはまりそう**

ですね。

**A** 当てはまります。それが、人間の底力です。悩まざるを得ない状況に追い込まれたとき真剣に考えてきた。そして、真剣に考えたとき何かしらのリアルな希望を発見してきた。……それが、人類の進歩の歴史なのではないでしょうか。

## ■原発からの出口戦略――嶺南の未来

2012年末に行われた総選挙では、「脱原発」や「卒原発」のスローガンが声高に叫ばれた。しかし、代替電源の確保や電気料金の抑制、使用済み核燃料の処理など、原発依存度を低下させるうえで避けることのできないテーマに関する具体的施策はほとんど示されず、スローガンのみを振りかざした政党は、国民的な支持を得ることができなかった。

なぜ、そうなったのか。それは、原発問題を真に解決するためには外すことができない視点を採り入れなかったから、つまり、原発が立地する地元の住民の目線から考えることをしなかったからである。現在の日本において、最も長く最もたくさんの原発が存在するのは、他ならぬ福井県の嶺南地域である。東京目線や大阪目線、滋賀目線だけでなく、福井目線、嶺南目線を採り入れない限り、原発問題の解決はあり得ない。

嶺南は、「原発銀座」として、電力供給の面で社会に貢献しているばかりではない。使用済み核燃料を暫定的に保管しているという意味でも、大きな役割を果たしている。表11－5にあるとおり、福井県下の原子力発電所で通常どおり運転が行われ、他地域へ使用済み核燃料が移送されないとすれば、美浜・高浜・大飯原発では7年余り、敦賀原発では9年余りで、保管能力が限界に達することになる。

福島第一原発の事故では、定期検査で運転休止中であった4号機でも水素爆発が起こり、燃料プールに保管中であった使用済み核燃料の危険性が問題になった。福井県下の各原発でもこれからは、使用直後の核燃料を冷却する燃料プールだけでなく、そこである程度冷やした使用済み核燃料をより危険性の低い乾式空冷方式の金属キャスクに入れて、安全度の

表11－5　福井県内の原子力発電所における使用済み核燃料の貯蔵状況（2012年3月末）

（単位：トン・ウラン）

| 事業者 | 発電所 | 1炉心 | 1取替分(A) | 使用済核燃料貯蔵量(B) | 管理容量(C) | 管理余裕(C－B) | 管理容量超過までの年数(C－B)÷(A×12÷16) |
|---|---|---|---|---|---|---|---|
| 関西電力 | 美　浜 | 160 | 50 | 390 | 680 | 290 | 7.7年 |
| | 高　浜 | 290 | 100 | 1,160 | 1,730 | 570 | 7.6年 |
| | 大　飯 | 360 | 110 | 1,430 | 2,020 | 590 | 7.2年 |
| 日本原子力発電 | 敦　賀 | 140 | 40 | 580 | 860 | 280 | 9.3年 |

注：管理容量は，貯蔵容量から1炉心+1取替分を差し引いた容量．
出所：資源エネルギー庁「原子力政策の課題」（2012年9月）．

高い場所で保管することが必要となる。そして、電力供給面での貢献に対して支払われる電源三法交付金とは別に、使用済み核燃料の保管という役割に対しても、きちんとした財政的支援が行われてしかるべきだろう。

誤解をおそれず言えば、原発の最前線で一番真剣に悩んでいる嶺南の人々が見出すべき希望の中身は、建設的な意味での「原発からの出口戦略」である。これからしばらくの間、原子力規制委員会が定めた規制基準をクリアした原発は運転を続けることになる。しかし、使用済み核燃料の問題を根本的に解決することは困難であり、日本人だけでなく人類全体がやがていつの日にか、原発をたたまざるを得ないだろう。その時に向けて、原発がなくともやっていけるまちの未来図を描き上げることが、嶺南の住民に求められている。

脱原発，再稼働反対を訴え，首相官邸前に集まった大勢の人たち（2012年6月）．常に真正面から原発問題に対峙してきた嶺南の住民や福井県民だからこそ，リアルな希望を見出せる．（写真提供：毎日新聞社）

原発からの出口戦略それ自体は、それほど難しいものではない。原発は、発電設備は危険だが、変電設備・送電設備は立派である。時間はかかるだろうが、発電設備をＬＮＧ（液化天然ガス）火力や最新鋭石炭火力に置き換えた上で、変電所・送電線は今のものを使い続ければいい。そうすれば、火力発電のビジネスと原発廃炉の仕事によって、地元のまちの雇用は確保され、経済は回る。肝心なのは、その具体的なプランを、嶺南地域や福井県の住民自身が作り上げることだ。

原発をめぐって、長い間、嶺南と福井は、電気事業者や国に振り回されてきた。しかし、そのような時代は終った。これからは現存する原発を手掛かりに、嶺南と福井が提案し行動することで、電気事業や国の在り方そのものを変えていく時代が、必ずやって来る。そう私は確信している。

## Q&A　出口戦略とは何か

**Q　出口戦略自体は難しくないとの意見ですが、では、なぜこれまで実現できなかったのでしょうか。その必要がなかったからでしょうか。**

**A**　これまでの国のエネルギー政策が原発依存路線だったことが、最大の原因でしょう。そのような路線に立つ限り、出口戦略を考える必要がなかったわけです。

もう一つ指摘すべきは、使用済み核燃料の処理問題（いわゆる「バックエンド問題」）を先延ばしにしてきたことです。筆者は、原子力規制委員会が新たに設定した規制基準をクリアする原発の再稼働は認めるべきだと思いますが、一方で長期的には、「リアルでポジティブな原発のたたみ方」を考えるべきだという意見をもっています。バックエンド問題の解決は困難であり、その点を考慮すると、原子力は人類全体にとって過渡的なエネルギーに過ぎないからです。バックエンド問題を先延ばしにせず真剣に解決しようとすると、原発からの出口戦略が必然的に視野にはいってきます。

**Q 再稼働でみられた嶺南、福井の当事者能力は、3・11以後の未来図を描くのには生かされていないように思えますが。**

**A** すぐに生かすのは難しいでしょう。しかし、注目すべき動きがあることも事実です。それは、敦賀市に大規模なLNG火力発電所を新設しようという動きです。LNG火力新設計画は、日本原電の敦賀発電所とは別の敷地で検討されており、ただちに原発の代替を意味しませんが、注目すべき動きであることに変わりはありません。

**Q 出口戦略の具体的プランを住民自身が作り上げる意味はどこにありますか。**

**A** 出口戦略を策定する最大の目的は、中長期的な未来を見据えて、原発が立地する地域の雇用を維持し、経済を発展させることにあります。出口戦略は「未来予想図」であり、「未来予想図」を描き上げる主役は、当然のことながら住民です。前で述べたように、「最も悩み、真剣に考えてきた者が最もリアルな希望を見出せ」ます。嶺南の住民が描き出す「未来予想図」は、必ずや日本国民全体を幸せにすると確信しています。

# II

# 生活と家族

渡辺淳「家　族」1950年

12

# 地域社会で進む孤立化と貧困

阿部　彩

**あべ・あや**　国立社会保障・人口問題研究所部長。専門は社会保障、公的扶助、貧困・社会的排除。主な著書に『子どもの貧困――日本の不公平を考える』(岩波新書)、『弱者の居場所がない社会――貧困・格差と社会的包摂』(講談社現代新書)、『生活保護の経済分析』(共著、東京大学出版会、第51回日経・経済図書文化賞)など。(近影撮影・高松英昭)

## ■福井にもある貧困と孤立

失業率が低く、生活保護率は最低レベル。女性の就労率が高く、出生率も高い。家族形態では、3世代世帯が多く、核家族が少ない。地域活動が活発である。統計データから見る福井は、「古き良き日本」だ。やれ、格差だ、やれ、孤立死だ、絆がなくなった、と嘆く東京人にとって、福井は、回帰すべき日本の原風景のように見える。

しかし、ここでイジワルな疑問がムクムクと湧き上がってくるのが、研究者の性である。家族や地域を単位とする伝統的なコミュニティは、ひとり暮らしの人や離婚者、母子世帯などの「少数派」にとってはかえって暮らしにくいのではないか？　町内会などの地域活動は、窮屈で排他的ではないのか？「絆」は、「手枷《てかせ》足枷《あしかせ》」とはならないか？

このような疑問に押されて、東大社研の福井チームでは2011年3月に「福井の希望調査」を行った。福井県民1万6000人にアンケート用紙を配る大規模なもので、調査実施中に東日本大震災が発生するという大きな障壁があったにもかかわらず、7000人に回答をいただいた。

調査結果から垣間見る現状は、予想以上に厳しいものであった。ひとり暮らしの人は、生活が「苦しい」「大変苦しい」と感じている割合が、複数人数の世帯の人に比べ大幅に高い（図12-1）。特に、ひとり暮らしの勤労世代の男性においては、生活が「大変苦しい」とした人が15％、複数人数の男性の2倍以上もあった。彼らは、過去1年間に「必要とする食料が買えなかった」とする率（19％）も高く、これは全国の同年齢のひとり暮らしの男性よりも高い。

特に気になったのは、「孤立」の状況である。ひとり暮らしの高齢男性においては、10人に1人は会話が「殆どない」と答えており、「1週間に1回程度」を含めると16％が孤立状況にある。

同じような生活困難や孤立の状況は、離婚した人、中年層で未婚である人にも見られた。男性も女性も、離婚した人は、水道や電気・ガス料金を金銭的な理由で払えなかった経験が未婚者の数倍の高さである。ガス料金を例に挙げると、女性の離別者の3%、男性の離別者の4%が過去1年間に滞納経験がある。対して、女性の有配偶者は2%、男性の有配偶者は1%である。食料が買えなかった経験や生活意識も同様に悪い。

さらに、40~79歳の離婚者は病気の時に世話してくれる人や、家周りの手伝い、人生相談など「困った時に支えてくれる人」が「全然いない」割合も有意に高かった。地域活動に参加している割合も少ない。

誤解を招かぬように説明を加えると、これらの生活困窮や孤立のデータは、福井県全体では日本全国平均に比べて良好な数値を示しているのである。ただ、このような「少

図 12－1　生活が苦しいとした人の割合

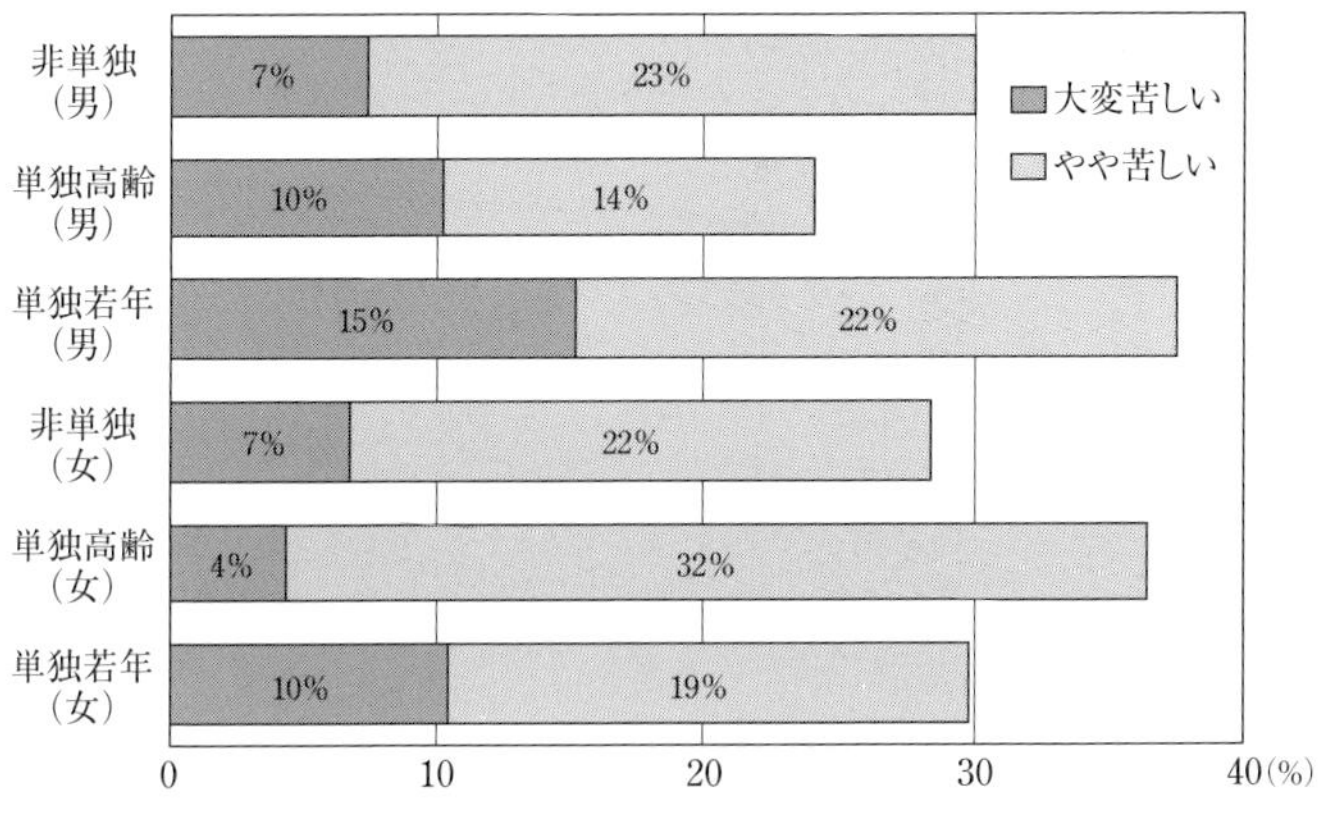


出所：「福井の希望と社会生活調査」（東京大学社会科学研究所，2011年）．

数派」と言える人々の数値のみが厳しい状況なのだ。

　これは、どのように解釈したらよいのであろう。

　一つ言えることは、「経済状況がよい」「包摂的」「コミュニティの絆が強い」といったような地域の特性は、その地域の人々に均一に便益をもたらすものではない、ということである。これらの便益の恩恵を受けている人々のすぐ隣で、生活困窮し、孤立している人々がいる。そして、そのような零《こぼ》れ落ちた人々の割合が徐々に拡大していく、というのが、日本社会が徐々に崩壊していくさまなのかも知れない。

## ■「包摂度」の高い地域を目指して

　福井県においては、確かに、全国平均に比べて3世代世帯の割合が2・5倍（18％）と多いが、それでも、福井の全世帯の4分の1はひとり暮らしである。家族の縮小化は、日本全国、津々浦々に及ぶ現象であり、それは、福井県でも、他のどの地域においても例外ではない。福井県の生涯未婚率（50歳時点で未婚の人の割合）は15・83％（2010年、国勢調査）であり、全国平均の20・14％より低いものの、6人に1人が一生結婚をしない状況である。

　すなわち、福井はもとより、どのような地域であっても、3世代世帯が他の地域より少し多いとか、生涯未婚率が低いとかいう理由で、生活困難や孤立の問題を無視できる状況ではない。

問題は、いかに早く、これらの「少数派」の人々のニーズに対応していくか、ということである。福井のように、孤立化や困窮化のペースが全国平均より遅い地域は、ほかより遅いといってうかうかとしていると、足元からすくわれる危険がある。私たちが調査と並行して行ったインタビューでは、町内会への参加は結婚したらお誘いが来る、未婚の男性は怪しい目で見られる、女性の就労率は高いものの、女1人のみの収入で生計がたてられるものは少ない、など、地域の「少数派」が暮らしにくい状況が語られた。

さらに、衝撃的であったのが、先に述べたような社会サポートが「全然ない」と答えた割合を、福井県に生まれた人と福井県外から移住してきた人を比べた結果である（図12－2）。性別や年齢といった要素をコントロールした上で、社会サポートが全くない確率を推計したところ、福井県生まれを1とした場合に、病気の時の世話を受けられな

図12－2　孤立のリスク「病気の時の世話をしてくれる人がいない」

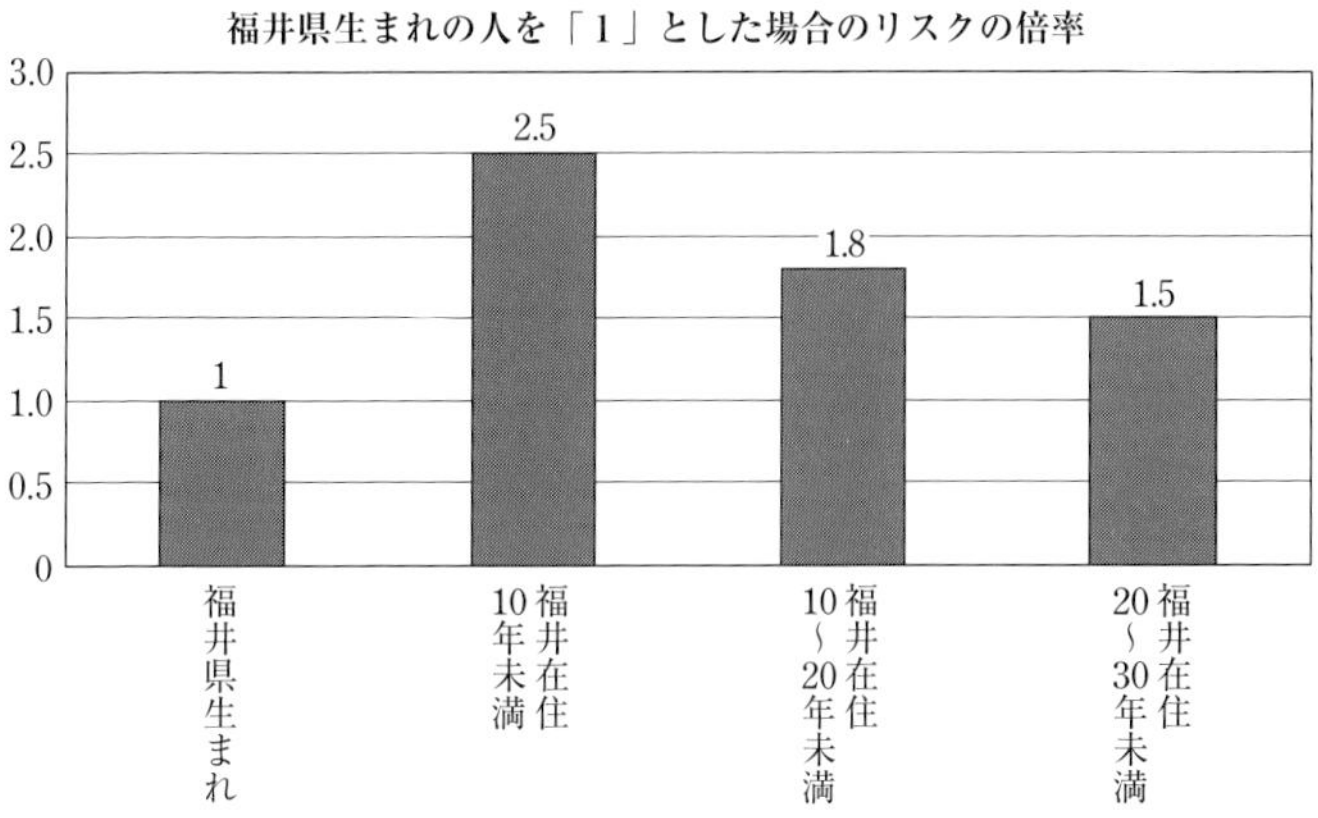


出所：「福井の希望と社会生活調査」(東京大学社会科学研究所，2011年).

い人の割合は、福井在住10年未満だと2・5倍、福井在住10年から20年だと1・8倍、福井在住20年から30年だと1・5倍であった。

筆者の感覚だと、10年も住めばコミュニティに馴染み、友人や知人も増え、その土地に昔からいる人とかわらないくらい「包摂」されるであろうと思っていた。しかし、どうも福井ではそうではないようである。ほかの地域で同じような分析をしていないので、福井が特異なのかどうかはわからないが、10年たっても20年たってもよそ者はよそ者のようである。

これから全国的に日本の人口は減少する。東京以外の地域ではますますそうであろう。そういった時、いかによそからの人々（おそらく将来的には外国人の方々も）が住みやすい土地にするかということは地域の存続にかかわる課題である。

同様に、ひとり暮らしの人や、離婚、未婚者など、かつて「少数派」であった人たちは、今後は「多数派」となっていくであろう。その時、地域は、どこまで人々を包摂できるのか。

福井においても他の地域においても、包摂度を高めることを、あらためて真剣に考える時期が来ている。

## 13

# 地域にみる、これからの男女の関係

金井　郁

**かない・かおる**　千葉県生まれ。埼玉大学経済学部准教授。専門は労働経済論、ジェンダー論。主な論文に「非正規労働者の処遇改善と企業別組合の取り組み――ジェンダーへのインパクトに着目して」（大原社会問題研究所雑誌６３３号）、「雇用保険制度における包括性――非正規労働者のセーフティネット」（『最低所得保障』岩波書店）など。

### ■注目を浴びる福井県の女性

福井県は、働いている、もしくは働こうとする女性の割合（労働力率）が、全国的にもとても高く、さらには出生率も高い。福井は、女性が働きやすく、同時に子どもを産み育てやすい県として紹介されることが多い。

内閣府の重要政策についての会議の一つに、男女共同参画会議がある。その会議が2006年に発表した報告書によれば、日本の県には「女性の働く割合が低く、生涯に産む子どもの数が少ない」タイプと、「出生率の減少幅が小さく、出生率と働く女性の割合がともに比較的高い」タイプがあるそうだ。

私が今働いている埼玉県は、明らかに前者のタイプだ。これに対し、福井県は後者のタイプに含まれる。福井の特徴は「(仕事と出産の)両立を支える社会環境」が相対的に整っていることだ。全国に比べて女性の働きやすい環境があるのが、福井だと言われている。

女性の労働力率を年齢別に描いてみると、全国平均では子育て期に労働力率が落ち込むという、有名な「M字カーブ」を描いている(図13-1)。それに対し福井県全体は、30歳代での落ち込みが小さく、逆U字型に近

図13-1　女性労働力率が高い北欧に迫る福井県の女性の年齢階級別労働力率

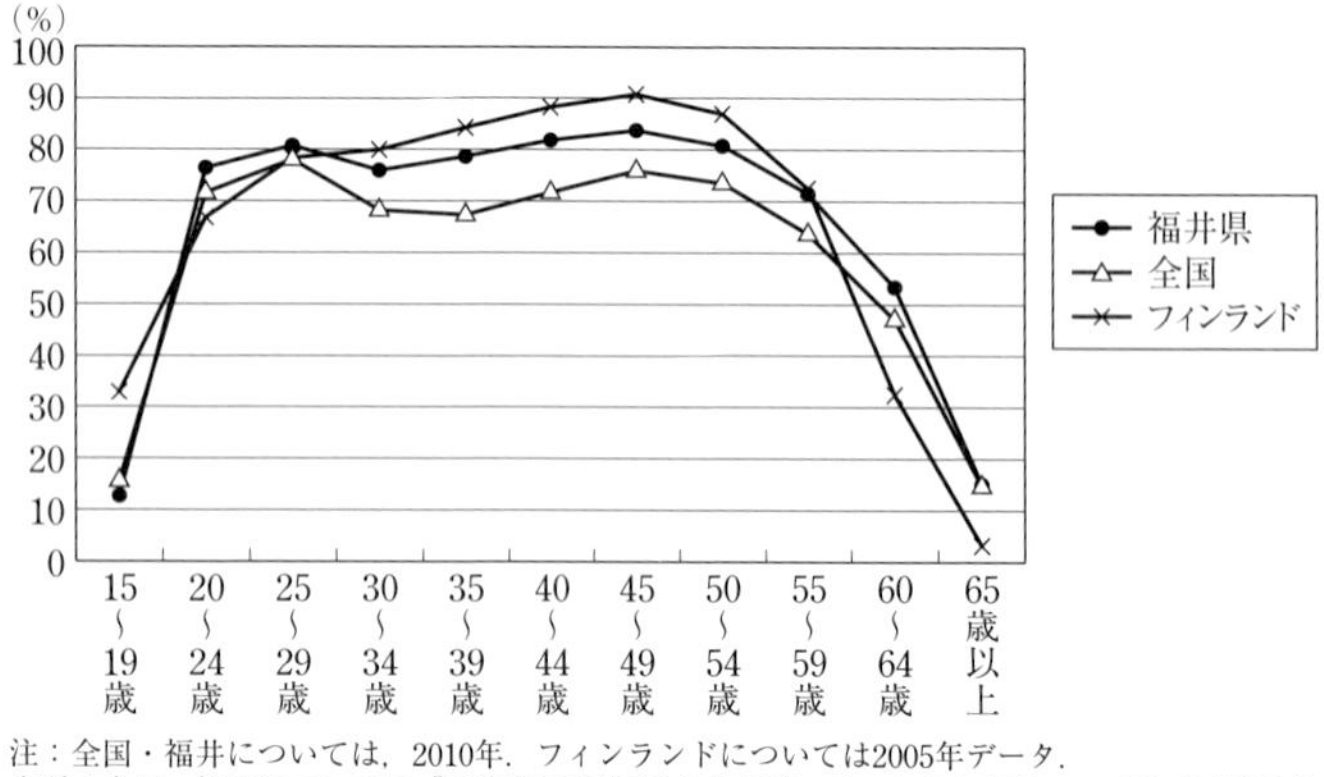


注：全国・福井については，2010年．フィンランドについては2005年データ．
出所：全国・福井については，『22年度国勢調査』より作成．フィンランドについては，「高齢化社会における雇用政策：日本とフィンランドの比較研究」より作成．

い。福井県は、結婚や出産でも女性が仕事をあきらめることなく、子育て期にも働き続ける割合が高い。それは、全国的にも珍しいことなのだ。

福井の女性は、働く割合が高いだけではない。正社員比率も全国平均より高い。平成22年の国勢調査によると、全国の女性の正社員比率は45・4％である一方、福井県の女性では54・8％と10ポイント近くも高い。また、平均勤続年数の男女比は平成23年度賃金構造基本統計調査によると、男性1に対して全国平均の女性は0・68、福井県は0・82と、福井では男性と女性の勤続年数の差は小さい。

しかし、よろこんでばかりいられない現実もある。管理職の女性比率は、全国平均では14％である一方、福井では11・7％と低い。また、基本給についての男女比も男性を100とした場合、全国では69・1％だが福井県

出生率と働く女性の割合がともに高い福井県．全国に比べ女性が働きやすい環境にあるという．若い世代では，仕事，家事・育児，地域活動などの男女間の役割分担意識に変化の兆しもある．（写真と文は関係ありません）

では67・4%と、福井県の男女間賃金格差は全国平均より大きい。福井の女性は全国平均と比べて、正社員が多く勤続年数も男性との差が小さいことを合わせて考えてみると、福井における女性の雇用現場を取り巻く環境はより深刻だと言えそうだ。

では、なぜ福井の女性たちは働いているのだろうか。2011年に福井県全域で実施したアンケートによると、女性たちが働いている理由の中で最も多いのが「家計を支えるため」であるが、第3位の理由に「生きがいとして働く」が挙げられている。「生きがいとして働く」を挙げた女性の割合は男性の1・5倍以上で、調査が異なるため単純比較出来ないものの全国の女性平均と比べても高い。特に、福井県の50歳代以上の女性で、「生きがいとして働く」と回答している者の割合は半数を超えている。一方で、「働いていないと周りから遊んでいるとみられるから働く」と回答する女性がいるのも、福井県ならではかもしれない。40代女性はそのように回答する者が16%と、男性に比べて2倍も高い。一般的に、「働かなければならない」という社会的プレッシャーは男性に向けられるが、福井では子育て世代の女性に対してもそうしたプレッシャーが強いのかもしれない。

## ■仕事のやりがい高い高齢女性

福井県の女性は、仕事のやりがいについては、どのように感じているのだろうか。2011年の調査からは、仕事にやりがいを感じている者は、60歳以上が高いことに加え、男性よりも女性で高いこともわかった（図13－2）。

女性について職種別にみると、専門的・技術的職業に就いている女性ほど、やりがいを持っている割合は高い。それらの職業には、眼鏡、繊維、漆器など、長年の鍛錬による特別な技術に基づく仕事の他、看護師、教師、公認会計士などの資格を必要とする仕事などが含まれる。専門・技術職は、実力主義の面が強く、評価や報酬に性別が影響することは少ないといわれる。専門職に占める女性の比率は、女性の社会進出の指標の一つとして、注目されることも多い。実際、福井県は、専門的職業に就いている女性の割合が52・8％と、全国平均の47・2％よりも高い。専門的な仕事で働けることが、福井の女性で仕事にやりがいを感じている割合が高いことの一因になっている。

図 13－2　現在の仕事にやりがいを感じている者の割合（年齢・性別）

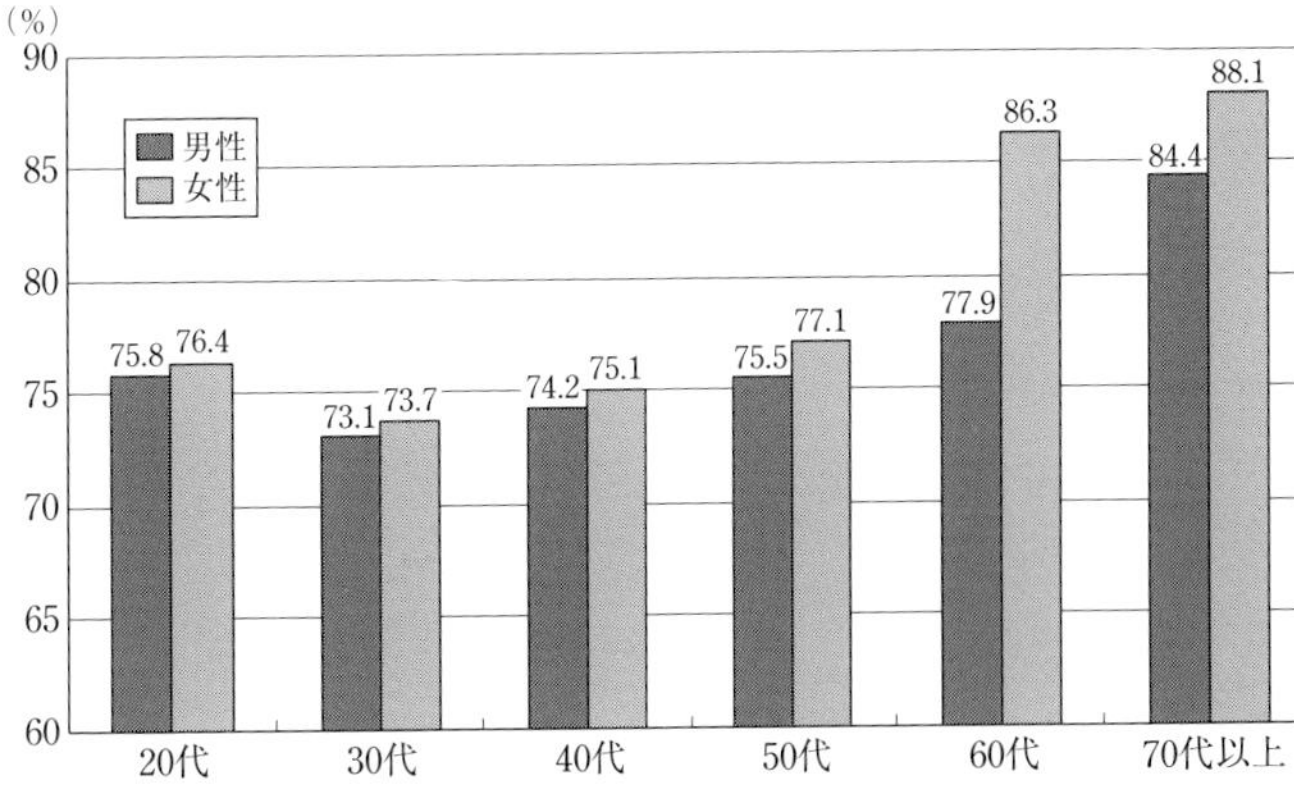


出所：「福井の希望と社会生活調査」(東京大学社会科学研究所，2011年)．

福井県の女性について考えてみると、50代以降の女性たちにとっては高齢であっても働く場があり、仕事にやりがいを感じイキイキと働いている姿が浮かび上がってくる。一方で、40代までの女性にとって、働くことは義務的側面が強いのかもしれない。30代40代の子育て世代の女性たちは、労働力率や正社員比率が全国と比べて高いものの、仕事にやりがいを感じている者や、生きがいのために働くという者の割合は他の年齢層に比べて低い。3世代同居や近居によって親からの子育て支援があったとしても、家事・育児や地域活動も担う福井の女性たちにとって、働くことが負担となっている可能性も指摘できる。

福井の男性が一般的に、家事や育児などに積極的にかかわっていないというのも事実だ。首都大学の不破《ふわ》麻紀子《まきこ》准教授の分析によれば、福井の3世代同居家庭の家事は、嫁や娘が40歳代くらいまでは母親が主に負担し、その後は母親から嫁や娘へとバトンタッチされていくことが多い。家事はあくまで女性間のみで世代を超えて分担が行われ、そこに男性がかかわることは少ない。福井の男性が、家事分担で女性の仕事を支えているといった明確な傾向は、必ずしもみられない。

## ■性別による役割分担意識の見直しを

ただ最近では、若い世代の男女間の役割分担意識には、変化のきざしも感じられる。これまで福井の男性は仕事の他、地域の行事や話し合いの参加などに忙しく、家庭のことに時間が割けない現状もあった。男性や高齢者が中心だった地域活動を、これから誰がどのように分担するかは、福井の今後を大きく左右する重要なテーマだ。

仕事、家事・育児、地域活動等の役割分担意識を見直すことで、男女の区分を超えて、それぞれがもっと輝く生き方ができる。そのカギを握るのは、福井の若い世代の人たちだ。

14

# 若者が変える！ 地域の未来

羽田野 慶子

**はたの・けいこ** 宮崎県生まれ。福井大学教育地域科学部准教授。専門は生涯学習論、教育社会学、ジェンダー研究。主な著書に『時代を拓く女性リーダー』（共著、明石書店）など。

## ■若者はきっかけが欲しい

福井に移り住んでもうすぐ5年。宮崎県に生まれ、大学進学を機に上京。学生生活と最初の職場を関東で過ごした後、2008年に福井大学の教育地域科学部に着任した。

広い道路を行き交う車と人通りの少ない駅前の街並み。街中にデパートは1軒で、大きな買い物は郊外の

SC（ショッピングセンター）か金沢へ。温暖な宮崎と気候こそ正反対だが、福井の市街地の風景は驚くほど故郷に似ていた。

「地元に貢献したいんです」。一人の女子学生が言ってきたのは4年前のことだ。友人の誘いで関西の学生団体が主催する地域活性化イベントに参加、刺激を受けたという。自分たちも福井で何かできないか――学生団体「福大EMP実行委員会」（EMP）はそんな思いから発足した。EMPは「エキ・マエ・プロデュース」と「Enjoy My town Project」の頭文字を取った。

福井駅前を地元の若者にもっと親しみある場所にするため、県内外の学生を集めた討論会やまちあるきツアーを行ってきた（口絵参照）。今年度からは「福井の未来を担う子どもの育成プロジェクト」をスタート。福井の魅力を自分の言葉で伝えられる子どもたちが育つよう、

**図 14－1　地域活動に参加していない割合（年代別・男女別）**

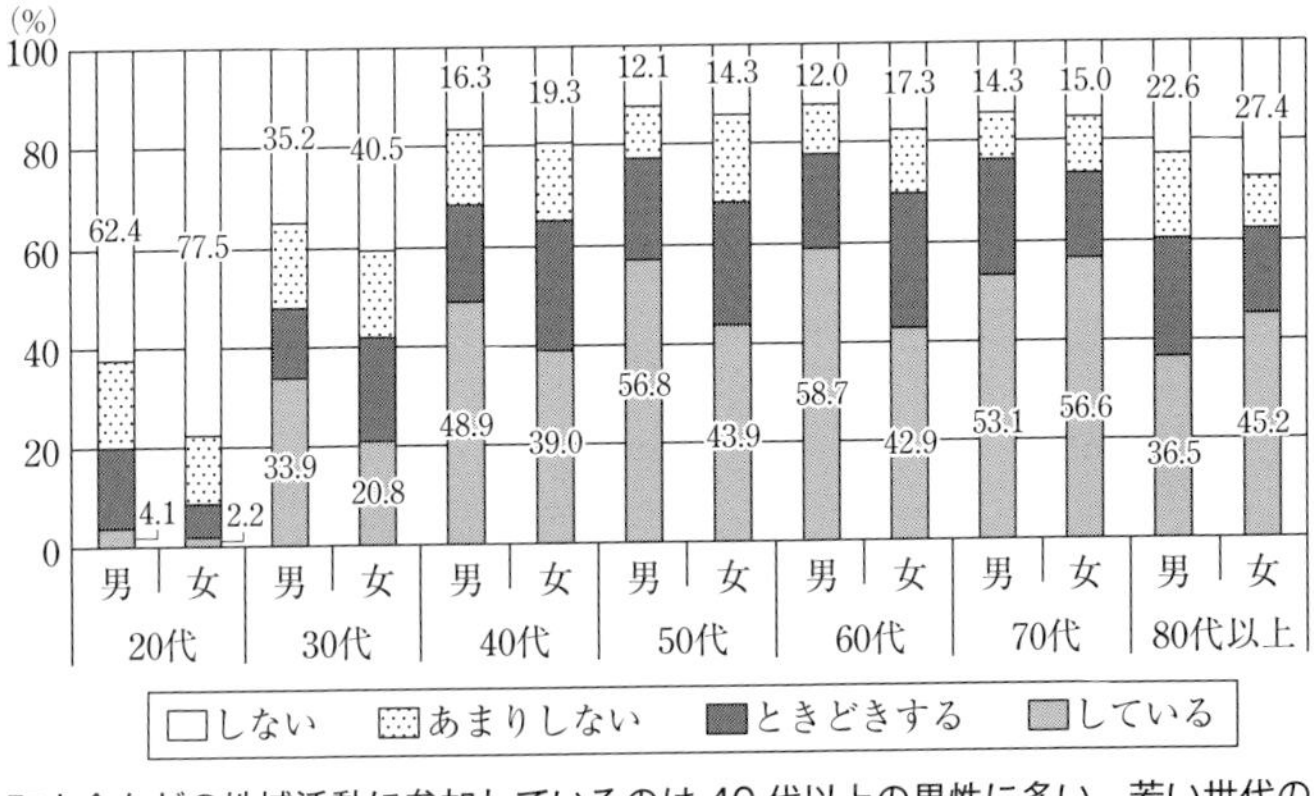


町内会などの地域活動に参加しているのは40代以上の男性に多い．若い世代の参加は少なく，とくに20代女性は8割近くが地域活動に参加していない．

出所：「福井の希望と社会生活調査」（東京大学社会科学研究所，2011年）より作成．

小学生と一緒のまちあるきだ。教育地域科学部は県内出身の学生が約8割を占め、多くが県内で就職する。生まれ育った土地を自分たちで盛り上げようと奮闘する学生を見ていると、都会に出たくてたまらず故郷を離れた自分を恥ずかしく感じたりもする。

女子学生が中心となっているのも、EMPの特徴だ。昨年度までメンバーは女子のみ、今年度は男子も数名加わったが、代表は立候補で決まった女子学生。企画、運営、渉外活動など、活動の多くを今も女子が中心に進める。就職すると女性は男性の補佐的業務に回ることが多い現実がある。EMPの経験を通じて、将来リーダー的役割を担う女性が出てくるのを内心期待している。

これからのまちづくりには、女性が積極的に参画できる状況づくりがカギになる。福井県は働く女性も多く、共働きは普通だ。一方、女性の管理職の割合は低く、平

図 14－2　地域活動に参加しない理由（20 代・複数回答）

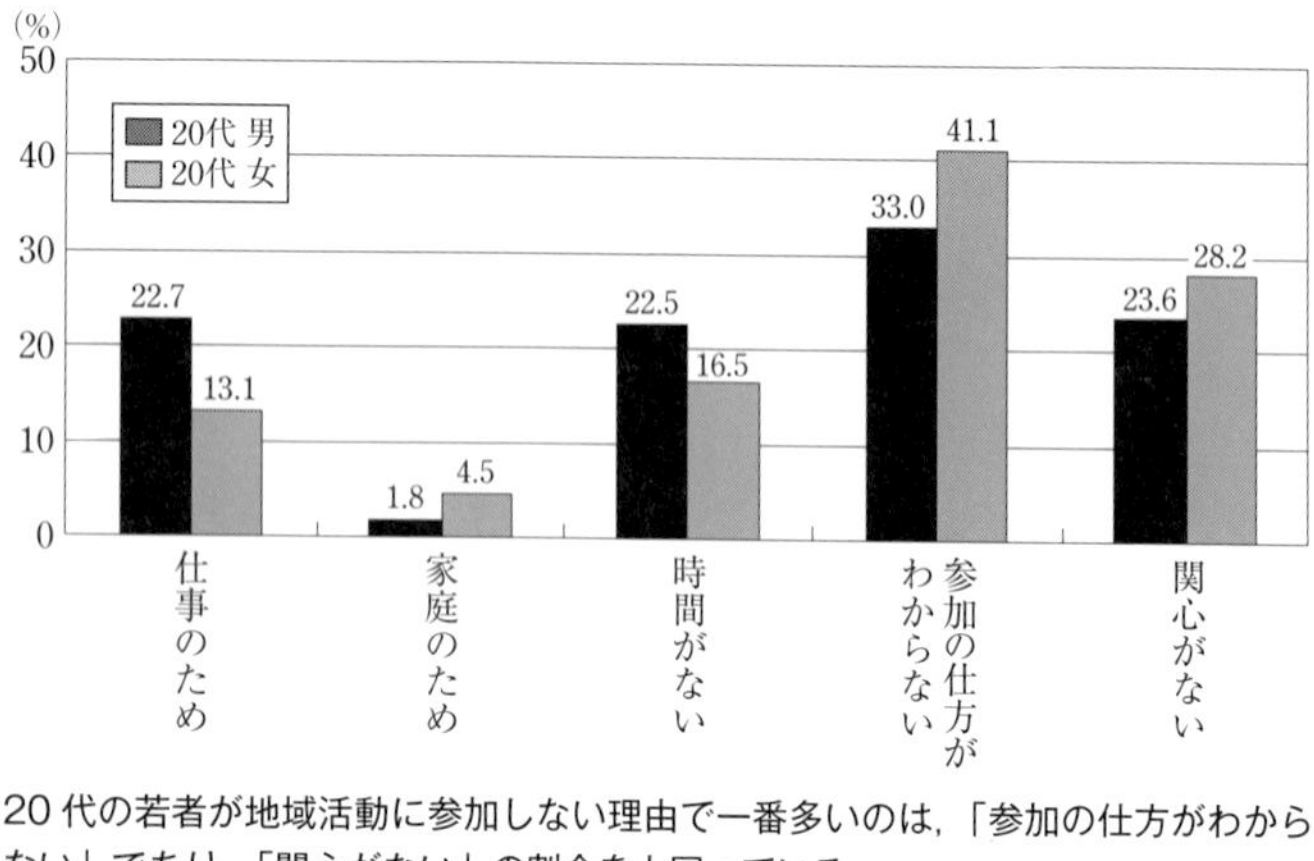


20 代の若者が地域活動に参加しない理由で一番多いのは,「参加の仕方がわからない」であり,「関心がない」の割合を上回っている.

出所：「福井の希望と社会生活調査」（東京大学社会科学研究所，2011 年）より作成.

成17年の国勢調査では、なんと全国最下位。地域でも女性の町内会長は1・6％とわずかだ。「男性は仕事、女性は家庭」という考えに賛成する割合も、女性43％、男性50％（平成22年福井県調査）と、男女ともに全国に比べて多い。

「学生のうちに何かしたいけれど、何をしていいかわからない人が多い。『何か』を探している学生と、若い力を必要としている地域の大人たちをつなげる役割をしたい」。EMPに参加する女子学生は言う。私たちの調査によると、地域活動に参加しない20代の若者は、男性62％、女性78％にのぼる（図14‐1）。参加しない理由には「参加の仕方がわからない」が最も多く、女性の4割を占める（図14‐2）。若い世代が地域活動に参加しないのは、きっかけがつかめないだけなのだ。

女性をはじめ、福井の若者たちは、生まれ育った地域に希望を持とうとしている。地域活性の志を持った若者たちを巻き込む努力が、今度は大人の側に求められている。

## コラム4　無い物ねだりはしない

学生の若い感性で「歩きたくなる駅前」を目標に掲げ「行動」する「福大EMP」。2012年度のメンバーは14人。生粋の福井ガール、松浦《まつうら》麻《ま》衣《い》さん、山田《やまだ》侑希《ゆうき》さん、川島《かわしま》美紀《みき》さんに聞いた。駅前はどう映っていますか。（以下、敬称略）

**――福井の印象は。**

**松浦**　都会にある「刺激」は確かに少ない。けど、のんびりして私は好き。

**山田**　若い子がいない、見かけない、かな。

**川島**　年を取ってから住むにはいい場所だろうね。

**――福井駅前は？**

**松浦**　福井市に住みながら駅前に興味はなかった。でも、調べるほど発見ばかり。「女子目線」で「いいね！」って思う個性的なお店が意外と多いのが特徴じゃない？

**山田**　でも、金沢に比べると、やっぱりオシャレ度では勝てないかな。路地や建物の外観など街全体に統一感がないかも。

**川島**　人通りが少なく、入りたい店に入りづらい空気。かわいいお店がたくさんあるのに、もったいない。みんなにもっと知ってほしいな。

**山田**　洋服、グルメ、歴史など各コンテンツは抜群なのに、バラバラ感がある。人が集まりにくい原因かも。

**川島**　駅前は車で行きづらいよね。道が細く危ない。狭い駐車場は怖すぎ。

**松浦**　課題はたくさんあると思う。デパートや、雑誌やテレビで見る洋服店など欲しいものはた～くさん。でも、それは（無い物ねだりなので）言わないようにしているんです。まちづくりは、結局は人とのつながり。人がまちをつくっていきますから。

**――県の「夢チャレンジプラン支援事業」に採択された福大EMP。2012年度の活動は？**

**松浦**　テーマは「福井の未来を担う子どもの育成」。第1弾として、順化《じゅんか》地区のおんちゃんらをガイド役に、子どもたちと一緒にガレリア元町、県庁周辺、浜町《はままち》を歩きました。駅前の魅力を発見してもらいました。

**川島**　将来を担う子どもたちがまちを知り、愛着を持ち、将来的に守りたいって思ってほしい。EMPは、子どもたちと、地区の住民を結ぶパイプ役を自覚しています。

**山田**　子ども対象なら家族がついてくる。人が集まり、にぎわいも生まれるはずですよね。

**松浦**　駅前にはエネルギッシュで、すてきな人が本当に多いんです。

**山田**　将来は行政職に就きたい。頑張っている地元の声を、まちづくりにつなげたい。やりがいある、って思いませんか。

15

# 「Uターン」とは何だろう①

## 人生設計と居住地選び


石倉義博

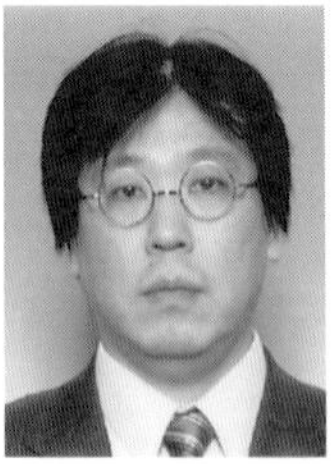

いしくら・よしひろ　1970年、島根県生まれ。早稲田大学理工学術院教授。専門は社会意識論。主な論文に「地域からの転出と「Uターン」の背景」(『希望学3　希望をつなぐ――釜石から見た地域社会の未来』東京大学出版会)、「釜石の希望と誇り――同窓会調査自由記述の分析から」(『社会科学研究』第61巻5・6合併号、東京大学社会科学研究所)など。


### ■地元を出るひと・戻るひと

Uターンとは、ひとが人生のある段階で、生まれ育った地域に戻ることをいう。

近年、全国の道府県、市町村は、Uターンを促進するためのさまざまな施策を案じており、それらはニュースなどで取りあげられることも多い。しかし、Uターンという「ふるさと」に戻る選択は、そもそもそのひとが、生まれ育った地域をいったん離れて生活していなければ生じない。

Uターン施策が必要とされるのは、さまざまな事情でふるさとを離れるひとが多いからなのだ。実家の近くにずっと住み続けているひとにとっては、Uターンというものが今ひとつピンとこないかもしれないが、それは実家を離れる必要がないという、たぶん幸せな境遇によるものだ。

「福井県は『人材流出県』」。調査で福井を訪れるたびに耳にした言葉だ。育ったふるさとを離れ、外の世界に生活の場を求めて出て行く若者が多くいる、そのことは、福井のみならず日本の地方に共通した現象だ。かくいう私も、大学進学時に郷里の島根を出て、そのまま東京に居着いてしまった。

若者がふるさとを去って行くことへの寂しさと、巣立っていった若者が外の世界で活躍していることに対する誇らしさとが、「人材流出県」という言葉には混ざり合っている。

ただ、ふるさと離れの現象は多くが見聞きするものではあるけれど、それぞれのふるさとを離れる事情、戻ってくる事情は、ふるさとの場所や出て行った先、通った学校、就いた仕事によっても大きく違う。だから、全国規模でひとの出入りのデータを見ても、個々の地方の実情はわからないし、また地元のなかにいるひとであっても、意外に出入りの全体像はつかみにくい。

福井県は、県外に進学した福井県出身者のUターン就職率として26％（2011年）という数字を公表している。一方、インタビューでは「自分のまわりはだいたい帰ってきていますね」と話されることもあった。

統計で示される「帰ってこない」という事実と、案外「帰ってきている」という実感。なぜ異なるのか。実は、それぞれ見ているところが違っている。同じ福井に生まれても、福井に住み続けるか、出ていくか、出ていって帰ってくるかは、人や集団、地域や世代によっても大きな違いがある。

だからこそ、ある道をたどった人からすれば、別の人たちがたどった道は見えにくい。県全体では「帰ってこない」人が多くても、ある特徴をもった人たちのまわりでは「帰ってくる」のが普通ということもある。

そんな全体と個別のすき間を埋めようと、福井市内の公立高校の同窓会に協力いただき、戦後50年間の同窓生が卒業後にどんな人生をたどってきたかを、アンケートでたずねた[1]。50年分をまとめたデータであり、市と県という範囲

図15－1　男女別地域移動構成比

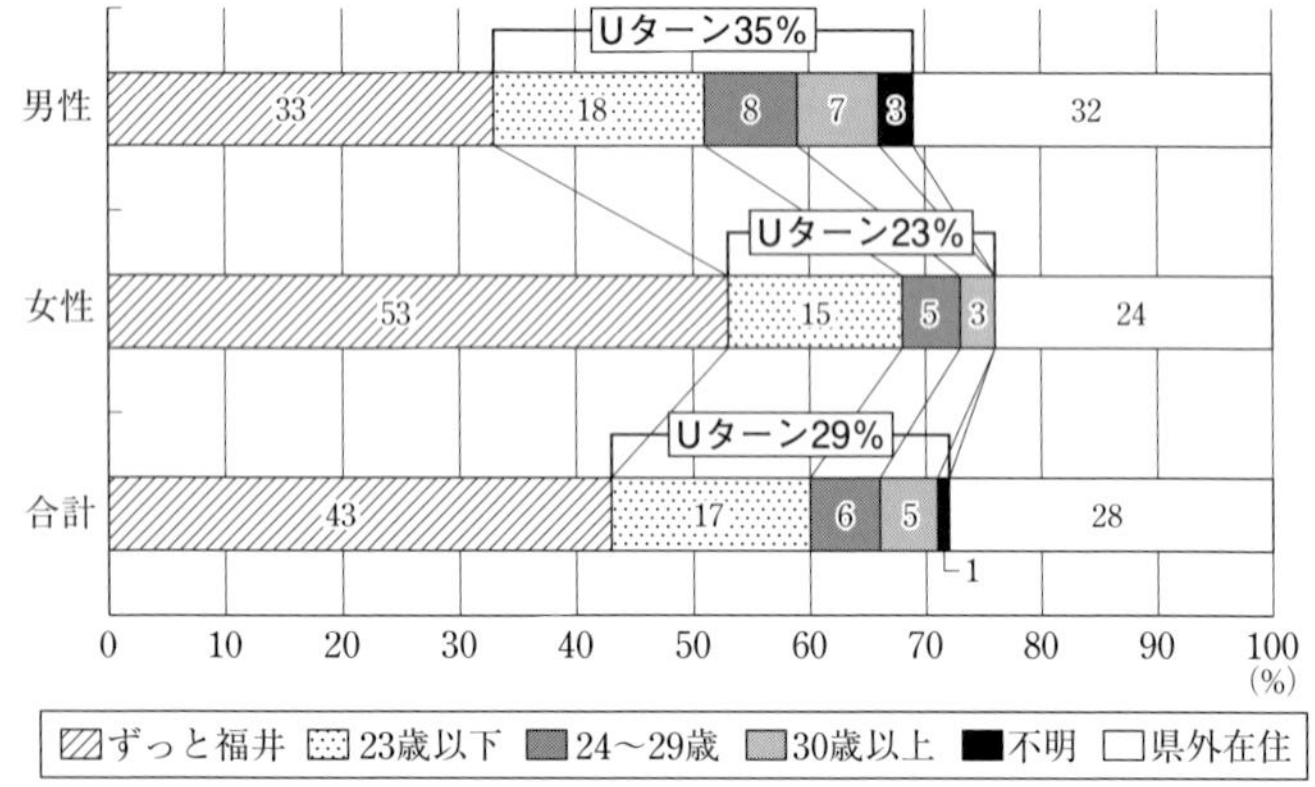


注：小数点以下は四捨五入のため，合計が100にならないところもある.
出所：「福井市内高校卒業後の地域移動調査」(東京大学社会科学研究所，2011年).

の違いもあるため、県の現在のUターン率と単純に比較はできないが、それでも福井市出身者のたどる人生には、一定のパターンがみえてきた。

まず男性と女性では、県外に出る人の割合が大きく違う（図15－1）。男性の場合、進学や就職のため、ほぼ3分の2が卒業後に県外に出る。それに対して県外に出る女性は半分弱。ただし外に出た人のうち、Uターンするのは、男女ともほぼ半数であまり変わらなかった。

Uターンするチャンスが、人生の一時期に限られていることもわかった。Uターンした人のうち、男性の約半数、女性の3分の2が、23歳までに福井に戻ってきていた。大学進学者であれば、卒業直後のタイミングだ。これは高校卒業後に県外に出た人の約3割にあたり、現在の福井県全体のUターン就職率よりもやや高そうだが、県庁所在地である福井市周辺に実家があることも関係しているのだろう。

20代後半もUターンは徐々に増え、県外に出た人の約4割が30歳ま

福井に残るのか，出るのか，戻るのか．Uターンするとすれば，タイミングは卒業直後がまずはひとつの決め手となる．（写真と文は関係ありません）

でに帰ってくるが、30歳を過ぎるとほとんど動かなくなる。この傾向は、以前に岩手県釜石の出身者に対して行ったアンケートでも同様だった。もともと地元に帰ろうと思っていたひとでも、県外で時を過ごすうち、生活の基盤が固まってくると、身ひとつで帰るというのも、次第にむずかしくなる。とりわけ女性は県外で結婚すると、夫の仕事の都合があったり、都会に自分たちの家を建てたりと、地元に帰るという選択はますます遠のいていく。

## ■Uターンのタイミング

Uターンと関連する居住地選び以外にも、進学先を選ぶこと、仕事を選ぶことなど、いずれも一人ひとりが、家庭や学校の中で人生のイメージを育み、現実の条件の中で軌道修正をしながら、できるだけ希望をかなえようと行動した人生の軌跡だ。

それぞれの選択はそれを行ったひと自身のものだけれど、多くの人びとの人生の選択を重ね合わせてみると、陸上のトラックのような、枝分かれしたいくつかの太い路線が見えてくる。それがその地方で育った若者たちが、その後たどりやすい人生の道筋だ。

太い道筋から外れた選択ができないわけではないし、チャレンジが成功したひとの存在はよく目立つ。けれども、そんなイレギュラーな選択をみんなが達成できるわけではない。

どのような人生の軌道が、どのくらい多様に、若者に用意されているのかが、その地域の社会的状況を示している。あくまでアンケートに答えてくれた方のみのデータではあるけれど、われわれのアンケートは、人生の道筋の枝分かれや、それぞれの道筋の太さ細さを描き出そうとしたものだ。

例えば、県内での就職を希望していたのに、県外に定着した人は、どのような事情にあったのか。それに対して単純に「地元に仕事が無かったから」と答えて終わりにするのではなく、どの時期に県内企業に就職したいという希望を抱くようになったのか、その希望が、学校選びや、家族との関係など、他の条件と組み合わさって、どのように県外への就職へと変化していったのか、そういった社会的状況を探ろうとしたのがこのアンケートだ。

Uターンは人生の岐路となる選択だ。地元を離れるときは、みんなわりと一緒のタイミングで、似たような地域に移動していくけれど、そのあとはみんなちりぢりになっていく。まわりのひとが地元を離れたあと、いつ、どんなふうに動いたのかは、地元や友人とのつながりを保っていないとわかりにくい。

もちろん、誰もがUターンすべきだ、地元で暮らすのが一番だ、なんて言うつもりはない。私自身もUターンしていないし、そのことを後悔してもいない。けれども、Uターンという選択肢が少しでも頭にあるのなら、その最大のタイミングが進学先の卒業直後だということ、30歳を過ぎるとなかなか戻れなくなることと、そういった事実を知ったうえで、自分の将来を考える、われわれのアンケートがその材料になってくれればうれしく思う。

（1）「高校卒業後の地域移動調査」は、希望学・福井調査の一環として行われた。公立高校5校の同窓会名簿から、23歳から74歳（当時）の男女7280名を無作為に選び、ご本人の同意のもと、2010年12月から翌1月にかけて実施し、1760名から回答を得た。個々人の違いを明確にするため、対象地域は福井市内に限定し、足羽、科学技術、高志、福井商業、福井農林の5校同窓会の協力を得て実施した。

アンケートでは、福井市で育った若者がどのような人生の展望をもち、実行したのか、どれくらいの割合が高校卒業後に福井を出たのか、また県外の進学先を卒業後、あるいは県外で就職後、どれくらいの人が福井に帰ってきたのかを把握し、また、「福井に残る」「福井を出る」「福井に戻る」ことを希望し選択した人には、どのような特徴があるのかを具体的に調べた。より詳細な情報は、地域移動調査のホームページ(http://project.iss.u-tokyo.ac.jp/hope/fukui/alumni/)に掲載している。

16

# 「Uターン」とは何だろう②

## 18歳と22歳の選択

西野淑美

にしの・よしみ　神奈川県生まれ。東洋大学社会学部准教授。専門は都市社会学、地域社会学。主な論文に「釜石市出身者の地域移動とライフコース」(『希望学3　希望をつなぐ──釜石から見た地域社会の未来』東京大学出版会)、「出身地域とのつながりの変化と生成」(『地域におけるつながり・見守りのかたち』中央法規)など。

### ■将来どこで暮らすかは18歳と22歳で決まる?

幸せのカタチって、なんだろう? 地方の高校生が「将来どう幸せに生きるか」と考えるとき、大都市の若者以上に「将来どこで暮らすのか」に思いをめぐらすだろう。

高校卒業後、進学するか、就職するか。就職するなら、県内か、県外か。進学は、県内か、県外か。進学先を卒業した後は、どこで就職するか。その後は転職をするか、どうか。そして地元に戻るか。組み合わせは無数にあるようにみえる。

しかし福井市内の高校を卒業した人の進路を調べると、居住地や就職地の選択には、一定のパターンのあることがみえてくる。前の章で紹介した地域移動調査アンケートの結果である。無数のパターンがあるはずなのに、明らかな分岐点がある。高校卒業時の進路と最初の就職地だ。当たり前だと思うかもしれない。しかし、あまりにはっきり分かれるので、改めて驚く。

高校卒業後の進路、つまり18歳時点での行動ごとに見てみる。まず福井県内の大学、短大、専門学校等に進学した人。図を見ると、3分の2は卒業後も福井県内にずっと住み続けている。県外に就職した人は少ない（図16－1）。

次に高校卒業後すぐに就職した人。多くが福井県内にい

図16－1　福井市内高校卒業後の居住地（高校後の進路別）

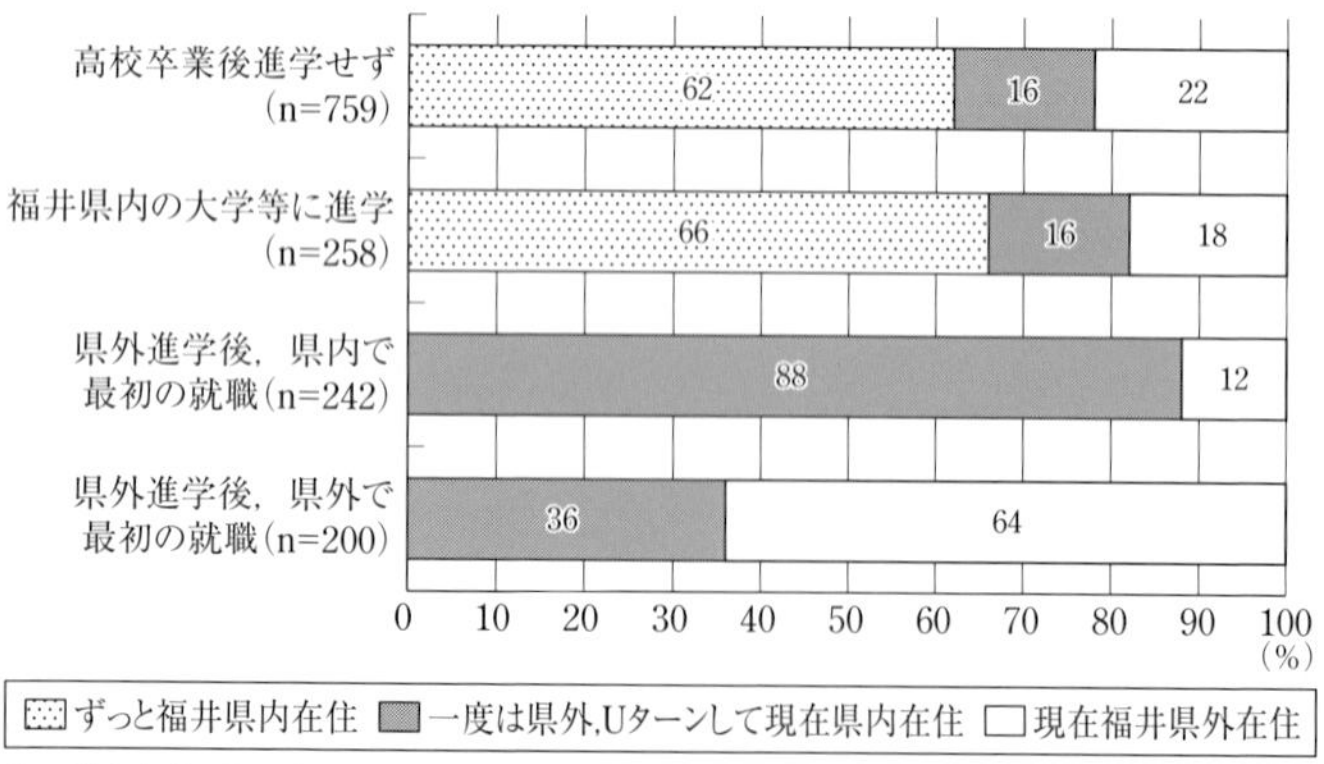


注：調査当時35歳以上の人のみを集計．
出所：「福井市内高校卒業後の地域移動調査」（東京大学社会科学研究所，2011年）．

る。県外就職はこの20年くらいに大きく減った県が多く、福井県からもほとんどいない。今や、進学しなければ、県外に出るチャンスは閉ざされているとすらいえる。ただし地域差があって、東北や九州には、今でも学年の1割前後が高校卒業直後に県外就職をしている県もある。

続いて福井県外に進学した人。回答者の半分強は、大学卒業後すぐにUターンして、福井県内で就職している。そのほとんどは、今も県内に住んでいる。一方、卒業後に県外で最初の就職をした人は、その後、約3分の1しか福井県内に戻っていない。22歳時点での行動の影響は強い。

このように高校卒業後の進路と最初の就職地で、その後にどこで暮らすかというパターンが、かなり固まってくることがアンケートから見て取れる。

実は、ある地域の出身者が具体的にどのような地域移動をしてきたか、県別に十分比較できるような調査は、今のところ無い。ただ、私たちの調査チームが2007年に岩手県釜石市の出身者に行った調査と比べると、どの世代も、福井市内の高校の卒業者の方が、一度県外へ出た人が県内へUターンする率が高い結果だった。福井市が県内最大の都市なので、市内出身者は相対的に実家の近くで職を見つけやすいのが関係しているのだろう。ただし、県内の地域差には注意すべきである。

いずれにしろ、自宅から通える距離にたくさんの大学があるのは、大都市に住む人だけだ。大都市に住まない多くの高校生は、進学を考える時点で大きな選択に直面する。

では、その時点でどのような選択をするか。福井市内の高校の先生からは「生徒が年々地元志向になっていると感じます。違う土地でチャレンジしたがらないんです」という声を、何度も聞いた。たとえば遠くの大都市の大学に行けそうな学力があっても、以前の卒業生に比べて、地元や、地元に近い地域を選ぶ、というのである。

確かにアンケートでも世代ごとに特徴があった。現在60・70歳代の人は、大学進学は狭き門だったが、進学で一度地元を離れたら帰ってこない傾向が強かった。また、高校を出てすぐ福井県外で就職した人もこの世代にはそれなりにいて、やはり帰ってこなかった割合が高い。帰らない覚悟だったのかもしれない。40・50歳代の人の方が、一度福井県外に出た人が県内へUターンする比率が上がった。一方、より若い世代は大学進学率が上がったため、県外生活を経験する人の割合は、実は減っていない。ただ、確かに東京よりは、福井県に近い地域に進学する人の割合が上がった。

## ■路線変更しやすい社会を

まだ20歳そこそこで、守りに入ることはない。もっとチャレンジしようよ。そう思う人もいるかもしれない。しかし地元志向がもし増えているとしても、それは本当に若者の消極性の問題なのだろうか。むしろ、「自分がこういう道に進んだら世の中はどう返してくるか」とあれこれ積極的に想像した結果とはいえないだろうか。

一つは社会のあり方が固いことを嗅《か》ぎ取った結果かもしれない。若いうちにパターンが決まりやすいことは、年をとってから選択をやり直すことが、むずかしい社会であることの裏返しだ。18歳と22歳の進路が将来を大きく決めること、さらに30歳を過ぎてからUターンする割合はきわめて低いことが、調査ではっきりしている。幅広い年齢で県内と県外を出入りできる余地は、福井県以外の地域も含めて、あまりないのかもしれない。都会だって景気が悪い、そこでうまく行かなかったときに路線変更するのが難しいなら、最初から近くにいよう、あるいは大学を卒業した時点で地元に帰っておこう、そういう気持ちになる人が多くてもおかしくない。もちろん、兄弟姉妹数が減ってくると、兄・姉がいない人が増え、自分が地元にいるのがいいのでは、と考える人の割合が多くなることも一因だろう。

しかし一方で、あれこれ想像してみた「世の中」の範囲は、実は狭かったのかもしれない。地元に居続けることにした人は、外の環境と現状

分業が進む都会の仕事では得られない，福井の幸せな仕事のカタチ．だがそれは，外で働いた経験を持つ人しか気づかない．（写真と文は関係ありません）

を比較できない。たとえば、「福井では幅広く仕事ができないといけない」との言葉をよく聞いた。狭い範囲にとらわれず、いろいろなことを受け持たなければいけない。忙しいが、分業が進む都会の職場では得られない、幸せな仕事のカタチでもある。だがそれが幸せな仕事だということは、外で働いた経験を持つ人しかわからない。幸せを幸せだと知るチャンスを逃しているのではないか。

ちなみに、少し違うパターンもある。地元に残りたかったけれど、成績もよくて、周りの流れで県外に進学してしまった人。また、22歳時には県外で就職したが、その後帰りたくなり、でもいまだに時機を逸している人。アンケートでは、福井県外に住む30歳代男性の4割がいつか福井に戻りたいという希望を持っていた。外を知っているからこそ、地元で暮らし、地元で働くことが心から幸せだと思える——人生の途中でもう少し路線変更しやすい社会を、地方でも大都市でも作り出せたなら、そんな思いを持つ人もまた増えるのかもしれない。

17

# 「Uターン」とは何だろう③
## 親の意向と本人の選択

元森 絵里子

**もともり・えりこ**　東京都生まれ。明治学院大学社会学部准教授。専門は子ども教育の社会学、歴史社会学。主な著書に『「子ども」語りの社会学――近現代日本における教育言説の歴史』（勁草書房）など。

### ■将来居住地のイメージ

生まれ育った県に残るか、出るか。一度出た後、戻るか、戻らないか。いずれも大きな選択だ。私自身は、東京生まれの東京育ち。今のところ生まれ育った地域を離れた経験がない。だからこそ、気になることがある。将来どこで暮らすかというイメージを、人はいつどのようにして持つのだろうか。

私たちが行ってきた福井市出身者の地域移動調査によれば、高校を卒業後に進学で出るか、就職で地元に戻るかの選択で、その後どこで暮らすかの大半が決まっていた。

そして驚いたことに、一度県外に出てUターンした人のうち、およそ半数は「もともと戻るつもりだった」と回答している。将来どこで生活するかは、そのつどの成り行きで選ばれるのではなく、多くが予定された行動のようなのだ。

アンケートでは、8割以上の人が、高校に入学した時点で、将来どこに住むかについて、なんらかのイメージを持っていたと答えている（図17-1）。ずっと県内に住むと思っていた人は46％。いつか県外に出て戻ってこないと思っていた人は17％。県外に出てUターンすると思っていた人も16％だった。

図17-1　高校入学時の将来の居住地イメージ

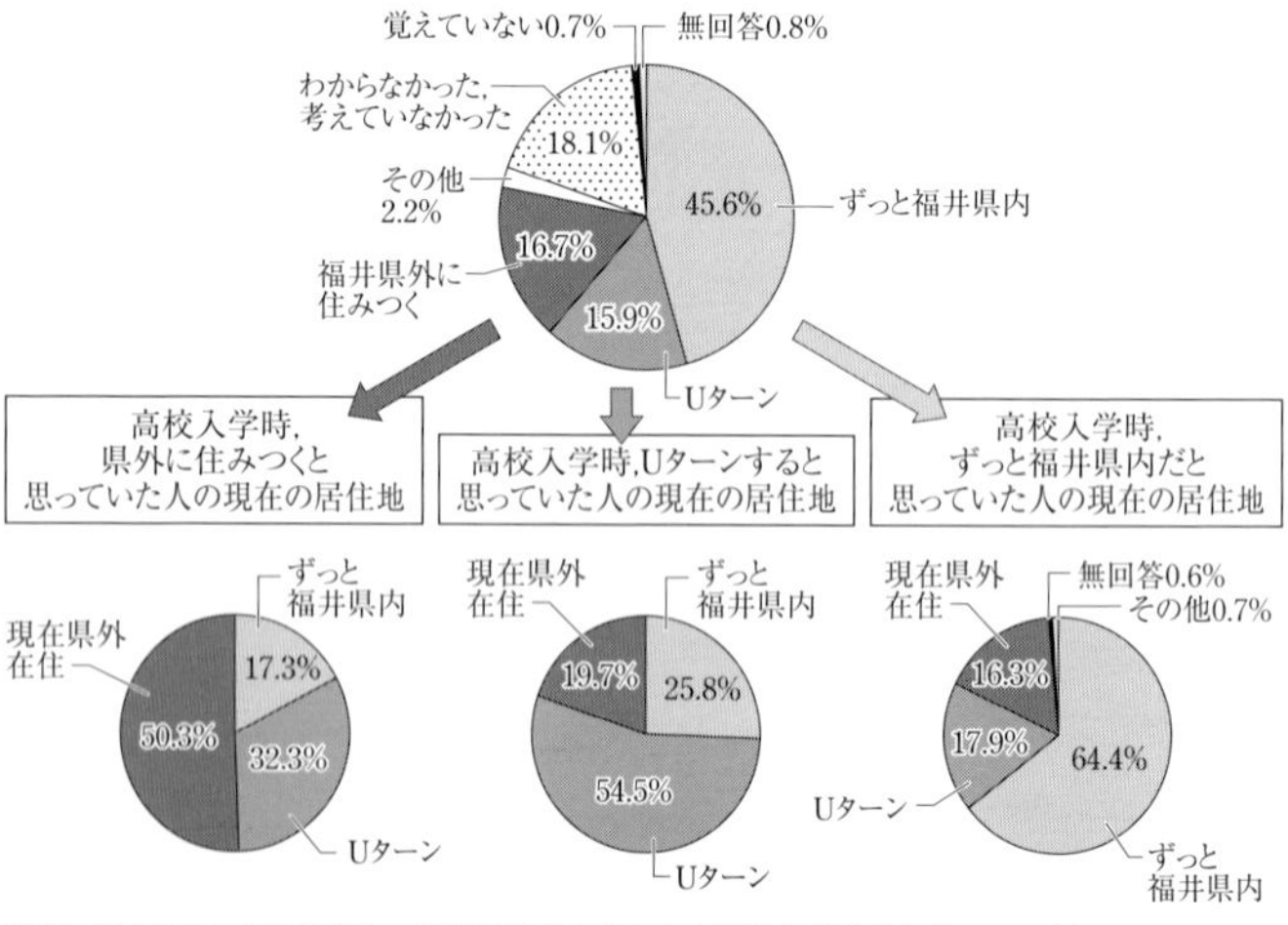


出所：「福井市内高校卒業後の地域移動調査」（東京大学社会科学研究所，2011年）．

さらに、その後、実際にどこに住んできたかを調べると、高校入学時のイメージどおりに住む場所を選んできた人が、それぞれの半数近くを占めていた。時代が目まぐるしく変化する中、成り行き任せではなく半分が予想を実現しているのは興味深い。

もちろん、高校時の将来の居住地のイメージを尋ねた調査自体がめずらしいので、他県と比較はできない。ただ、大都市圏出身者は、近隣に選択肢が多いため、移動の可能性自体を意識することが少ないと考えられる。たとえば、個人的なことで恐縮だが、私は高校時代に進路や職業は考えても、住む場所は漠然と東京だろうと深く考えていなかった。就職活動を意識したときに、初めて「転勤」の可能性に思い至ったのだった。それと比べると、福井の方が早い時期から居住地をイメージしているのは、地方都市ならではと言えそうだ。

## ■自分で選んだという感覚

では、そんな高校時代の将来イメージはどうやってつくられたのか。影響を与えた人は誰だったのかを、聞いてみた。一番に多かったのは、やはり親だ。特に、ずっと福井県内に住むと思っていた人の70％、一度県外に出てＵターンすると思っていた人の57％が、親の影響をあげる。

福井で進路や住んできた場所についてて話をきいたとき、「刷り込み」という言葉を何度か耳にした。「小さいころからの刷り込みで、母親がちゃんと福井に帰って来いと言っていました」。大学進学で県外に出て、Uターンした人の言葉だ。「長男だから」と刷り込まれ続けてきたという人も多かった。外に出るか否かにかかわらず、最終的に福井県内に住むというイメージには、自分が幼いころからの親の影響が、確実に働いている。

だとすれば、人材流出を食い止めるには、福井に残ったり、戻ったりするようにという刷り込みを、親がもっとすればよいことになる。しかし「残れ」「戻れ」と繰り返すだけでは本当の希望は生まれない。福井に住み続けたかったり、Uターンしたかった人の8割が実際に現在福井にいるのに対して、県外を希望した人でずっと県外なのは約半数だ。これは、戻らないだろうという予想に反して、人生の分岐点で、生活基盤のある福井に落ち着いた人が一定数いるということを意味する。それが、そのときの心からの希望だったならよい。しかし、心ならずもUターンした人の言葉が今も耳に残る。「生まれ育ったところだからという以上の意味がほしい」。

親の希望を伝えることは、もちろん大切だ。ただ、人は自分で選んだという感覚を持てないと、将来うまくいかなくなったとき、その理由を他人のせいにしてしまいがちになる。親の希望も含め、多方面から情報を得て選んでいけるしくみが重要だ。

調査結果には、県内を積極的に選んだ人の言葉もあった。「福井には世代交流がある」。「心と心で仕事ができる」。福井の魅力を訪ねた質問は、（1）自然環境79％、（2）住宅環境43％、（3）子育て・教育環境42％、（4）治安36％、（5）家族関係31％、（6）地域の人間関係29％という結果になった。生活環境や人間関係に、福井を選ぶ魅力があるといえそうだ。他にも、県内を回る中で、「一人で総合的にやれる」「同じ地域にずっとかかわれる」など、地元密着の働き方のやりがいを語る言葉も印象的だった。

福井だからこそ得られる生活や仕事の希望もある。親の思いとならんで、戻ってきた人たちのそんな生の声を、若い世代が直接耳にして考える。その上で、自分で納得して決める。そんな機会が広がればいいなと思う。

18

# 「Uターン」とは何だろう④

## 仕事について

西村幸満

にしむら・ゆきみつ　1966年生まれ、静岡県育ち。国立社会保障・人口問題研究所社会保障応用分析研究部第2室長。関心は生活保障の社会科学。社会学、経済学、歴史学、社会調査などを総動員して社会問題を扱う社会工学が専門。

### ■働き続けられることが魅力

「戻ろうにも地元には仕事がない」。ふるさとへは帰りたいが、仕事がないのでUターンはむずかしい。多くの県外在住者はいう。

調査によると、福井に戻りたいと思っている人は県外に住む福井県出身者の約20%を占める。どちらとも言えないという人を含めると、福井に戻ることが少なくとも頭の片隅にある人は、半分程度いる。一方、福井県で働く人は、２０１０年時点では約40万人。１９９５年には約45万人だったが、その後はずっと減りつづけている。県内の仕事は次第に限られつつある。

では、福井に戻る決心をすることは、仕事がないと覚悟しなければならないのだろうか。こうした問いにたいして、希望学で実施した調査が役に立つ。調査は、協力をいただいた福井市内の公立高校の同窓会を通して、卒業生のその後を追跡した。

ここでは、現在働いているのか、働いていないのか。働いている人はどんな仕事をしているのかを確認し、働いている人には、仕事の内容を聞いた。その結果を、「自営業」「管理職」「専門職（医師、教師、公認会計士など）」「事務職（事務的な仕事と保安的な警察官・消防士などを含む）」「販売職」「技能職（熟練工などや生産工程・運輸業を含む）」「作業職（建設作業、運搬、日雇いなどを含む）」「その他の職」に、現在「働いていない」人と「無回答」を加えた9つに分類している。

図18－1には、福井県出身者のうち、現在県内にいる人と県外にいる人の働く状況をまとめてみた。県内にいる人と県外にいる人の最大の違いは、働いていないと答えた人の割合だ。県外にいる人のうち、31％は働いていない。それに対し、県内にいる人で働いていないのは20％にとどまる。仕事が減っているはずの福井だが、県内にいる人は県外に比べれば働いている傾向がずっと高いのだ。

理由には、年齢に関係なく働き続けることができる自営業が県内に多いことや、女性が働きやすい事務職が多いことなどが考えられる。反対に県外にいるほうが、高齢者は早く仕事から引退しがちで、女性は専業主婦になりやすいのだ。

福井には仕事こそ減ってはいるが、働きたい人が働き続けられる環境がある。平均収入を比べれば、どの仕事でも県内の方がたしかに低い。県外の方が培った専門的な能力を高く評価されるチャンスは多い。だが日本全体で正社員の仕事が限られるなか、何より長く続けられる仕事に就きたいという人にとって、福井県内の仕事はやはり魅力的だ。

仕事の魅力に関しては、もちろん、正社員の比率が気になるだろう。正社員と概念的に重なる正規雇用者の割合を確認した統計調査では、福井県は全国で4番目（2009年時）にその比率が高い。

福井出身者に限っている図の正社員割合を居住先別にみる

図 18－1　働いているのか否か，働いているのならどんな仕事か

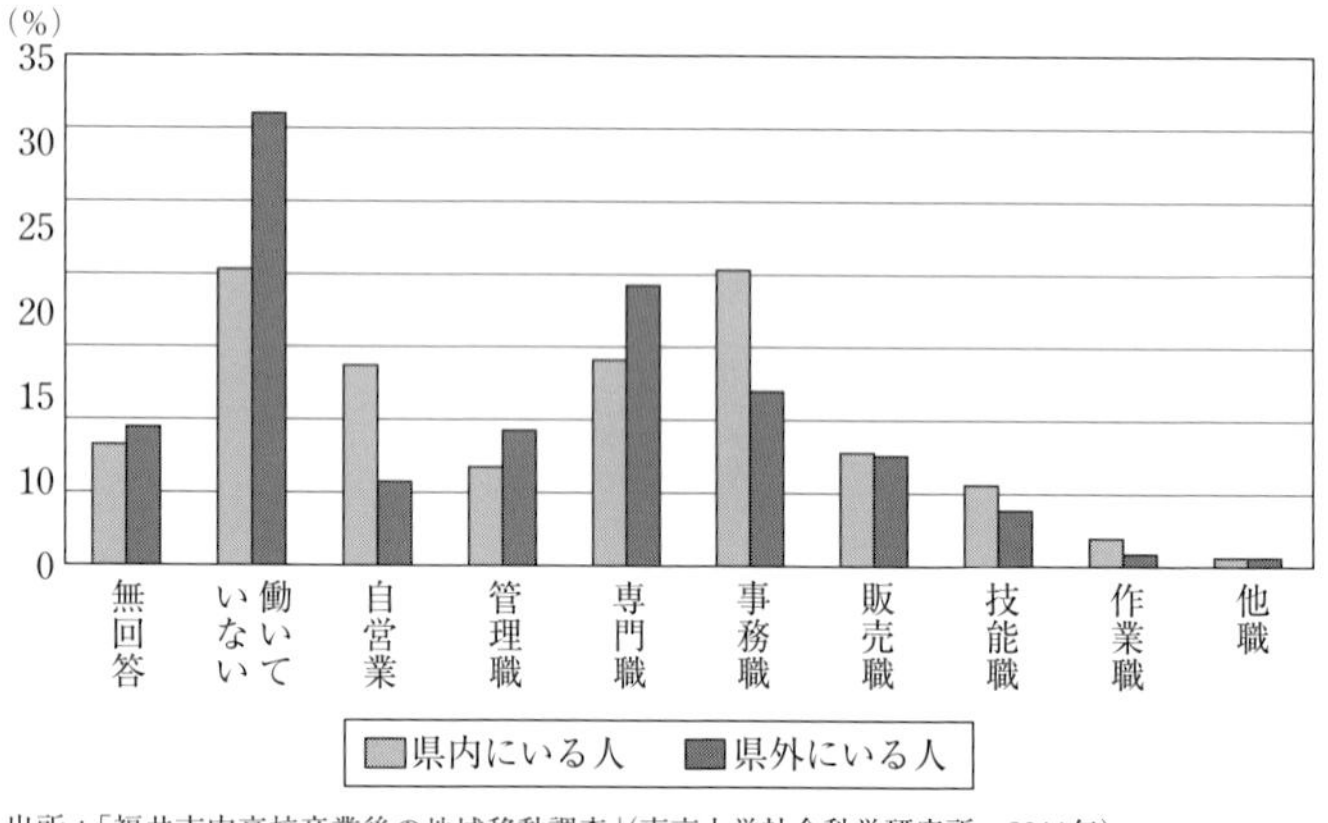


出所：「福井市内高校卒業後の地域移動調査」(東京大学社会科学研究所，2011年).

と、管理職（県内87％／県外93％）、専門職（同80％／同75％）、事務職（同70％／同52％）、販売職（同51％／同54％）、技能職（同68％／同74％）となっている。正社員割合は、県内の専門職と事務職で県外の比率より高くなっている。就業率が高いからといって、福井で非正社員が多いわけではないのだ。

ただ県外在住者がUターンをむずかしいと感じるのは、仕事が減っていることとならんで、仕事が県内在住者で満たされていると感じているからでもある。Uターンのチャンスは若い時期に限られ、さらには早くから帰る準備をした人ほど実現している。結局、戻りたくても戻ることができなかった人には、思いの分だけ福井は遠くに感じられる。

## ■県内外で刺激し合う環境を

よく知られているように、福井には強い教育力がある。全国的にも名高い福井の教育は、県内を豊かで安らぎのある地域にする人材と、県外の広い世界で信頼を集める人材の両方を育んできた。そして地元の働きやすい環境で懸命に働き続けることと、福井の外で高い評価を得られる仕事で力を発揮することの、両方の価値ある生き方を実現してきた。

まったくちがうように見えるそれぞれの生き方だが、ふるさとに貢献している点では実は同じだ。県内経済を地元で担っている人もいれば、県外で得た所得を「ふるさと納税」で還元する人もいる。

県内と県外で働く人たちがお互いを良い意味で意識し、各自の生き方を尊敬しあう。その上でそれぞれの持ち場で切磋琢磨する。それがどこにいても同じ福井県人という誇りと希望を育てていくのだ。

19

# 「Uターン」とは何だろう⑤

何のための希望

平井太郎

**ひらい・たろう**　神奈川県小田原市生まれ。1万2000日ほど過ごしたのち、2012年4月から弘前大学大学院地域社会研究科准教授。専門は社会学（都市・地域・住宅）。ここ数年、国のUJIターン支援策を調査し日本列島をあちこち縦断。

## ■青森から福井をみる

立春を過ぎた青森県弘前《ひろさき》。昨春から赴任した大学で東京や札幌に巣立つ学生を見送る。担当する人文系の学生の大半は青森県とその周辺から進学し、うち7割は東京や札幌へ散る。青森県の大学進学率は4割。全国でも最下位の部類だ。進学者はほとんど県内の大学に進む。経済的な事情で通学・下宿・帰省の負担の軽い県内を志望するという。たしかに青森県は平均所得も最下位をさまよう。また大卒者と同様、高卒者も就職先を求め大都市圏に旅発つ。つまり、青森県では高校を出て就職するにせよ進学するにせよ、その7、8割が大都市圏へと赴《おもむ》く。これらは、ここで学生を送る身になり初めて調べ、知った事実だ。

私は3年前から、福井市内の出身者が高卒後にどこでどう暮らしているかを調査している。福井の方たちも1970年代半ばまで、現在の青森県と同じような動き方をしていた。今は違う。福井市内の高卒者が就職する場合、ほぼすべてが県内に就職するようになった。県外に出るのは、大学進学と大卒後、就職する際に限られてきているのだ。それにともない、一度、県外に出た人が県内に戻る機会も、23歳の時点にまとまってきている。この点も現在の青森県と異なる。青森では高卒後また大

図19－1　生活満足度による福井に戻りたい気持ちの違い（県外居住者）

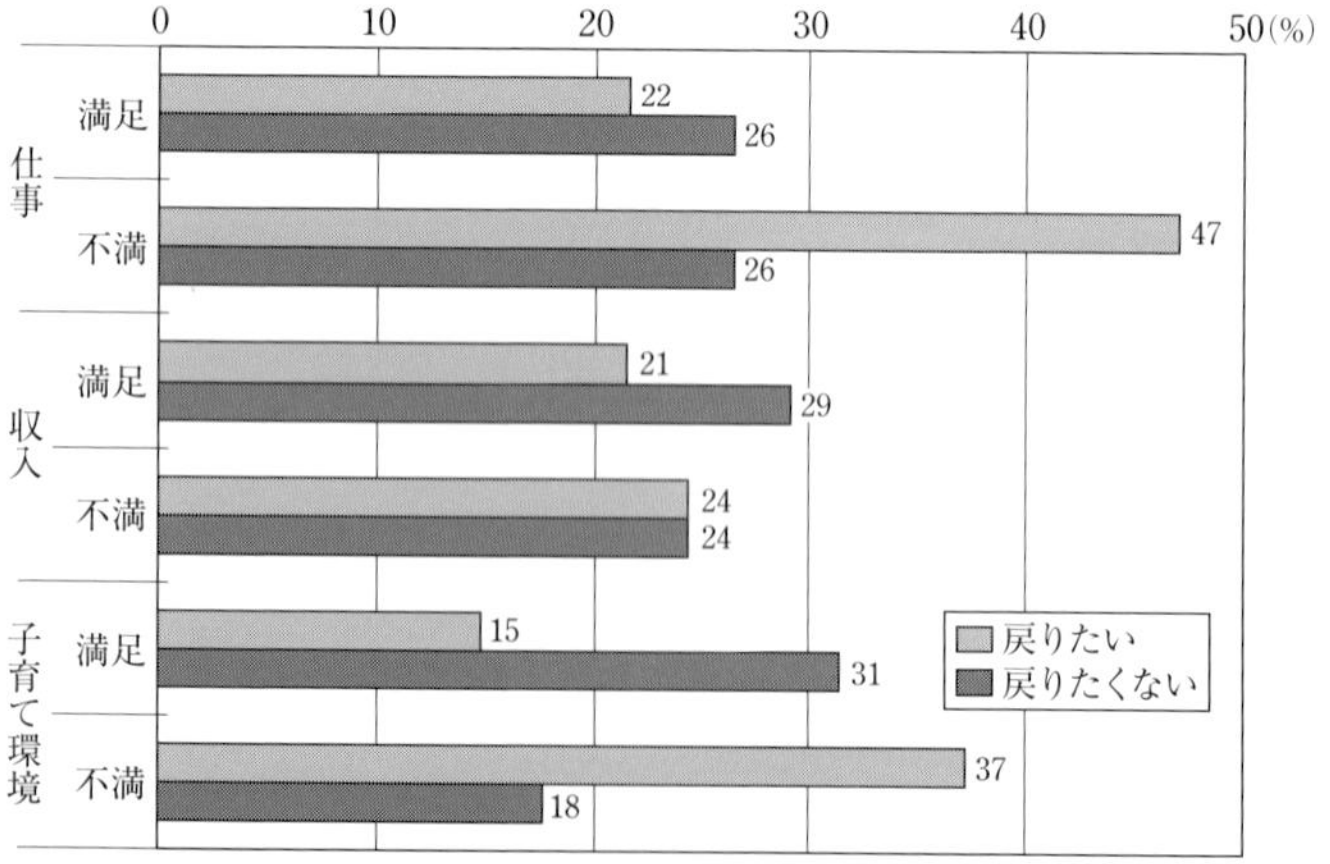


出所：「福井市内高校卒業後の地域移動調査」（東京大学社会科学研究所，2011年）．

卒後、大都市圏に就職した人たちが、今も事情によりそれぞれのタイミングでUターンしてきている。

昨夏、こうした福井での調査の知見を福井新聞に掲載する機会を得た。そこでは以上の背景を踏まえ、福井でもさまざまなタイミングで戻りうるのか考えた。県外に出てみて子育てや仕事に不満をもったとき、うまく県内に戻れれば満足感を得やすい（図19－1、19－2参照）。戻るには仕事を見つけなくてはいけない場合が多い。福井の強みは、その転職の希望を叶える協力者が県内に見つけやすいことだった。それが戻ったときの仕事をめぐる満足感にもつながっていた。

そのようなことを書いたところ、記事の掲載に当たり福井新聞の編集部から何点か再考を求められた。大きく2点あった。1点目は、ここで言う仕事の満足感は、仕事の「内容」ではなく仕事と生活の両立のさせ方に対す

図19－2　引越しパターンによる生活満足度の違い

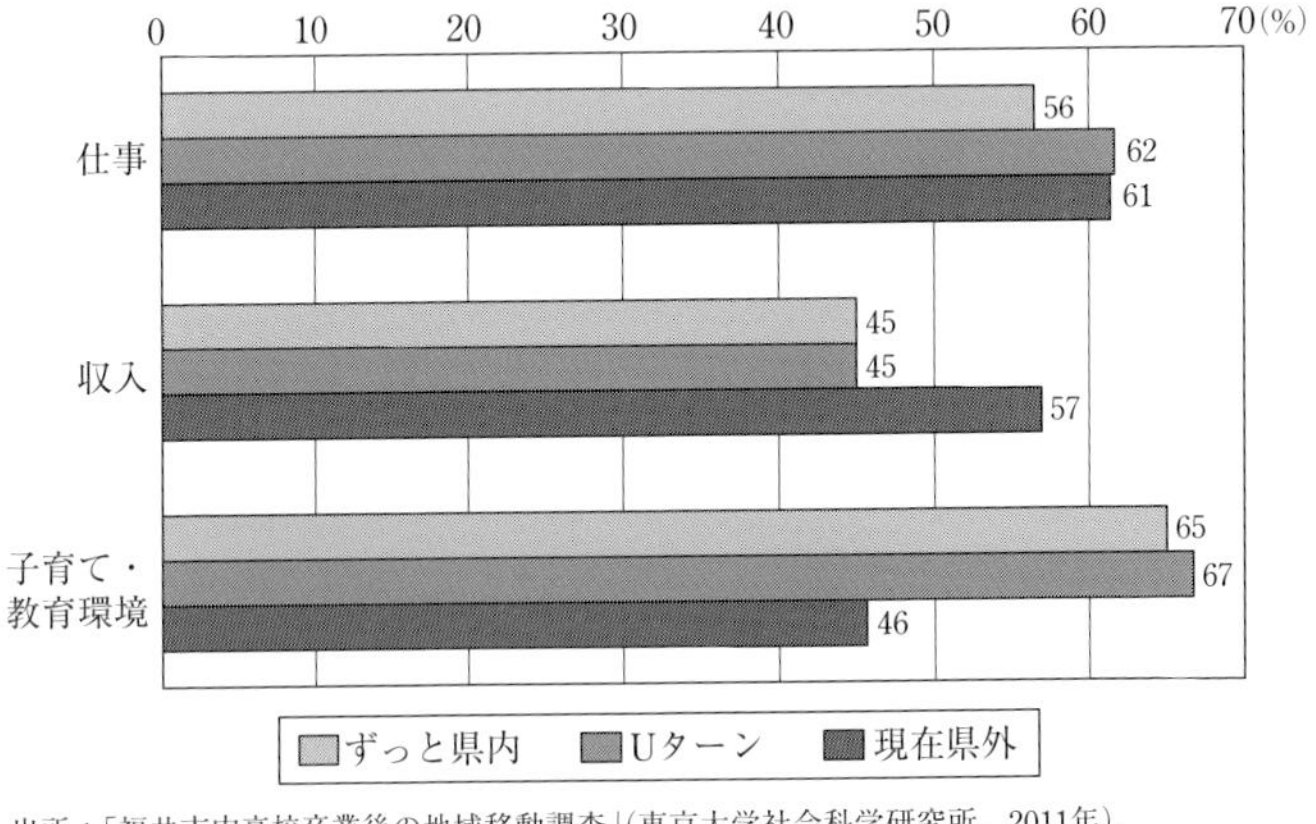


出所：「福井市内高校卒業後の地域移動調査」(東京大学社会科学研究所，2011年).

るものではないのかということだった。本来は管理職に就くなどバリバリ仕事がしたいのだが、家族や知り合いの協力で見つけた仕事では協力者との関係もある。たとえば家族が仕事を探してくれたなら、家庭に負担をかけない働き方が暗に求められる。とはいえ、それはそれほど悪い働き方ではないこともわかっている。福井に戻った人たちの仕事への満足は、そうした消極的満足ではないのかというものだった。もう1点は、家族や知り合いの協力で仕事を見つけるのは、田舎特有の「コネ社会」として克服すべきではないかという指摘だった。

それら指摘に対し私は「一概に悪いことではない」と判断を避けた。というのも、編集部の方の指摘に「福井県民の素朴な意見として」と付記されていたことに考えさせられたからだった。少なくとも、福井県民に多くの読者を抱える新聞社には「県民の意見」と語れるものがあるのだ。大きく2つの指摘に共通する1つの意見、つまりモノの見方とは一体何なのか。それがわからなかった。

## ■何のために変えるのか

新聞掲載から半年後の冬、調査結果を福井の方々に報告する機会も得た。会場には100人を優に超える方が集まっていた。会場のみなさんから幅広くお話も伺った。そのとき次のような声が耳に残った。「おっしゃるとおり、福井は変わらなければならないですね」、「自分の姿を外から眺めるのはなかなかない。よい機会でした。外から眺める視点を持てていないのは福井だけなのでしょうか」。

私はこう答えた。「自分の姿を外から眺める機会はどこでも少ないです。あまり心配されなくてもいいと思いますよ」、「変わらなきゃ、変わらなきゃと頑張りすぎるのが逆に心配です」。そのとき脳裏をよぎったのは福井新聞の方とのやりとりだった。よく考えてみると編集部の指摘も、これまでの福井のあり方を、強いて言えば満足だと言わざるをえないが、そのままでいいとは思わないというものだった。報告会での声と同様、福井に生きる自分たちの姿を外から見ようとし、おおよその姿を捉え、かつ変えた方がいいと思っている。「自分を省み、満足しつつも、変えようとする」。こうした生真面目ともとれる自意識が福井県民のある部分に事実として横たわっていた。

そのとき私には、この自意識の存在と、1970年代半ば以降、福井を出、また戻るタイミングが限定された変化とが無縁ではないと感じられた。その感覚は青森に戻り学生と語り合うにつけ強まった。70年代半ばを境に、青森と福井では道が明らかに分かれた。そこで生まれ育った者がそこを離れ、また戻るタイミングのあり方が、青森では当時と変わらず、福井では変わった。くりかえしになるが、福井では70年代半ば以降、高校を出て県外に就職をする人がほとんどいなくなり、県外に出た人が県内に戻るタイミングも23歳に集中するようになった。こうした変化に強い意志の働きが感じられるのだ。

たとえばその変化は、高校の進路指導の先生方の努力と無縁ではあるまい。今回の調査で伺った先生方は、みな熱心に就職志望者が県内に就職できるよう斡旋《あっせん》していた。就職志望者が「就職」を志望しはじめる時期は、進学志望者に比べて遅い。それでも就職できるよう先生方は努力し、しかも実現させつづけている。そこには、県外に就職させざるをえなかった過去が省みられ、就職「率」だけ見れば満足すべきかも知れないが、何とか変えようとする強い意志がある。

ただ変わったという事実も省みてほしい。実際、報告会で私が「福井では1970年代半ばを境に変わったことはご存知ですか?」と尋ねたとき、手を挙げた方はまばらだった。その前の「今、福井を出、また戻るタイミングが限られていることはご存知ですか?」という問いに多くの方が挙手されていたのとは対照的に。過去は省みられているとしても、過去から現在への変化は省みられていないのだ。変化まで省みたとき何が見えてくるのか。それは「何のために変えるのか」という問いだ。

変えようとする意志をもち、周囲を巻き込みながら行動する。福井の一つの自意識と呼ぶべきこの姿勢は、まさに私たちが言う「希望」の実践だ。現に岩手県釜石市での調査(2007年)と比べ、福井では「希望がある」だけでなく「希望のために行動している」という回答者が多かった[1]。そのうえで、何のための行動であり、変えようとする意志なのか。報告会でのやりとりにあったように、希望を語る私たちの発言は、変える行動を起こす理由づけや、変えるべき対象の特定に使われやすい。それをもっと私たちは自覚すべきだ。そして、何のための希望なのか、みなさんに問いかけるべきだ。

「希望は戦争」と語られ、[2] 昨日まで地域の希望の星だった原発が絶望の元凶ともなる今日。変えるための行動が、はじめから全てを無にするためであったり、そうでなくても全てが無になる結果をもたらすかもしれないことに、私たちは気づきはじめている。何のために変えるのかを、変える行動を支えてくれたり、変えることで影響を与えたりする人たちと分かち合うこと。今なら私はそれを呼びかける。

青森の雪は深い。語り合うにはちょうどいい。明日もまた、青森をどうにかしなければと熱心な土地の人たちの下へ足を運ぶ。残されたお年寄りが支え合う八戸《はちのへ》、そして日本海の湊町《みなとまち》。数百年の祭礼を守る下《しも》北《きた》の若者組。親子2代、3代総出で頑張り続けるりんご農家の寄合。次の世代の受け皿になろうとUターンしてきた30代、40代起業家のたまり場。そこで私は言

雪景色の福井市街．福井ではＵターンのタイミングが限られているが，人生の途中でもう少し路線変更しやすい社会を作り出したい．

うだろう。どこに向けて走るのか、みんなと分かち合いながら走りましょう。私も一緒に走ります、みなさんと希望のその先を確かめ合いながら、と。

（1）釜石調査については玄田有史「釜石出身者の誇りと希望を考える」東大社研・玄田有史・中村尚史編『希望学3　希望をつなぐ——釜石からみた地域社会の未来』東京大学出版会（2009年）、福井調査については「福井市内高校卒業後の地域移動調査中間報告書」（2012年）を参照。

（2）赤木智弘「『丸山眞男』をひっぱたきたい——31歳、フリーター。希望は、戦争。」『論座』140号（2007年1月）、赤木智弘・古賀暹・桂木行人「二つの時代の『希望は戦争』——現代知識人からの無効な説教を撃墜するために」『情況』76号（2008年9月）。

20

# 地域の「住まい」について考える

佐藤慶一

さとう・けいいち　1978年、岡山県生まれ。専修大学ネットワーク情報学部准教授。専門は都市防災、政策科学。主な著書に『政策分析技法の展開――災害応急住宅に関する経営工学的検討』（慶應義塾大学出版会）、『都市防災学――地震対策の理論と実践』（共著、学芸出版社）など。

## ■本物を長く大事に使う

福井には、白壁に黒い柱が格子状に入った面を二階に持つ古い民家がある。以前に比べると、その数はかなり減ったようだが、旧街道沿いを車で走るとそれでもよく目にする。聞くと、多くが築100年とか、築150年だという。

何世代にもわたり、冬の風雪を凌《しの》いできた。大地震も乗り越えてきた。経済的にも厳しかった過去を「生き抜いてきた」という風格すら感じさせる。そんな古民家の再生に取り組んでいる工務店がある。

建物を解体し、柱の腐ったところだけ削って、新しい木をうまくカットして当てはめる。基礎もやり直し、現代の生活に合うような間取りにする。新しいキッチンや水回りなど設備をセットする。再生工事が終わると、見違えるようになる。立ち姿は堂々、新しくセットされた照明などと相まって、上質でモダンな和

何世代もの手がかかっている古い民家には，過去を「生き抜いてきた」風格すら感じさせる．成熟した社会の住まいの在り方とは，本物を長く大事に使うことである＝福井県越前町江波

風のたたずまいとなる。

今も残る古い民家には、少なくとも3世代以上の手がかかっている。祖父が働き、父が働き、少しずつじっくり建てたものが、子供や孫に受け継がれていく。そういった住まいは、時の経過とともに品格が出てくる。手間暇かけて建てた木造住宅は、きちんとメンテナンスをしていけば、100年どころか、200年、300年と、使えるという。

どんな人が古民家を再生して住まれているのか聞いてみると、これまでは、お嫁さんが嫌がっても、古い家で育った旦那《だんな》さんが「この家を残したい」と頑張るケースが多かったそうだ。でも、最近は、古い家の魅力に気付いたお嫁さんの方から「この家を残しましょうよ」と言いだす場合も少なくないそうだ。

住まいをめぐる価値観が変わってきている。日本の住宅は一般に造っては壊す「スクラップアンドビルド」で、欧米に比べて建て替えサイクルが早いといわれる。成熟した社会における住まいの在り方とは、本物を長く大事に使うことだと、福井で実感した。

とはいえ、そういった古民家に住めるのは限られた人だろう。でも、普通の

福井城の石垣などさまざまな場所で使われている笏谷石を敷いた玄関．住まいに福井らしさを取り込み，暮らしを楽しむ工夫の一つ＝福井市高木町の永森建設高柳展示場

住宅に住む人でも、ちょっとした工夫で、住まいに福井らしさを取り込むことはできる。例えば、県産材を使ったテーブルをこしらえることもできるし、軒先に県産の石を置くこともできる。

お話を伺ったある工務店の社長さんは、2004年の洪水で流れた足羽川《あすわがわ》沿いの桜の木を使って、筆机にして楽しんでおられた。古材と県産品を用いたある住宅展示場を訪ねると、玄関先に越前青石《えちぜんあおいし》とも言われる笏谷《しゃくだに》石が敷いてあった。ちょうど雨が降って濡《ぬ》れていて、淡い蒼《あお》さと薄い緑色が合わさった上品な風合いを見ることができた。笏谷石は、もう新しく採ってはいないそうだが、古いものを探せば、今も楽しむことができる。

住まいや暮らしを楽しむには、ちょっとした面倒と向き合い、工夫することが必要だ。その際、地域の素材や物語を楽しむことを忘れたくない。古民家を大事にするような気持ちで、自分の家を手入れしていくことで、住まいに風格が出てきて、味わいのある暮らしにつながるのではないだろうか。

さまざまな世代の混在が地域を活性化し魅力を生む．世帯人数の減少などの変化に危機感が必要だ．（写真と文は関係ありません）

## Q&A　誇れるものに変えていこう

**Q** **今の福井の住まいは、全国的に誇れるものでしょうか。住んでいる者として自信がありません。なぜ福井の住まいに着目したのですか。**

**A** 住まいに自信がないのは、福井に限らず、多くの日本人に共通ではないでしょうか。私が希望学で住まいに注目するのは、生活の基盤である住まいを、自分たちの誇れるものに変えていくべきだと考えるからです。希望学・福井調査では、そのヒントを探して回りました。越前市《えちぜんし》などの歴史や文化を生かしたまちづくりは、国土交通省の２０１２年度都市景観大賞を受賞し、すでに全国的に評価されています。今回原稿にした古民家再生も全国的に誇るべきものだと思いました。

全国的にみれば、他にも取り組みがあるでしょうが、福井で行えば、古民家のたたずまいや笏谷石の風合いのような福井らしさがおのずと出てくるのではないでしょうか。越前市の取り組みは、地元の高校や大学と連携した点が受賞のポイントでしょう。若い世代と高齢の世代がミックスすることが、他に先駆けられる要素のヒントになっていくかもしれません。

### コラム５　住生活基本法について

住まいをめぐる価値観の変化は、戦後長らく公営・公庫・公団住宅による住宅政策を進めてきた国にも表れている。住宅不足という「量」の対策から、「ストック重視」「市場重視」「国から地方へ」といった「質」の対策へと、住宅政策を抜本改革。その集大成として２００６年に「住生活基本法」を制定した。同法に基づく住生活基本計画（全国計画）には、耐震性、高齢者向け住宅、省エネ、既存住宅の流通シェア、長期優良住宅、住み替え支援、景観協定など、さまざまな目標や施策が示されている。福井県も２０１２年３月に県の独自計画を見直し、２世帯住宅や近居の促進、高齢者に優しい住まいづくりなどを盛り込んだ。

## ■世代の混在は活力

福井は家族のつながりが強く、3世代同居や近居が多い。共働き率は全国1位で収入も多く、家も広い。

福井の住まいについて調べると、こんなイメージが浮かび上がる。

実際に訪ねてみると、明るいイメージとは違う現状も見えてくる。福井市は、1945年の戦災と48年の大地震で、それまでの市街地が破壊され、区画整理事業が強力に進められてきた。他県には、区画整理事業のお手本として取り上げられることがある。

一方で「性懲りなき郊外開発」を続けているという批判の声もある。さらには「福井は江戸末期には金沢よりもいい町だ、文化的だといわれていたが、今は福井的なものが何なのか、歩いているだけでは感じられない」という地域経済の専門家の厳しい意見もある。

越前市武生《たけふ》や大野市《おおのし》など、歴史や文化を生かしたまちづくりを見ると、必ずしもそれだけではないと思う。ただ郊外に開発された住宅団地などを訪ねると、そういった意見が出るのも分かるところは正直ある。

図 20－1　1世帯あたりの人数

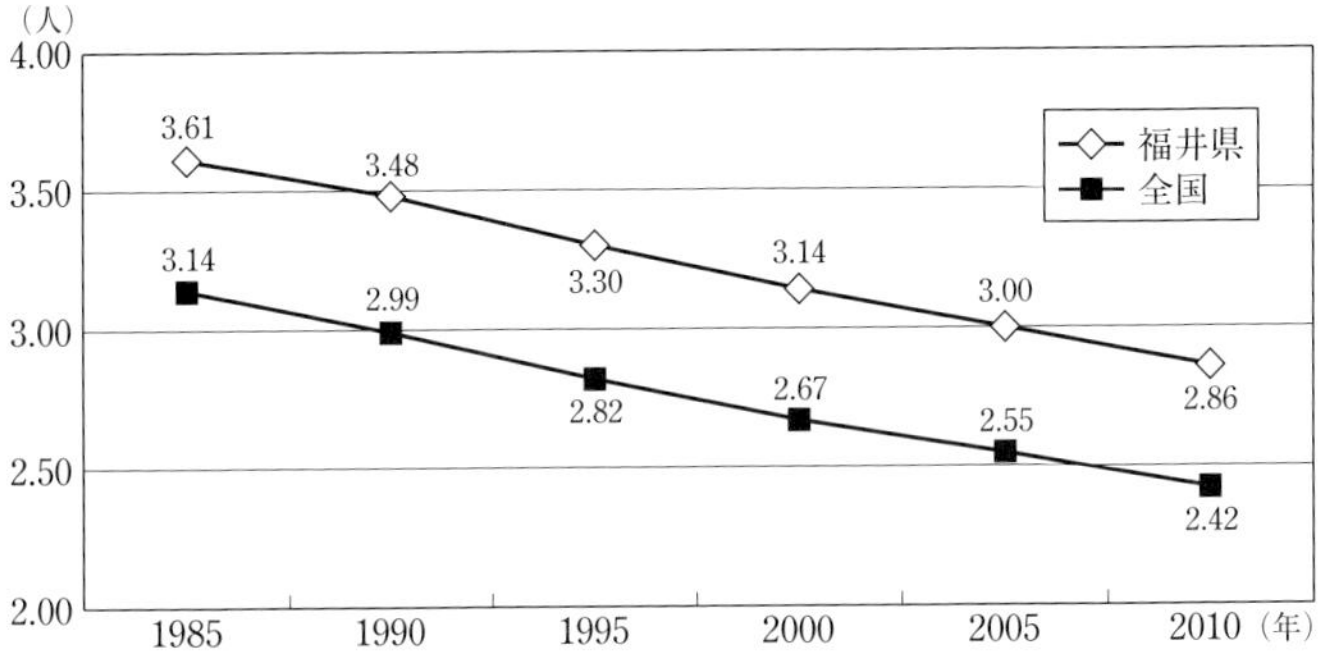


出所：総務省統計局「国勢調査」.

そうはいっても、今何か深刻な危機に直面しているわけではない。何かを変える決断をしなければいけないまでは「困っていない」。福井に何か困ったことがあるとすれば、逆説ではあるが、今特に困っていることが見つからないために、未来を見据えた積極的な行動が少ないことではないか。

福井は確実に変化している。世帯人数は減少し続けている（図20－1）。親子関係でいえば、昔は「子は親の面倒を見るのが当たり前」だったが、今は「子供に迷惑かけたくない」という親も多いそうだ。

ある古い住宅団地について話を聞いた。かつてそこで育った50～60人の子どものうち、今も地区内に残っているのは、わずか5、6人。地区から出て行く人が大半だ。郊外の住宅団地では、家や敷地の広さに制約があって、親との同居は難しい。一方で、開発で売れ残った用地もある。別の開発地域に家を建てた子世帯もいるが、そこにも空き地は目立つ。近い将来、とても寂しい地域になっていな

図20－2　親世帯が高齢になった際の意向

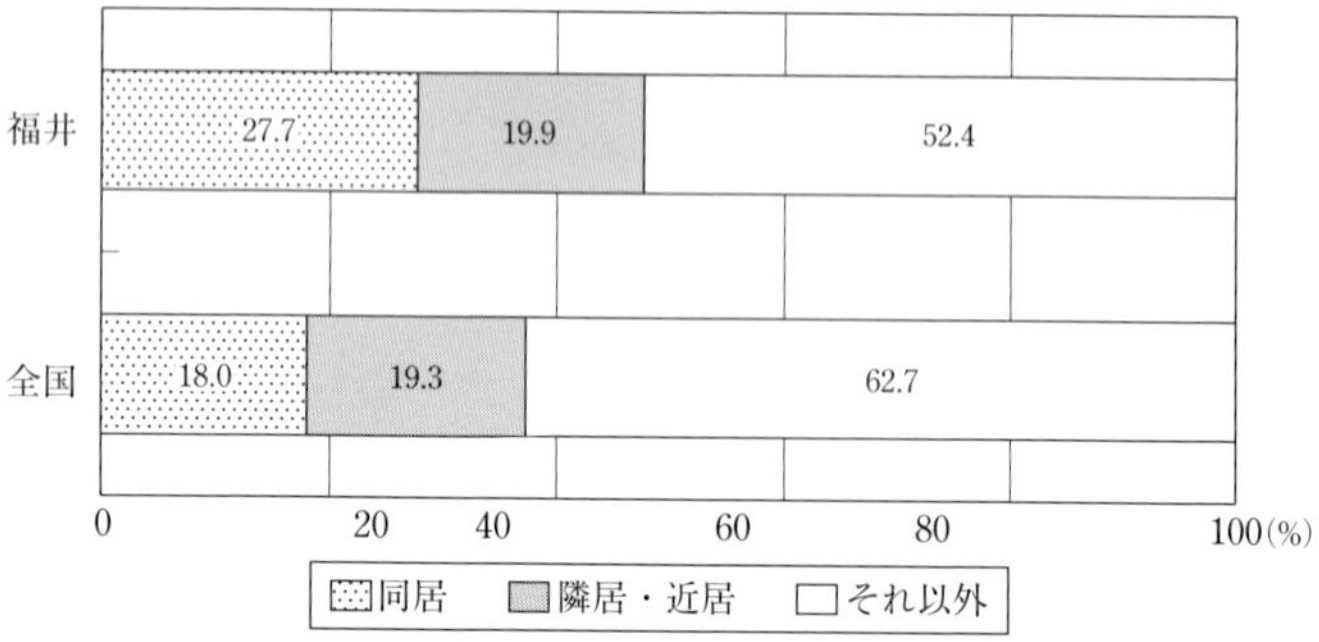


出所：国土交通省住宅局「2008年住生活総合調査」.

いか、と不安になる。

これから福井で家を建てようとする若い人は、新しく開発される住宅団地だけでなく、親や自分たちが長く住んできた地域やその近隣にもう一度目を向けてみるのもいいかもしれない。親との同居が難しくても近居であれば、お互い何か困ったことがあれば、すぐに助け合える。

国土交通省による全国調査で、親世帯が高齢になった際の意向をみると、福井県では、同居が28％と全国平均より多い。ただし、隣居・近居は20％と全国平均とほぼ同じで、それ以外、つまり親との同居・近居を考えない人は52％と半数以上である（図20－2）。

行政としても、空き地や空き家を活用することで家族の近居を後押しし、生活利便性や安全性が高いところに人々が集まって暮らせる仕掛けが、もっとあってもいい。さまざまな世代が混在することで、住宅街やまちなかの活性化にもなり、お年寄りも、働き盛りの年代も、子供も一緒になって暮らしていく魅力的な地域づくりにつながるのではないだろうか。

## Q&A　空き家活用に目を向けて

**Q　福井県でも今後、親世帯と離れて暮らす人が増えるかもしれません。どうすれば多くの世代が集まる魅力的な地域をつくれるでしょうか。**

**A**　新しく空き地を探して家を建てるとなると、郊外開発地の方が条件が良く、世代分離につながります。既にある空き家を探して、きれいにリフォームして住む、というスタイルが増えれば、おのずと近居が増えると思います。近居とは、いわゆる「スープの冷めない距離」と固定して考えず、現代の交通事情に応じた適当な距離感でとらえればよいのではないでしょうか。今は空き家が年々増えていますから、私たちも考え方を少し変えて、中古住宅を選択肢の一つとすべきでしょう。中心市街地の空き家だけでなく、郊外団地の空き家も含めて考えていくとよいのではないでしょうか。

**Q　既に郊外に家を新築した、という人にアドバイスはありますか。**

**A**　住宅を丁寧に大事に使っていくことは、伝統家屋でも新しい住宅でも一緒だと思います。建てたら終わりではなく、掃除や手入れを子どもと一緒にやることで、重要な家庭教育にもなります。最近は、2地域居住という住まい方もあるようで、田舎の古家を安く探して、週末は自然とともにアクティブに過ごすというライフスタイルもいいかもしれません。これは災害対応としても意味があり、今の住宅が予期せぬ災害で使えなくなったとしても、避難先があるので安心です。

**Q 「性懲りなき郊外開発」は耳の痛い指摘です。防災面から郊外開発に注意すべき点はありますか。**

**A** 福井でも、再び大きな地震に襲われるリスクがあります。新しく開発された住宅団地の土地の記憶には留意が必要です。昔、田んぼや畑、川だったところなどは、地盤が悪くて地震の揺れが大きくなったり、水害の影響を受けやすい場合があります。盛り土をした個所にも留意が必要です。２００４年の新潟県中越《ちゅうえつ》地震では、盛り土造成した住宅団地の一部が崩落しました。調査や技術的な対策が重要なのはもちろんですが、地震保険などいざという時の金銭面の備えの確認も欠かせません。

# III

## 文化と歴史

渡辺淳「佐分利川」1981 年

21

# 希望の土を尋ねて
## 二つの文化、二つの文学

五百旗頭 薫

いおきべ・かおる　1974年、兵庫県生まれ。東京大学社会科学研究所准教授。専門は日本政治外交史。主な著書に『大隈重信と政党政治――複数政党制の起源　明治十四年‐大正三年』（東京大学出版会）、『条約改正史――法権回復への展望とナショナリズム』（有斐閣）など。

### ■二つの文化

初春のあたたかい陽《ひ》の下、福井県福井市を訪れた。

JR福井駅の西口を出て、中央通りを歩く。バス停がずっと一直線に並んでいるのが不思議な印象を与えた。が、大名町《だいみょうちょう》の交差点に至ると、幅の広い道と路面電車が集い、見事に近代的な町並みを作り上げている。石造りの銀行を横目に見ながら路地に入ると、一転、料亭や土蔵が薄暗く並ぶ。「浜町《はままち》」という名は、この時は知らなかった。足に任せて進むと、また光の中にいた。足羽川《あすわがわ》が、輝いていた。

福井市は多様な魅力を持つ市である。さらに魅力的にしようと、福井県・市は「県都デザイン懇話会」を設け、私も委員の末席に連なった。うまくいってほしい。しかし、心配もある。

悲惨な震災と原発事故があった2011年。原発の稼働計画は大きく狂い、13年度以降の立地自治体の予算に、確実な影響を及ぼす。それをどう切り抜けるか。中でも原発を抱えてきた嶺南《れいなん》は苦しみ、悩むだろう。

そんな中での県都づくりである。新幹線が来るチャンスをものにしたい。それはわかる。県としては、嶺南の発展にも努力してきたという自負はあるはずだ。それも

料亭や土蔵が薄暗く並ぶ浜町を進むと，輝く足羽川の光に出合う．違いがある方が変化があって面白い．福井県の魅力とは，収拾がつかないほどの多様さである＝福井県福井市中央３丁目

わかる。しかし、その県の思いは嶺南でどれほど共有されているだろうか。わかりやすい安易なイメージ発信に頼らない姿勢は、西川県政の強みなのだと私は思う。それだけに、県都構想と併せて、嶺南への具体的な取り組みが、今後の県政の試金石《しきんせき》になる。

新幹線は福井を通り、敦賀《つるが》まで延伸する。敦賀やその先の町々をどう発展させるかを含めた全体像を、全県で共有できれば、と思う。

といって、同じことばかりしなくてもよい。違いがある方が、変化があって面白い。そもそも福井県の魅力とは、実のところ、収拾がつかないほどの多様さなのだ。

若狭《わかさ》には「積み重なる文化」がある。文字通り、県立若狭歴史民俗資料館の常設展示室の入口には、鳥浜《とりはま》遺跡の地層断面がある。「若狭の四季」コーナーは、色々な時代の祭りが淘汰《とうた》されず伝承されている若狭の現在を、見事に視覚化してくれる（口絵参照）。時代時代のモノや文化が、層をなして残っている。

一方、越前《えちぜん》には「しのぶ文化」がある。一向宗《いっこうしゅう》の破壊と織田信長《おだのぶなが》の焼き打ちがあり、戦災と福井地震があった。残ったものが限られているときにこそ、過去を偲《しの》ぶ想像力は大きくつばさを広げるのだ。

古代、越《こし》の国では、みやこを偲ぶ歌が多く作られた。田舎だからだが、みやこに近い田舎だからこそ、出入りが多かったというべきだろう。きっと新幹線は、似たような効果をもたらすはずだ。

越前のモノ作りを考えると、労苦を忍《しの》んで働く文化に行き当たる。二つの「しのぶ文化」が合わされば、存在感のある県都になるであろう。若狭の魅力がこれと見事なコントラストを織りなすとき、福井県を縦断することが、豊かな旅の喜びとなるだろう。

雪明《ゆきあかり》あはき街跡にたつかげや　灯のなき仮家に人かへり住む

作者は、戦後初期の福井市長であり、詩人でもある熊谷太三郎《くまがいたさぶろう》だ。福井の整然たる町並みを生み出した熊谷。彼とて、戦前の福井を偲び、喪失の中でなお生きる人々の姿から、出発しようとした。しのぶ文化は、越前の大切な資産だ。そしてそれは、災後日本の財産目録にも加えなければならない。

## Q&A　困っていないことに困っている

**Q**　「収拾がつかないほどの多様さ」が福井県の魅力と指摘されましたが、なぜ、多様さが魅力になるのでしょうか。

**A**　日本一のバラが1本だけある公園と、いろいろな草木が美しく植えられている公園、どちらに行きたいですか。初日はバラを見に行くでしょうが、毎日だと、行かないでしょう。そもそも、バラ1本では公園といわないでしょう。我々が同じものから受け取れる喜びには、限りがあります。多様な魅力の中に、人は快適さを感じ、幸せな毎日を過ごします。

**Q しかし、多くの人には魅力と映っていない気がします。**

**A** なるほど……そうかもしれません。特定の一つの魅力を突破口にしなければ、内外にアピールすることはできません。魅力の多様さは、たとえば町おこしのさまたげになることがあります。歴史的に豊かすぎるのが、ネックになっているのかもしれません。若狭で出会ったある方は、「困っていない、ことに困っています」と言ってくれました。その人は、幸福から希望への河を渡ろうとして苦しんでいたのだと思います。

**Q 「困っていない」と思える現状を変えるのは確かに難しいですね。**

**A** 特に若狭については、旦那衆の文化が強すぎること（良い面もたくさんあるのですが）、下の世代との見えない壁を作り、若い層から新しい動きが出てきても、なかなか集落や市町単位の活力にならないことが問題としてあるような気がします。

**Q 越前の「しのぶ文化」が、東日本大震災の復興にどう役立つのでしょうか。**

**A** 被災地の復興のために提案するのではありません。多くの人とモノが喪《うしな》われた中、人々が自らのアイデンティティーを模索し、生活の再建に向けて奮闘する中で、既に「しのぶ文化」は日々、発動されていることでしょう。被災地の人々のパワーを、ただ応援するためではなく、我々が理解し、わが物とし、日本全体の復興の資産とするための言葉が、越前で見つかったような気がしたのです。

## ■二つの文庫

希望学のシンポジウムに、福井では人があまり来ない。越前のしのぶ文化も、若狭の積み重なる文化も、「希望」が持つ未来志向の語感に合わないのかもしれない。

文学に救いを求めてみる。若狭と越前のそれぞれで、「文庫」という名を持つ拠点なり集団があることに、目を惹《ひ》かれた。水上勉《みなかみつとむ》の開いたおおい町《ちょう》の一滴文庫《いってきぶんこ》と、三好達治《みよしたつじ》の薫陶《くんとう》を受けた則武三雄《のりたけかずお》を中心とする北荘文庫《ほくそうぶんこ》である。

水上は、『飢餓海峡《きがかいきょう》』や『ブンナよ、木からおりてこい』などの作品から、知る人が多いだろう。おおい町に生まれたが、家は貧しく、幼くして京都の寺に出された。苦しい生い立ちを心に留め、何度も思い出すことを、膨大な作品の源泉とした。読むと、暗いストーリーが腹に落ちてくるが、文字を追う目は光に包まれる。なぜだろうか。

例えば、『(改訂版)はなれ瞽女《ごぜ》おりん』(若州赤土舎、1992年)を読んでみよう。

瞽女とは盲目の旅芸者集団である。組織や戒律は地域によって異なるが、厳しい場合、男と性交した瞽女は仲間内から追放される。瞽女のおりんは成長し、男性を意識するようにはなっていたが、望んで情を通じたわけではなかった。それでも放逐され、目が見えないまま一人で旅をする。鯖江《さばえ》歩兵連隊からの脱走兵岩淵平太郎と出会い、その正体を知らぬまま共に旅をするようになった。


岩淵平太郎さまというお名前で、(中略)「瞽女さんや、おみャァ、手びきなしで、ようもこげな山奥の村々を歩いてなさるな」といいなさります。「はい、おらめくらゆえ、世の中は闇でござります。三つの春から闇だけをみつめてきたのでござります。目あきさまは闇をおそれなさるが、めくらには、おそれはござりませぬ。闇が生きる世界でござりまする故、川底

談笑する水上勉
=1996年撮影

も谷底もおそれておっては生きられませぬ。どこもかも道にござります。これこのとおり、おらは、この竹杖一本で歩けまする」といいますると、平太郎さまは、感心したように溜息《ためいき》をつかれて、「ちょっくら、おらに負われてみや。おら、一つおみゃァを背負って走ってみら」とおどけられ、おらの前にしゃがみなさって、「さ、遠慮しねえで負われろや」いいなさります。おらは、急にあまえる気もちになり、いわれるままに負われました。大チい肩でござりました。太い首でござりました。（中略）おらがはなれ瞽女に落ちましてから、何年たちましたろう。人さまに背負われて、春の道を歩いたのは、この時がはじめてでござりました。いいや、うまれてこの方、おらは人さまのぬくい背中にせ負われたことがござりませなんだ。あの五十子平から、松口へもどり、十日町へ下ります川ぞい道の、春のけしきはさぞかし、桜も、桃も咲いておりましたろう。また見たこともない花のひとひらが、おらの頰ぺた撫でる風にのってくるようなあんばいでござりました。その夜は十日町の、伊佐木屋という木賃宿にとまりました。

「急にあまえる気もちにな」ったおりんの心の推移には、きっと性的な要素が介在している。だが闇と光の区別をしないおりんには、性的な要素を卑猥《ひわい》なものとしてくくりだす発想がない。だからその頰《ほお》は、春の柔らかい風や、桜や桃の花びらを感じることができるのである。

作品の中では、おりんの歌というべきものが、表現を少しずつかえながら度々歌われる。

そこを通るはおりんでござる
しょうじるてんの苦海の人が
ろく字のあみにかがられて
みだの浄土にひきよせられる
おりんご恩をよろこばしゃんせ
ご恩うれしや南無阿弥陀仏

水上の文学には、煩悩《ぼんのう》の苦界に沈みきる潔さがある。煩悩は汚い、自分とは違う、そんな生き方より余程潔い。目の見えないおりんだから、そのことがよくわかる。だから、読んで明るく感じるのである。

一方、北荘文庫の則武三雄は福井県の生まれではない。山陰の米子《よなご》に生まれ、朝鮮総督府に勤めた。戦後、三国《みくに》に疎開していた三好達治のもとに身を

自宅書斎で執筆する則武三雄
＝1985年ごろ撮影

寄せ、三好が帰京した後も、福井に定住した。

則武のメッセージは、哀《かな》しみです、と教えてくれた人がいる。そうだと思う。敗戦によって戦前の生活と友人を失い、戦後には三好と別れた哀しみである。則武は福井城を詩の題材とした。くもり空の下、石垣をうたい、濠《ほり》をうたい、濠の水面をうたう。

「城」という作品には、「この日　城に来たれば／水草もなく／濠の墻崩れ／葛の花もなく／雑草の緑を点ぜるのみ／空を映す濠の微かに映じるのみ」とある。また、「黒き城の底には灰色の旗が流れ／失はれた城を嘆く死者の群れが／緑の思念を歩く」(いずれも『地方主義』第1号、1955年5月29日発行より)ともある。

今ここにある現実と、おぼろげに映るうしなわれた現実。現実を二重写しに見るところに、彼の表現に特有のゆらぎがある。

これに反して、三好の作品には、これ以上適切な言葉はないだろう、と信じさせる明晰《めいせき》さがある。それでも、三好の妥協のない描写から、則武は確かに学んでいる。

北荘文庫といっても建物はない。則武を中心に、裕福とはいえない県内の詩人が身銭を切りつつ作品を世に出すための出版社名であり、それを結節点とする人間関係である。

北荘の語源は北ノ庄《きたのしょう》である。則武の史論『私説松平忠直《しせつまつだいらただなお》』によれば、越前松平家が北ノ庄を福井城に改

名したという。北は敗北を思わせる、というのが理由だが、「北ノ庄」の割拠的な語感を幕府に対してはばかったのである。則武はこれを喜ばない。敗北を受け止められない者ほど、強者にこびると思ったのだろう。

則武は門人に自分の手法を押しつけることはなかったという。酒を愛し、自分が出会った文豪の思い出話に花を咲かせ、自分がこれと見込んだ門人の詩集を「北荘文庫」から刊行させる。

その後、門人は『木立ち』という詩集を出し続けている。その継続性と水準の高さは高く評価され「福井《ふくい》抒情派《じょじょうは》」と呼ばれることもある。その中には、則武が尋ねた言葉の可能性を追求する者もいる。あるいは、三好―則武に連なる明晰な抒情を追求する者もいる。

ここでは後者の例を挙げてみよう。

妻の胎に耳をあてる
おまえの力んでいるのが　よくわかる
わたしは　おまえの父である
おまえは　わたしに似ているだろう
妻にも　似ているだろう
あと少し
わたしや妻でないもの
姪とか　甥とか
あるいは　孫よ
と呼ぶ人たちにも
少し似ているだろうが
あと少し
わたしたちの誰に

似ているといえばよいのか
授けてくださった方
と言うよりほかに
呼びようのない方
その方にも
おまえは　少し似ているに違いない
（岡崎純《おかざきじゅん》「似ている」『木立ち』第7号、1970年11月19日）

素晴らしい詩である。だが福井の詩といえるだろうか。日本の詩だといって誇ってよいのではないか。生まれる子は誰でもない誰かに似ているという。神のようなものとめぐりあっている。福井でもどこでもない、どこでも通用する詩になっている。

おむすびをひとつ余計にむすんで
母親は峠をこえていつた
草鞋を一足余計に腰にゆわえて

母親は川を渡っていつた
また母親は　子供たちの頭を一回ずつ余計になぜて
菜の花の黄色にとけていつた
東西南北　いずれの方向をめざしても
母親の後姿は　いつも還らぬ旅のような
出立であつた
そしてそのたび　母親は暮色を背負つて　還つてきた
だから油断をしたというのではない
還らぬ旅に　真実　でかけてしまつた朝
だれも目覚めず　だれも声をかけず
気づいたときには　東西南北
朝霧ばかりが深かつた

（広部《ひろべ》英一《えいいち》「朝霧」『木立ち』第7号、1970年11月19日）

なるほどこの詩には土のにおいがする。しかし、背中にヒヤッとしたものが流れ、全ては朝霧の中に消えていく。叙情の中にも、乱れない、崩れない。土はあっても、浄化された土である。

福井県の本質とは、さまざまな統計が示す通り、教育にあると私は思う。だが教育というのは、ただ勉強をする（させる）ということではない。学びの中に己の境遇を吟味することである。そして、吟味の「吟」を極めたのが北荘文庫で、吟味の「味」を極めたのが一滴文庫なのだ。それがしのぶ文化と積み重なる文化に固有の言葉を与えている。そんな豊かな文化のなかに、真摯《しんし》に生きる術《すべ》があることを知っていることが、福井の教育の強みなのだ。だからこそ、あえて未来志向の希望学を求めたりはしない。

希望学は、希望の種を探してきた。希望学はこれからも、福井で苦戦するだろう。一敗地にまみれることもあるだろう。だがそこで口に含むのは、泥ではない。吟味によって浄化され、滋養にあふれた、希望の土だと私は思っている。

### Q&A　いい意味で「後ろ向き」

**Q** 「己の境遇を吟味する」文化が、なぜ福井で育まれたのでしょうか。

**A** まずは、貧しさの自覚があったからです。水上勉のように、貧しさを味わうことで、文化の滋養を得ようという態度が出てきます。もう一つは、豊かさの記憶があるからです。朝倉氏の繁栄があった越前。京都に近く、魚を供給して富を得た若狭。小浜《おばま》の山本和夫《やまもとかずお》さん（詩人・児童文学者）は、これを表現する言葉を持っていたと思います。貧しさと豊かさ、二つの自意識が競い合っているところが面白いと思います。

**Q 福井県では、希望を声高に論じたり、訴えたりしなくてもいいということですか。**

**A** 声高に論じ、訴えてください。しかし、この思いが、福井で空回りする印象を持った時、私は他の重要なことに気付きました。人が今、こうして生きているだけで、既に数多くの条件が必要だということです。そして、より良い生を達成するためには、その中のごく一部の条件に手を加えればよいということです。現在の境遇を吟味することは、希望への助走にすぎないかもしれませんが、とても長く、重要な助走だということです。

**Q 未来ではなく、現在の境遇の中に希望が見いだせるということですね。**

**A** 私は歴史家です。歴史にイフは禁物といいます。過去の悲しいことを知れば知るほど、いろいろな因果《いんが》が重なってそうなったのであって、ちょっとやそっとで避けられたものではない、というあきらめが強まることがあります。しかし同時に、その時から現在まで時間がたち、一度我々の希望を閉ざしたいろいろな条件が既に変わり始めてもいます。現在に生きているというだけで、我々には希望を持つ権利があるのだ、という感情が生まれます。これが歴史家の希望というものでしょうか。福井に通っていて、発見したものの一つです。

福井の人たちのものの見方は、なんとなく後ろ向きです。悪い意味ではなく、後ろ向きに現在と過去を見て、そこから多くの栄養を得るのにたけているということです。単に前向きに行動しようと呼び掛けるのではなく、諸条件の変化を後ろ向きに認識し、彫刻家《ちょうこくか》が石の中から本当の現実を掘り出すようにして現実化する。そういった身構えで希望を発見・実現するというのが、福井に合っているような気がします。

## ■鳥羽谷の文学

こたつの上には、Ｂ４の紙束が、電話帳ほどの厚さに積み上がっている。

２０１１年の冬一番寒かった朝、大鳥羽《おおとば》集落（旧上中町《かみなかちょう》・現若狭町《わかさちょう》）にある旅館で、私はほっこりしていた。やっと読み終えたのは、大鳥羽集落の振興5カ年計画である。昭和44（１９６９）年から直近の平成21（２００９）年まで、９次にわたる。分厚いだけではない。予算や区費負担の説明が、具体的なのである。

大鳥羽は、旧鳥羽村地域の中心的な集落である。旅館の二階には大広間があって、いく夜となく宴会や会議が開かれ、鳥羽谷の将来を決める言葉が交わされた。中仕切りの欄間《らんま》には、知事が揮毫《きごう》した額が掛かっている。

それにしても、200人ほどの人口で、これだけの書類をよくぞ作り続けたものだ。

いずれも、文学とは無縁の世界である。前節で、福井の文学について、北荘文庫は吟味の吟、一滴文庫は吟味の味、と述べた。しかし、どの県であれ、県民がその県の文学を読んでいるわけではない。

旧上中町は貧しかった。集落に道路を造るにも、地元に3割負担が求められた。1960年代から、大鳥羽は新生活運動のモデル地区になった。民主化・平等化による集落の活性化が目標であった。この運動は日本のあちこちで行われたが、大鳥羽のそれは、葬儀や埋葬の改革にこだわったところが面白い。

大鳥羽では、集落の外れに穴を掘り、土葬していた。こうした埋葬地はさんまい谷と呼ばれ、じめじめした印象と、回り持ちの重労働を集落に課していた。大鳥羽の新生活運動は、埋葬の近代化と称して火葬を提唱した。火葬のためには、小浜市《おばまし》の葬儀社にまとまった報酬を払わなければならない。人はいつ

旅館の大広間でいく夜となく宴会や会議が開かれ，地域の将来を決める言葉が交わされた＝若狭町大鳥羽

死ぬか分からない。そこで、各家庭から毎月少しずつ積み立て、区長を葬儀委員長にして葬式ができた。

区民は、未来を予測し、積み立てる効用を体感した。さらに、さんまい谷を火葬地にふさわしく改造する事業に取り組んだ。先祖の眠る地への負の印象を逆転し、明るい墓地公園とし、歴史への誇りと未来への希望を我がものとする。そのために、10年以上かけて1000万円を超える額を積み立てた。

85年3月、各家庭が日にちを割り振り、一族の遺骨を掘り返して回収した。親戚の肉や髪が出てくることもあった。汚いという思いはなかった、と語ってくれた人がいる。限られた工期の合間の必死の作業。それどころではなかったのかもしれない。それに、その日までの人々の頑張りは、先祖に会って恥じないものだった。

墓地公園を造る動きと、それを支えた仕組みは、町内の他の集落にも広がっていった。

大鳥羽には、記念の冊子が残されている。後書きに、こう宣言し

大鳥羽の人たちは，先祖の眠る浄土に鍬を入れ，明るい墓地公園を造った．負の印象を逆転し，歴史への誇りと未来への希望を手にしたのだ＝若狭町

てある。「浄土に鍬《くわ》を入れる事は何《いず》れの時代にも何人も思考しなかったであろう、おそらく開闢《かいびゃく》以来の大事業を区民たちの一致団結の力で実現した」。

浄土に鍬を入れる！　大鳥羽の人々は謙虚である。自分たちが欲しいものと出せるものを冷静に吟味し、じっくり話し合い、計画を立てて積み立てる。鍬しか持たないかのようである。しかし鍬を持ち、時がくれば浄土にも振り下ろす。実生活の必要を積み上げ、お金を積み立てる中で生まれた強烈な言葉。これは文学だろうか。水上勉なら、それが文学だ、と答えるだろう。

## Q＆A　話し合いの過程に意味がある

**Q　大鳥羽の取り組みは集落に何をもたらしたのですか。**

**A**　大鳥羽が区民を政治に巻き込めたのは、夫婦を単位として世代ごとに編成した自主学級を創設し、区の諮問《しもん》機関として機能させたからです。女性の政治参加が徐々に始まり、生活の必要を積み上げていく区政になりました。話し好きの人が多く、異論を受けることに慣れています。異論が出たら調整して、5カ年計画というゴールに持ち込む流れが当然になっています。異論を言う側も、実はその感覚を共有しています。町への要望がはっきりすると、鳥羽地区の公民館に持ち込み、他の集落の代表者とも討論して、地区全体の要望を選定します。町が実現するのはさらにその一部ですが、話し合いのプロセス全体に意味を実感することができているようです。困難や悩みも調整の対象になり、手も足も出せないという状態からは一歩抜け出せます。

**Q 異論を含めて話し合うことが大切なんですね。**

**A** もちろん、決定に時間はかかります。特に、若狭の積み重なる文化が伝えてきた行事や生活習慣を変える場合はそうです。それでも、定期的に話し合う限り、見直しへの動きが常にあります。最近は、集落活動に伴う飲み会の頻度《ひんど》を減らす動きもあるようです。お酒の飲み方は、「浄土」以上の聖域かもしれませんが、ここにも鍬を振り下ろすのかもしれません。日本全体の傾向として、お金も時間も共通の話題も減っていく中、飲み会に出たいという若者はどんどん減っています。大鳥羽の文化は、「ノミニケーション」ではないコミュニケーションをどうつくるかの一つの試みになるかもしれません。

**Q コミュニケーションの中身も変わっていくのでしょうね。**

**A** かつて自主学級のメンバーは、困難や悩みを共有していました。道路、上下水道、用排水路などハード面の生活環境の整備や、育児です。しかし、ハード面の整備が一段落し、結婚や出産の時期も人によってばらばらになると、そうはいきません。自主学級をどう編成するかという問題が生じ、活動も自分たちの関心や好みから紡《つむ》ぎ出さなければいけません。自分たちをどう編成し、どう盛り上がっていくかという意味で、直近の第9次5カ年計画では、自分たち自身が政策の対象になる事態に直面しました。第10次計画でどんな手を打ってくるか、すごく楽しみです。

## ■福井発の希望

福井の文学は、前向きの希望にはつながりにくいのではないか、と述べた。しかし大鳥羽の例にもあるように、福井の人が、前向きに何もしないというわけではない。むしろ、すさまじいエネルギーを発揮することがある。ある種の感情のゆらめきがあれば、希望の灯は点火される。そのゆらめきにどういうものがありうるのかを、考えてみた。

### ◇越前

過去を偲ぶというのは、限られた現存物から、想像力を膨らませることである。そこには、主体的な精神の発動があり、発動に伴う解放感がある。この解放感が、忍ぶ労働文化の基礎にあり、福井の市民社会の基礎になりうるのだと思う。

一乗谷《いちじょうだに》が観光地として注目されている。織田信長の征服により、遺《のこ》されたものはきわめて限られている。福井市の打ちだしたキャッチコピー「京都にはない。／金沢にもない。／あまりになにもない。／だから面白い。」（写真参照）は、2011年の交通広告グランプリを獲得した。

すばらしい歴史遺産に圧倒される経験もすばらしい。しかし、遺構の前で想像力を発動させる快感もある。福井市がそのような仕掛けを作ることに成功すれば、金沢まで新幹線で来た観光客を呼び込むことも、夢ではない。

## ◇若狭

### (1) 北向きのぬくもり

一滴文庫の近くに住む、ある人のエッセーを紹介する。

私が住むこの佐分利谷は、西は京都府綾部市との県境があり東は若

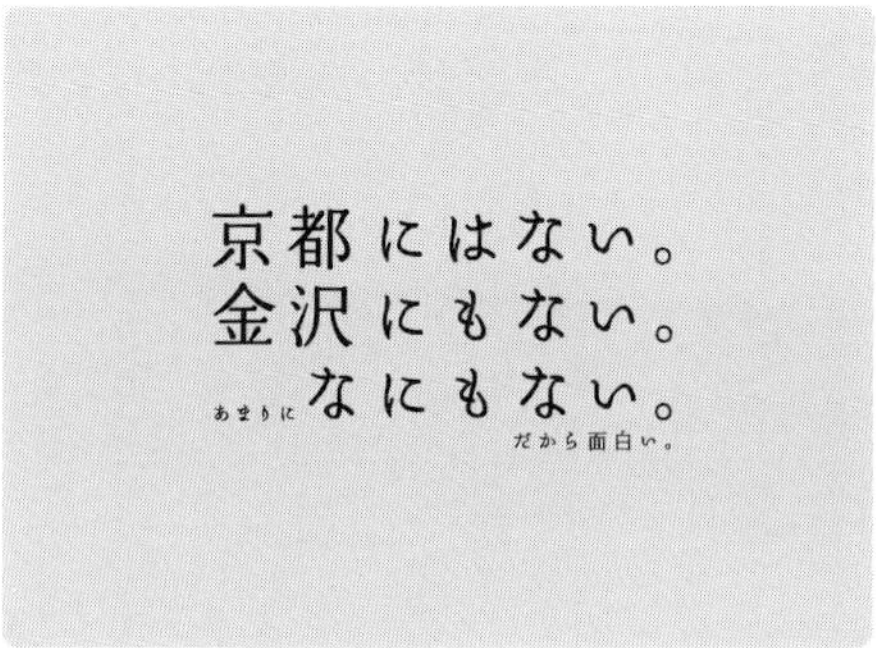
京都にはない。
金沢にもない。
あまりになにもない。
だから面白い。

（写真提供：福井市観光推進課）

狭湾に流れる佐分利川を擁して十五キロほど続く小さな谷である。谷の南側、つまり北向きの山の中腹あたりに密集したり、あるいは点々とコブシの花が咲く。妙に日当たりのよい南向きの山に咲かず、北向きの厳しい山の方が好きなようである。（中略）日陰になる厳しい所に咲く可憐な白いコブシの花や、たくましい大木になる栃の木を若い時から私は好きだった。

北向きの寒い山を凝視する、水上らしい厳しさがここにも流れている。ところが、コブシの咲く年はタバコの出来がいいと友達から教わる。

「コブシがよう咲く年は、どうしていいんかな」と聞くと、即座に「ぬくいからや、けしきがぬくいからや」ときっぱり答えてくれた。

けしきがぬくいことを、コブシの花が知っていることの妙。はかり知れない大きな大きなものを感じる。

まだ新芽が出そろわない茶褐色の山肌に、残雪かと見違えるほどに咲くコブシの花の姿は壮観である。そして、花の多い年は豊作だというのだから、なんとなくけしきも心もぬくい思いにさせてくれる。この春のコブシの花である。

北向きだからこそ、知ることのできるぬくもりがある。水上文学から温かさを引き出すことは十分可能である。水上文学を地域で支え、一滴文庫の創設に尽力した、画家の渡辺淳《わたなべすなお》のエッセー「こぶしの花」（『中日新聞』「ふくい春秋」より）から引かせてもらった。

## (2) 激情の文脈

若狭の人は温厚だが、ほとばしるように自己主張する時がある。

また『はなれ瞽女おりん』に戻ってみよう。

ついに平太郎が逮捕され、おりんも憲兵から追及を受ける。おりんを守ろうとして、平太郎は人を殺していたことがあった。平太郎を死刑に追い込めるかどうかのさかい目だといって、憲兵はおりんを必死に追及する。この作品の中で、おりんがはじめて攻撃に転ずる。

「憲兵さま、おらは、いま、あなたさまがいうさかい目がわかりませぬ。世の中に、いったい、どげなさかい目があるのかわかりませぬ。ここからは道じゃ、ここからは川じゃ、ここからは朝じゃ、ここからは昼じゃ、ここからは夜じゃといわれても、時間も年も、さかい目をみたことはござりませぬ。おらは盲でござります。人さまの顔も、手も足もみたことはござりませぬ。見ねえものを見たというわけにゆきませぬ」

今引用したおりんの言葉に、新しい内容はない。平太郎の背中で春風を感じた時と、内容は同じである。闇と光の区別すらないのだから、状況に応じて意見がかわるはずがない。言いたいことは常に同じである。それが、悲惨な境遇にもかかわらずまどろみに似た風情をたたえる回想を構成していたのだが、ある文脈の下で、前触れなく激情の次元へと浮上してくる。

もちろん、三つの感情のゆらめきは、ブレンドされて立ち現われることもある。例えば大鳥羽の墓地公園プロジェクトには、浄土を浄土としないおりんの激情と、労苦を忍んで厭《いと》わない越前の力強さが混合しているように思う。

福井と出会ったのは、希望学の大きな幸運であった。きわめて多様で、そして一見、希望には直結しない風土の中で、希望学は苦闘し、希望の諸条件について、より広い見通しを得たと思う。

地域調査には、偶然の要素が切り離せない。はじめに調査対象を選ぶ時には、その地域のことをよく知らないから選ぶのである。あらかじめ仮説はあるだろうが、仮説通りの結果を得るとしたら、面白い発見にとぼしかったともいえる。

調査が進み、その地域の意外な個性が分かってくる。その個性が、日本全体のことを考えさせたり、自分の当初の物の見方を反省させたりする。私の旅は福井を知ろうと訪ねるところから始まったのだが、ほどなくして、自らに欠け、自らに必要な何かを探し尋ねる旅となった。すると、あたかもその地域を選んだのが、運命であったかのように思えてくる。そのように説明することは、偶然を必然と言いくるめる虚構を含むのかもしれないが、この虚構を充実させることで、地域調査は普遍性を獲得するのである。我々は、そのことに成功しつつあるように思う。

22

# ふるさと福井

## 小さな県の多様性と可能性

谷　聖美

**たに・さとみ**　１９４９年、福井県越前市生まれ。岡山大学法学部教授。専門は政治学。主な著書に『政界再編の研究――新選挙制度による総選挙』（共著、有斐閣）、『アメリカの大学――ガヴァナンスから教育現場まで』（ミネルヴァ書房）、『外国人参政権問題の国際比較』（共著、昭和堂）、『移民と政治――ナショナル・ポピュリズムの国際比較』（共著、昭和堂）など。

### ■規模より基礎体力と足元の価値

私は、福井県の武生《たけふ》（現在は越前市《えちぜんし》）で生まれた。そして、１９６８年に武生高校を卒業するまで、18年間をそこで暮らした。

福井県に住んでいる人ならともかく、それ以外では、武生はおろか、福井県がどこにあるのかもよく知らないという人も多いだろう。ナショナル・ジオグラフィック協会という団体の調査によると、アメリカでも、テキサスのような大きな州の位置すら知らない人がたくさんいることがわかっている。自分が住んでいる、あるいは住んだことがある地域以外のことはよく知らないというのは、ごく普通のことなのだ。

でも、本書を手にとってくださった方なら、福井県について少しはおわかりいただいていることと思う。ここでは、ふるさとについての個人的な思いも交えながら、福井県の特色について述べてみたい。

高校生のころ、私は福井についてちょっと寂しいイメージをいだいていた。当時、県の人口規模は47都道府県の上から46番目。しかも、減少傾向にあった。私にはそこが不満だった。県外に出て、全国的に、そしてできれば国際的に活躍できるような仕事をしたいと思っていた。

大学に入っていろいろ勉強してみると、人口減少は大都市圏以外の多くの地域で同時進行していることがわかってきた。それは、日本全国で進んでいた大きな構造変化につながるものだった。こうして、私は地域社会について客観的に考える必要性を学んだ。それはまた、地方自治、ひいては政治の問題であるようにも思えた。

私が中学、高校生活を送った１９６０年代、日本経済は驚異的なスピードで成長を続け、大都市圏に人口が流入するとともに、各地で大規模な工業地帯がいくつも形成されていった。私にとって、福井臨海工業地帯造成のような経済発展を追求する開発政策は魅力的だった。

他方で、開発に伴う環境問題も深刻化していて、これを重視すべきだという主張にも共感できた。福井の工業港建設でいうと、公害防止や開発対象となった美しい砂丘地帯の保全に傾く。あれこれ考えるうちに、国家レベルの政治や外国の事情についても関心が広がった。やがて、政治について勉強しようと、大学院進学へ進路を変えた。

ここで人口の話に戻ろう。県全体でみるなら、1970年代に入って福井県の人口は増加に転じた。福井の特徴は、増加傾向が比較的最近まで続いたことだ。早い県では、1980年頃にはもう再度の人口減少が始まっていた（図22‐1）。

要するに、福井の基礎体力は、この間それだけ強くなったのである。岡山県の水島コンビナートのような大工業地帯はできなかったが、ものづくりの実

1966年の福井駅前通り．70年代に入り福井の人口は増加に転じ，ものづくりなど経済力も高めていった．

力など、経済も充実している。規模の点でも、アメリカにだってワイオミングのように福井県より人口が少ない州、ロードアイランドのように福井県よりも面積が小さい州がある。でも、アメリカではそれを誰も問題にしない。高校生時代の私には、そういうことがわからなかった。

県外に出てしばらくして、そこに住む親兄弟がいなくなったこともあり、私には福井県に帰省するという意識がなかった。しかし、今回の共同研究を機に再び訪れてみると、福井は暮らしやすく、可能性をたくさん持った地域として姿を現した。どの地域でも課題は多い。しかし、足もとの価値に気づき、それを伸ばそうと挑戦することが大切だ。

自治体としての福井県は、そういう認識のもと、攻めの政策を展開しているようだ。ブランド営業課

図 22 - 1　比較のなかで見る福井県の人口推移
1980 年の人口を 100 とした場合

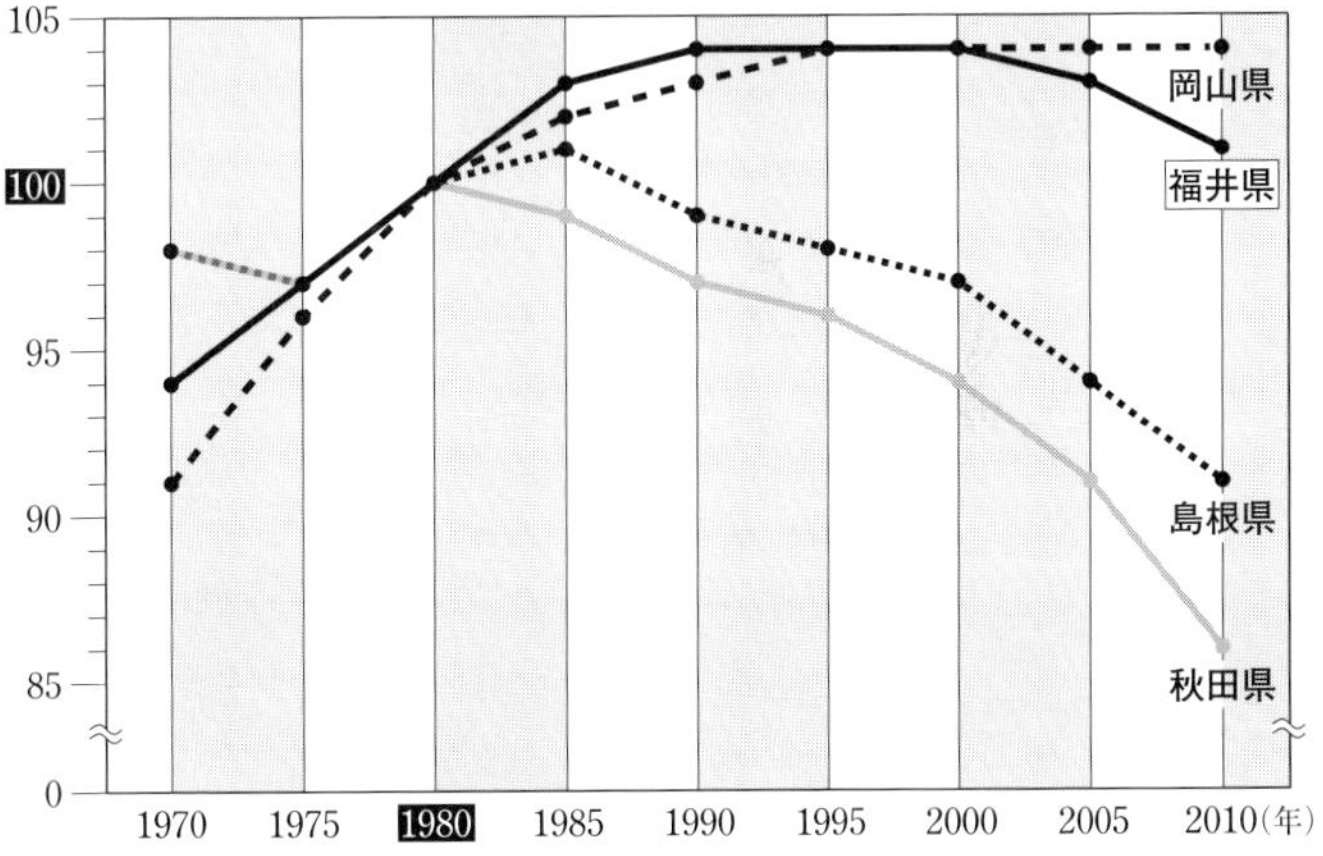


出所：国勢調査より.

という斬新な組織の設置はその象徴だ。研究面でも観光面でも、恐竜博物館はいまやトップレベルのブランドだ。福井生まれのコシヒカリをアピールするなど、地元の価値の発掘にも余念がない。異論、反論、さらには失敗もあるだろうが、それを引き受けることで鍛えられる。福井県が行うさまざまな挑戦は、この地域社会をバージョンアップするうえで大きな力になりうる。

もちろん、主人公は県民だ。丹南《たんなん》地区では、田舎暮らし体験ツアーという事業を進めている女性にお話をうかがった。観光客の量的拡大ではなく、地域のファンを作りながら農を変えていくのだという。地味かもしれないが、ユニークな挑戦だ。個人であれ企業であれ、何かをめざして独自の挑戦をすることが、未来を引き寄せ、希望を広げる。

今後、東京圏など少数の地域を別にすれば、日本各地の人口は減少していく。福井県で近年再び始まった人口減少も、これを完全に止めることはできないであろう。しかし、福井県がこれまでに蓄積してきた価値とそれをさらに伸ばそうとする姿勢があれば、新しい道が開けるのではないだろうか。個性豊かで希望に満ちた県になってほしい。

## Q&A　足元の価値に「気づく力」

**Q　先生が中学、高校を過ごした1960年代の「福井」って、どんなところでしたか?**

**A**　私は武生に生まれ、高校卒業までずっと市内の学校に通いました。自家用車時代はまだで、修学旅行や臨海学校以外で丹南地域の外に出たことはほとんどありません。ですから、福井県全体の印象は漠然としていました。ただ、人口や地勢といったデータは単純明瞭《めいりょう》で、海と山に囲まれた小さな県というイメージを持ちました。そして、「山の彼方《かなた》の空遠く、幸い住むと人の言う」という学校で習った詩の一節に、山の彼方、つまり県外へのあこがれをかき立てられました。

**Q　福井県の人口は30年ぶりに80万人を割りました(2012年8月1日時点、県推計)。福井のような地方の社会で人口を増やすためには。**

**A**　人口減少は全国的な傾向で、福井県でも人口が再び増えることは当分ないでしょう。でも、そう悲観する必要はありません。私が今いる岡山県はかつて群馬県と並んで「標準県」とされ、そこを見れば日本の平均的な姿が分かると言われたのですが、人口の増減率で見ると、福井県もほぼ標準的です。失われた20年などといいますが、平均寿命や乳児死亡率などを見れば分かるように、日本の基礎力はまだ頑健で、それは福井も同じです。要は人口減少に少しでもブレーキをかけること、そして、女性や高齢者の活力をもっと引き出していくことです。さらなる子育て支援や、県外からの流入人口増加策が重要です。地域や職場の先頭的立場に女性がもっと進出するような環境づくりも必要でしょう。

**Q 地元にいると「足元にある価値」に気づけないってことがありますよね。県や市町のトップセールスがやはり大切なのでしょうか。**

**A** トップセールスも大切ですが、自治体の最重要課題は将来を見据えながらハード、ソフト両面で暮らしの土台を築き、守っていくことです。それに、足元の価値は、セールスよりも前に、人々が暮らしのなかで生かして初めて意味を持ちます。そこには「気づく力」が必要です。郷土の先人・橘《たちばなの》曙覧《あけみ》は、日常の中にさまざまな価値を見いだす達人でした。英訳は少しアメリカ的ですが、１９９４年、当時のクリントン大統領は天皇訪米時の晩餐《ばんさん》会スピーチで曙覧の歌を引用し、希望を語ったほどです。曙覧の気づく力は、人や書物との多様な出会いと、とらわれのない思考によって磨かれたものでした。

## ■盆地型社会が生み出す多様性とつながり

「都に遠く雲閉ざす／日野《ひの》の盆地と云《い》ふ勿《なか》れ」私の母校・武生高校の校歌はこう始まる。作詞は高名な詩人で作家の佐藤春夫《さとうはるお》。歌は、美しい山河や文化の香り豊かな歴史を詠み込みながら、格調高く続いていく。

確かに、武生地域は周囲を山々に囲まれている。今日の都である東京からは遠い。少し視野を広くとれば、それは福井県の姿そのものであろう。高校時代、私も福井をそうイメージしていた。

私は1949年の生まれだ。私が武生で小学校に入ったころはまだ、多くの家には自動車はもちろん、テレビも電話もなかった。当時は北陸地方の幹線道路である国道8号線でさえまだあまり舗装が行き届いておらず、町を一歩出ると多くの道路はアニメ「となりのトトロ」に出てくるような狭いでこぼこの砂利道ばかりだった。

日本経済の急速な発展を受けて、私が高校に入る頃にはテレビはほぼ全戸に普及し、車を持つ家も多くなってはいたが、それでも今日のように気軽によその地域に出かけ、テレビやインターネットを介して全国、いや世界中の映像を見るというような状況からは随分かけ離れていた。それだけに、本や新聞などを通じて伝わってくる東京の姿はまるで別世界のように思われた。多くの地方都市で、一番の繁華街は○○銀座と呼ばれたが、それは東京へのあこがれを端的に表したものだ。武生にもそうした「銀座」があった。

いずれにしても、福井での18年間、私は山々に囲まれた狭い地域のなかでほぼ毎日を過ごしていたのである。自分が暮らしているのは、田舎の狭い盆地だ、福井県というところ全体がそうなのだろう、というのが、当時私がふるさとに対して抱いていたイメージである。だから、高校に入って冒頭の校歌を習ったとき、何の違和感もなくそれを受け入れた。

でも、京都の大学に入って福井を外から見ると、そうしたイメージはちょっと違うなと思うようになった。福井県は近畿地方のすぐそばに位置している。県の西部・若狭《わかさ》地方は、かつて京の都と強い結びつきをもっていた。名古屋からも近い。「都に遠く」というのは、東京中心のイメージである。

もちろん、東京は巨大な存在だ。それは日本のどの地域にとっても同じだろう。でも、隣人たちとのつながりを深める工夫ももっとあってよい。たとえば、福井ブランドと関西文化の新しい出会いを提案するということが考えられる。越前和紙を建築造形の世界に広げたアーティストに堀木《ほりき》エリ子《こ》氏がいる。彼女の作品は、そうした出会いが秘める可能性を京都の側から教えている。関西に限らず、福井県が進める「ローカル・アンド・ローカル」という発想もおもしろい。いろいろな地域と意識的につながりを深めることは、柔軟な発想につながるかもしれないし、一極集中にともなうリスクの軽減にもつながるだろう。

そうはいっても、福井県では、昔は周囲の山々を雲が閉ざす日も多かったであろう。ただ、日本には周りを山や海に囲まれた「盆地型」の地形はたくさんある。文化人類学者の米山俊直《よねやまとしなお》によると、山や海で囲まれた盆地型地形は、日本の文化を考える上で重要な意味を持っているという（『小盆地宇宙と日本文化』岩波書店、1989年）。というのも、それぞれの盆地は昔から個性的な文化をはぐくんできたからだ。日本は決して均質な国ではなく、各地の独自文化が生み出した多様性が特徴なのだ。

福井県も個性豊かな小宇宙だ。その中に、入れ子のように日野の盆地、敦賀《つるが》や小浜《おばま》などの盆地的世界がそれぞれの景観や伝統を誇っている。地域が独自の歴史と物語を持てば、それをバネにして希望も生まれる。福井県産業労働部の巧みな表現を借りれば、「実は福井」の誇りが見えてくる。すると、外に対しても自分に対しても自信を持って語ることができる。

もちろん、いいことばかりではない。盆地的世界は息苦しさ、閉塞感なども生みやすい。暮らしやすさや幸福度ランキングで上位に位置しているにもかかわらず、福井では嘆きの声も聞こえてきた。明治期、小浜が生んだ歌人、山川《やまかわ》登美子《とみこ》は、「鳥籠をしづ枝にかけて永き日を桃の花かずかぞえてぞ見る」（一九○○年、新かなづかいで表記）という哀切な歌を詠んだ。そこには、青春の輝きをもってしても抗《こう》しきれない時代の重圧とともに、ふるさとのしがらみに搦

福井県内134社・171の技術や製品を紹介する「『実は福井』の技」の冊子．ものづくりに対する福井人の「誇り」が詰まっている．

め取られていく無力感、焦燥感《しょうそうかん》が込められているように思われる。実際、このあと山川は小浜の地で意に染まない結婚生活に入り、ほどなく夭折《ようせつ》してしまった。

だが、盆地的世界は完全に閉じた社会ではない。それは緩やかに外に開かれ、つながっている。そのつながりが変化のエネルギーを生み出す。山川の歌の世界も、つかのまではあっても、京都に進学し、さらには与謝野鉄幹《よさのてっかん》、与謝野晶子《よさのあきこ》らと交流を結んだことによって花開いたのである。

福井はかつて、土佐という盆地的な世界を飛び出した坂本龍馬《さかもとりょうま》を受け入れた。そして、自らもたくさんの人材を輩出した。今日、インターネットは山川や龍馬の時代とは比較にならないつながりの可能性をつくり出している。ただ、インターネットの可能性は巨大ではあるが、ときとして少しバーチャルに傾いてしまう。ここはやはり、近隣を始めさまざまな地域、多様な人々との具体的な結びつきを見直していくことも大切だろう。

口で言うほど簡単ではないが、自分の個性を確認しつつ、福井をさらに開かれたものに変えていく。そうすれば、福井の希望は広がっていくだろう。

## Q&A　そこにある原石　しなやかに磨く

**Q 先生、「知名度アップ」という言葉をよく耳にしますが、全国から見た福井の知名度は？**

**A** 近隣地域を別にすれば、福井県がどんなところでどこにあるのか、ある程度知っている人はあまりいないでしょう。海外での認知度はほぼゼロだと思います。でも、それはお互いさま。皆さん、例えば栃木や佐賀についてどのくらいご存じですか。ロンドン以外のイギリスについてはどうでしょう。ある調査によると、自国の50州をちゃんと地図で言えない人がアメリカにはたくさんいます。いずこも同じ。発信力を磨きながら、辛抱強く売り込んでいくしかないでしょう。

**Q 地方都市同士の連携を深めると、福井にどんなメリットが生まれますか。**

**A** 少なくとも、東京一極集中のワンパターン思考から抜け出せます。リスク分散にもなります。比較的似通った条件を持つ、しかも多様性に富んだ地方同士が意識的に結びつき、いろいろなデータや経験を共有していけば必ず成果が生まれます。アメリカやドイツなど、多極分散型の国も参考になるでしょう。地方をもっと積極的に位置づけてください。

**Q 暮らしやすさ、幸福度が全国トップの福井県ですが実感がわきません。自信を持って福井をもっと誇りたいのですが。**

**A** 幸福度を測る指標が少し偏っている気がします。地域社会の多様性、閉鎖性、変化への積極性、あるいはワクワク感といった要因が入っていません。福井には盆地社会独特の豊かな自然や文化的厚みがあります。でも、それはややもすると閉じた世界になって、因習や閉塞感を生み出します。明治期、小浜が生んだ歌人・山川登美子は、そのような社会に生きる青春の鬱屈《うっくつ》した気持ちを印象的な歌に紡ぎました。

今は、山川の時代と違ってさまざまな可能性が開かれています。ふるさとにとらわれず、でも、そこにある原石をしなやかに磨いていけばいいのではないでしょうか。

**Q 「開かれた福井」に変えるためのアドバイスをください。**

**A** 交通やコミュニケーション手段の発達で、空間的な盆地性は大きな障害ではなくなりつつあります。問題は心の盆地性です。子供の時から多様な文化や考え方に触れることが有益かもしれません。山村留学ならぬ、大都市との交換留学、あるいはふるさと連合の留学、といった案はどうでしょう。福井の良さを伝えるよい機会にもなるでしょうし。

# 23

# アジアに向かう「福井の恐竜」

末廣　昭

**すえひろ・あきら**　1951年、鳥取県生まれ。東京大学社会科学研究所教授。元同研究所所長。専門はアジア経済社会論。主な著書に『キャッチアップ型工業化論――アジア経済の軌跡と展望』（名古屋大学出版会、2001年度アジア太平洋賞大賞）、『ファミリービジネス論――後発工業化の担い手』（名古屋大学出版会、第2回樫山純三賞）、『タイ　中進国の模索』（岩波新書）など。

## ■恐竜学、タイへ

越前《えちぜん》がに78%、東尋坊《とうじんぼう》72%、永平寺《えいへいじ》53%、恐竜博物館18%。

これは福井県が誇る観光資源に対する全国の認知度である（北陸イメージアップ推進会議調べ）。かくいう私も勝山《かつやま》にある博物館を訪れるまでは、その素晴らしさを知らなかった。2009年度の入場者のサンプル調査では、近畿・東海・北信越の3地域のみで85％。関東はわずか6％しかない。

福井県立恐竜博物館（口絵参照）は、カナダ・アルバータ州のロイヤル・ティレル古生物博物館、中国四川《しせんしょう》省の自貢《じこう》恐竜博物館と並ぶ世界三大恐竜博物館の一つだ。現在、全身骨格化石の見本は40体、うち実物が6体。09年10月に購入した、世界最大級の草食恐竜カマラサウルスの全身骨格化石も補修や保存の作業を終え、13年3月から常時展示されている。

この恐竜博物館の一角に、小ぶりのガラスケースがひっそりと置かれている。中にあるのは長さ20センチほどの草食恐竜の下あごのレプリカ。注意しないと見過ごしてしまう展示物だ。展示には「ラーチャシーマーサウルス・スラナリーエア」とある。事情を知らない人には何のことか分からない。

実はこのレプリカ、福井県とタイの国際協力を示す大変貴重な文化物である。というのも、タイの「珪化《けいか》木《ぼく》鉱物資源東北研究所」（通称、恐竜博物館）と福井県立恐竜博物館が共同で発見した、タイ初の本格的な恐竜の部分化石だからだ。

「ラーチャシーマー」は発掘場所であるナコンラーチャシーマー県からきている。「スラナリー」は19世紀初め、ラオス軍の侵略から東北タイを救った女性の名前。タイ人であれば誰でも知っている「タイのジャンヌ・ダルク」だ。「エア」はラテン語で女性の性別を指す。名付け親は日本チームだという。

タイは全身骨格こそ発見されていないものの、恐竜や古代象の化石の宝庫である。現在、77県中18県で恐竜の化石や足跡が発見されており、大半は東北タイに集中している。地元の人は、タイ語で「ガポーム・ヤック」と呼ぶ。英語のダイノサウルと同じで「大きなトカゲ」という意味だ。

18県のうちコーンゲン県とガーラシン県の発掘にはフランスの公立研究所が、ナコンラーチャシーマー県とチャイヤプーム県の発掘には福井県が参加している。福井県がタイへの協力を本格的に開始したのは07年からだ。福井県は中国の研究者たちとも緊密な協力関係にあるが、支援の規模や密度はタイの方が上だろう。

福井県立恐竜博物館の活動には、県のブランド営業課が後押しをする「恐竜ビジネス」の展開と、日本・タイ・中国の3カ国による「アジア恐竜学」の推進という二つの顔がある。

21世紀の日本とアジア諸国の関係は、貿易や投資だけではなく、技術協力や学術交流がますます重要になる。その動きを先取りしているのが福井県だ。恐竜好きで知られるシリントーン王女（現国王の次女）が後援するタイの恐竜博物館と、福井県立恐竜博物館のユニークな関係は、日本とタイの新しい結びつ

タイの恐竜博物館に展示されている「ラーチャシーマーサウルス・スラナリーエア」の下あご化石の実物．福井県とタイの国際協力を示す貴重な文化物である．

きを示唆している。

## Q&A 国益離れ 同じ目標向かう

**Q 福井県民である私も、子どもと福井県立恐竜博物館に通い詰めました。その良さは、なぜ広く知られていないのでしょうか。**

**A** 実際の距離やかかる時間以上に福井県は遠いと思っている人が、関東地方では多いと思います。それと「大恐竜展」は上野の国立科学博物館の専売特許と思っている人も多い。やはりメディアなどを使って、もっとアピールする必要がありますね。一度訪問すればその素晴らしさが分かるのに、とても残念です。

**Q 「恐竜ビジネス」成功の鍵はどこにありますか。**

**A** 「行政ビジネス」を進めた県庁の人々の自己変革も重要ですが、博物館の研究者の皆さんが研究だけでなく、「福井の恐竜」を知ってもらおうと、マーケティングの努力を重ねた点も重要だと思います。行政関係者と研究者が共通の目標の下で協力している稀有《けう》な例で、福岡市のアジア美術館と並ぶ新しい試みだと思います。

**Q 「アジア恐竜学」の推進は、具体的にどんな点で福井の財産になりますか。**

**A** 「アジア恐竜学」というネーミング自体がとても魅力的ですね。現在、日中・日韓関係は、領土問題や歴史認識問題を理由に戦後最悪の状態に陥っています。そうした中、アジア諸国が自国の利益を離れて「恐竜学」の構築という同じ目標に向かって協力することは、福井県だけではなく、日本にとっても大きな財産になると思います。

## ■国への仲立ち、地方が担う

バンコクから国道2号線に沿って260キロ。東北部の玄関口であるナコンラーチャシーマー県庁所在市(コーラート市)の手前で右に折れ、12キロさらに行った畑の中に、突然瀟洒《しょうしゃ》な建物が現れる。福井県立恐竜博物館が全面的に協力している珪化木鉱物資源東北研究所である。

この研究所は、タイでは恐竜博物館(ピピッタパン・ダイノサウル)として知られる。3つの棟から成り、第1棟は珪化木、第2棟は古代象の化石、第3棟が恐竜関係の展示だ。

第3棟には、2011年11月にシリントーン王女の列席のもと、研究所と福井県が共催した「古生物・層序世界会議」の様子と、福井県との共同発掘成果のパネルも展示されている。さらに、建物の後ろの広大な

珪化木鉱物資源東北研究所の中庭にある肉食と草食の恐竜模型．福井県とタイ，中国で発見される化石は，北米とは異なる独自の「アジア恐竜時代」を共有している．

福井県との共同事業に関する珪化木鉱物資源東北研究所の展示＝2012 年 7 月 10 日

池の中には、草食竜と肉食竜が争う巨大な模型が配置され、見学に来た人々の目を楽しませる。

研究所の設立は04年。当初は工業省鉱物資源局の管轄だったが、08年にその管理を同県ラーチャパット大学（地方の4年制総合大学）に移管した。5名の専属スタッフは、大学で授業を行いながら調査研究を行う。彼らは恐竜の専門家ではなく、地質学や地理学の出身である。

そのため、福井県は発掘作業や化石のクリーニングのノウハウだけではなく、「恐竜学」の専門知識の伝達、そして福井県への彼らの研修受け入れにも協力している。研究所のスタッフ、ウィカネートさんとジャルーンさんに案内され、隣のチャイヤプーム県の恐竜足跡現場と化石発掘現場を見学した。

結局、走行距離は500キロとなり、その日は発掘現場から100キロ離れたホテルに泊まった。発掘作業が始まると、近くの小学校に寝泊まりすることもあるという。日本人スタッフは毎年4、5人が交代で参加、1人が1カ月半から2カ月間滞在する。暑い乾期の人里離れた場所での作業の苦労がしのばれる。

チャイヤプーム県ノーンブアデーン郡の恐竜足跡現場＝2012年7月9日，末廣昭撮影

福井県立恐竜博物館の国際協力は三つの面で画期的である。

まず、国と国との間ではなく、日本の地方自治体とタイの大学の間の国際学術文化交流は、他に例をみない。国際協力の世界では、常に多様な担い手による学術文化交流の重要性が強調されるものの、実際に地方自治体が関与する事例は珍しい。

次に、福井県とタイと中国で発見される恐竜化石は、いずれも同じ時代の草食恐竜で、北米とは異なる独自の「アジア恐竜時代」を共有している。その時代の解明を、外交関係がぎくしゃくしている中国も含めて三つの国のチームが、国益を離れて共同で追究するのは、スリリングな試みである。その難しい仲立ちを福井県が担っているのは、素晴らしいことだと私は思う。

最後に、タイの恐竜学はまだ始まったばかりである。若手の人材育成を無償で福井県が行っていることも実に素晴らしい。40年間、私はタイ研究に従事してきたが、このように夢のある人材育成プログラムは、ほとんど知らない。

惜しむらくは、こうした活動がタイでも日本でも、またバンコクに駐在する日本人にもあまり知られていないことだ。福井の希望ある活動を多くの人に知ってほしいと願っている。

## Q&A　夢ある活動　知ってもらおう

**Q** **国際的な学術交流に地方自治体が関わることには難しさもあります。福井県はなぜ取り組めたのでしょうか。**

**A** 東京都、京都府を別にすると、福岡県、大分県、静岡県、広島県などが熱心にアジア諸国との学術交流に取り組んでいます。福井県の強みは何といっても、恐竜の発掘現場を持っていること。恐竜学の「地産地消」がまずあり、その上に独自の知識やノウハウが蓄積されたからこそ、海外への協力も可能になったのだと思います。

**Q** **単に物資や技術を提供するだけでなく、「人を育てる」観点が重要なのですね。**

**A** 企業の海外進出であれ技術移転であれ、その成否を決めるのは結局、人と人との関係です。アメリカの企業は機械設備に投資し、日本の企業は人に投資するとよく言います。学術研究の場合には見返りのない、人への投資です。でもこの無償の「人づくり」こそが、将来の恐竜学の発展につながるのだと信じます。

**Q** **恐竜をきっかけにしたタイとの交流は今後、他のどんな分野で広がる可能性がありま**

すか。

**A** 福井県と東北タイの恐竜博物館同士のユニークな交流を知っている人は、まだ限られています。まずこの状況を改善することが必要です。日本国内だけでなく、タイでも積極的に講演会を開き、バンコク日本人商工会議所の「所報」に投稿するなどして、福井県の夢のある活動をタイ人や日本人にもっと知ってもらうべきだと思います。

24

# 伝統とは信頼を賭けること

## 水海の田楽能舞

佐藤由紀

**さとう・ゆき**　小笠原父島生まれ。玉川大学芸術学部准教授。専門は生態心理学、演劇（戯曲・演出）、ジェスチャー。主な著書に『アート／表現する身体――アフォーダンスの現場』（共著、東京大学出版会）など。アーティストとしての活動に「うたうこと、はねること」『第3回大地の芸術祭／越後妻有アートトリエンナーレ2006』（新潟県十日町市浦田）など。

### ■水海の田楽能舞

「大事なことだから」。七百有余年の歴史をもつ「水海《みずうみ》の田楽能舞《でんがくのうまい》」を守っていくのは大変ではないですか？ とたずねると、保存会会長であり、水海の鵜甘《うかん》神社の氏子《うじこ》でもある飯田拓見《いいだたくみ》さん（69）は、ためらいなくそう答えた。

「水海の田楽能舞」は、今立郡《いまだてぐん》池田町《いけだちょう》の水海地区にある鵜甘神社で、毎年2月15日に奉納される田楽と能舞のことである。田楽と能舞を合わせて舞う珍しい伝統芸能として、昭和51（1976）年に国の重要無形民俗文化財に指定されている。現在も田楽を4番、能舞を5番納め、ふだん会社や学校に勤めていたり、農業や建設業等を営む人びとが担い手となっている。彼らは田楽や能舞を舞う舞人《まいびと》だけではなく、謡《うたい》と呼ばれる地謡方《じうたいかた》や太鼓《おおど》、小鼓《こづつみ》、笛からなる囃子方《はやしかた》など、すべて自分たちで担う。総勢三十余名の大所帯だ。

歴史は古い。言い伝えでは、鎌倉時代に執権北条時頼《しっけんほうじょうときより》が廻国《かいこく》の際、水海地区で大雪に見舞われ一冬の滞在を余儀なくされたという。村人たちは時頼とは知らず、旅の僧を慰めようと田楽を舞った。それを喜んだ時頼より能を伝授されたのが始まりといわれる。

水海の田楽能舞の伝承は、世襲制による継承といった古典的な方法をとっている演目と同時に、水海地区に居を構えずとも氏子であれば誰でも継承可能な演目もある。

世襲の色合いが強いのは、「式三番《しきさんば》」と呼ばれる「天下泰平《てんかたいへい》等を祈祷《きとう》し、長久円満《ちょうきゅうえんまん》を祝福する」能舞と、同じ祝舞《しゅくまい》である「高砂《たかさご》」の舞人である。鵜甘神社の神主と、田楽能舞の後援者かつ指導者的役割の家々の子孫が、代々これらを舞ってきた。田楽能舞が奉納される真冬の当日正午、「式三番」を舞う神主と舞人、「高砂」の舞人の3人が白装束に身をつつみ、水海川の清流に入る。心身を清め、神に仕える誓いの「禊《みそぎ》」をたてる。

ところが、それ以外の演目の舞人や囃子方はすべて「スカウト制」だ。現在の舞人や囃子方、もしくはその師匠筋が、保存会や青年団に所属する若人をスカウトする。基準は「こいつならやってくれる。大丈夫」という勘だという。

その勘はどこからくるのか。その秘密を知りたくて、池田町を十数回訪れた。ある人は「ふだんの仕事ぶりをみればわかる」と言い、ある人は「目を見ればわかる」という。スカウトによる継承は、いわば信頼を賭けた大勝負である。彼らは後継者に賭け、自分の舞や囃子を教え、育てる。今までその賭けに負けたこともあったよ、と笑って話してくれる人もいた。勇気と果敢さは若人だけのものではなく、経験こそがものをいう。

七百有余年という歴史の重みは計りしれない。

七百有余年の歴史をもつ「水海の田楽能舞」の稽古風景．世襲制と，「勘」によるスカウト制で継承されている．

田楽能舞を担う人びとに出会うまでは、歴史を途絶えさせないという使命感が、伝統を存続させてきたと思っていた。だがそれだけではなかった。彼らは歴史を守る強い覚悟を持ちつつも、気負うことなく困難をときにひょうひょうとくぐり抜けてきた。「大丈夫」と思える若人を自らの手で育て、伝統を紡ぐ。その思いこそが大事《おおごと》なことなのだ。

### Q&A　結果が出るのは十数年後

**Q　氏子や世襲により700年継承されている芸能は全国でも珍しいのですか。**

**A**　福井県美《み》浜町《はまちょう》の「王の舞」など、数百年単位で継承されている伝統芸能は全国に数多くあります。しかし、少子高齢化による後継者不足などにより、衰退していくものも少なくありません。「水海の田楽能舞」は総勢三十余名という大所帯ですが、そのすべてを池田町水海の住人らで担い、継承しています。また田楽能舞は、昭和51（1976）年に国から重要無形民俗文化財として指定されるずっと以前の昭和27（1952）年に、当時の池田村により文化財として指定されています。これは、地方自治体レベルでいち早く保護をおこない、継承形態の模索を開始していることを示しています。地域住民らが自ら、継承のためのアンテナをたてるきっかけを作り、現在もそのアンテナを張り巡らしている点はユニークだといえるかもしれません。

**Q スカウトは「勘」で行うということですが、それは、互いの顔、人柄が見える人口の少ない町だから可能なのですか。**

**A** 難しい質問だと思います。人口の少ない町であれば「自動的に」互いの顔や人柄を知ることができるか、というと一概にそうとは言えないからです。池田町は、町ぐるみ地域ぐるみの行事や活動が数多く存在します。たとえば、各家庭の食品資源の回収を、町民が2人1組になっておこなうボランティア活動があります。同じ町内でも一度も話したことのない人と一緒になることもあり、最初は戸惑うこともありますが、1日かけて回収を終えるころには関係性が深まっているそうです。老若男女《ろうにゃくなんにょ》の出会う場が多くあること、そしてその場を魅力的だと若者に思わせる仕掛けをつくることが、スカウトを「勘」で行うことのできる町の土壌となるのではないでしょうか。

**Q 「若人を自らの手で育て、伝統を紡ぐ」思いは、なぜ大事《おおごと》なのですか。**

**A** 「水海の田楽能舞」では、数年かけて技術を継承し、独り立ちした若人が、遠方移転のため、いなくなったことがあったそうです。つまり、伝統芸能の後継者育成とは、技術はもちろん、その芸能を引き継ぐ精神的覚悟も併せて継承する人を育てることなのです。後継者育成の結果が出るのは十年後だといいます。一、二度うまくいかなかっただけで、十数年の時間が流れることになります。それでもなお、受け継いでくれる新しい若人を探す覚悟を持ち続けることは、数十年しか生きられない人間にとって、人生をかけた「おおごと」なのではないでしょうか。

## ■熱気と信頼の伝播

「水海の田楽能舞」は毎年2月に鵜甘神社で奉納される（口絵参照）。この時期の池田町は一面白銀の世界だ。太陽が差すと光が雪に乱反射し、すべての景色の縁取りが光の中に埋もれてしまう。

奉納は15日。変更はない。伝統芸能の担い手には、会社や学校に勤めている人たちも多い。2月15日が平日にあたる年は、保存会役員が総出で会社や学校を回る。田楽能舞が神事であり、当該氏子が参席しないと神事が成り立たないことを説明し、配慮のお願いにあがる。

田楽能舞が奉納されるまでには決まった道のりがある。2月3日に保存会役員が一堂に集まり、舞人や地謡方、囃子方を担う人々の名前を告げる「役割《やくわり》」がある。そして4日から13日までほぼ毎日「本稽古《ほんげいこ》」だ。夜6時から10時まで師匠筋や師匠の師匠にあたる地謡方の前で、選ばれた舞人や囃子方が稽古を重ねる。

前日14日は全員が本衣装をつけ、すべての演目を行う「場均《ばなら》し」となる。さらに、当日に厳寒の川で身を清める「禊」を行う舞人3人には「別火《べっか》」が決まりだ。13日午前零時から奉納が終わるまで、けがれを忌《い》んで、家族等とは別にきり出した火のみを使い、食材も自分で調理する。

舞人や囃子方の若人は主に30代から40代。各自の仕事場でも主たる担い手であり、家庭に戻れば子育て真っ最中の父親もいる。多忙だが、それでも後継者を引き受ける。

「烏《からす》とび」と「阿満《あま》」という二つの田楽の舞人の後継者に選ばれた三ツ《みつ》本《もと》 優《まさる》さん(40)は、携帯型音楽プレーヤーで謡《うたい》を聴き、振りを確認し、稽古に臨んでいた。そして傍らには師匠の杉本靖之《すぎもとやすゆき》さん(42)がいた。杉本さんは20年余り「烏とび」と「阿満」を舞ってきた。杉本さんの指導は具体的で詳細だ。謡の節回し、鈴を鳴らすタイミング、歩数、扇の位置、腕の形。自分で舞って見せ、三ツ本さんに舞わせ、もう一度自分で舞う。

後継者たちの中で本稽古の初日から熱心さを前面に押し出す者は、少ない。地謡方も初日は三々五々集まり、緩やかに稽古を始める。一方、師匠筋には初

町民ぐるみの活動を通して老若男女の出会う場が数多くある池田町．冬場は一面銀世界となる．(写真提供：池田町役場)

日から熱気があった。本稽古が進むうち、その熱気が次第に若人へ伝播《でんぱ》する。若人は師匠のいう舞や囃子の要点を体得しようと、もがく。さらに師匠に近づくため、みずから舞や音の細部にこだわっていく。そして、演目の本質である流れと淀みのバランスを、身体全体で表現しようとする。彼らの傍にはいつも師匠がいる。

役割から奉納までの全期間を見てもっとも感銘をうけたのは、師匠の熱気と信頼が若人に伝播し、経験がその若人を確かな芸能者へと変えていくプロセスの美しさだ。伝統とはプロセスの積み重ねなのだ。「場均し」の14日、振りをおさらいしている三ツ本さんに、熱心ですねと話しかけたら、「来月結婚式なんです。こんなに時間なくて本当にできるかな」と小さく笑った後、すっとイヤホンを耳に入れ、顔つきが一瞬で変わった。

田楽能舞が奉納される当日の鵜甘神社．参道には氏子たちによる出店もある．
（写真提供：池田町役場）

## Q&A　高齢者が長老然としていない

**Q**　700年前とは世の中の価値観が変化・多様化していると思います。継承者たちから、田楽能舞も在り方を変えてはどうかといった意見はないのでしょうか。

**A**　「水海の田楽能舞」は、すでにその伝承方法を時代に合わせて柔軟に変化させています。例えば、「あまじゃんごこ」という田楽は現在中学生たちが舞っていますが、平成以前は長老たちがその担い手でした。子どもたちに伝統芸能への興味を持ってもらいたいという願いと、次代の担い手の育成といった意味を込めての決断だったそうです。

**Q**　継承される芸能と、消えゆく芸能の違いはどこにあると思いますか。

**A**　今回「水海の田楽能舞」を調査して感じたことは、その芸能にとってもっとも大切にしていることは何か？をはっきりと自覚し、理解している人物が存在するかどうかが芸能の継承の鍵を握っている、ということです。「水海の田楽能舞」は、この伝統芸能が神事であること、そのため舞が終わった後に拍手はしないでほしいという2点を、観客に伝えるところから始まります。このことは、田楽能舞の観客は神であり、その奉納が一義であることを示しています。つまり、「神への奉納」というもっとも大切な目的がかなえさえすれば、それ以外の事柄は柔軟に対応することができる、ということなのです。その芸能の「意味」を理解し、その「意味」が変容されない範囲を判断し、柔軟性を獲得できるかが、継承される芸能と消えゆく芸能の違いの一つといえるのではないでしょうか。

**Q 水海の田楽能舞を調査して見えてきた、福井の希望はありますか。**

**A** はい。調査を通じ、チャレンジと情熱は若人だけの特権ではない、ということにあらためて気づかされました。言い換えれば、福井は「長老」である高齢者が長老然としていない、ということなのでしょう。継承者となる若人たちに時に打ちのめされ、裏切られながら、それでも前を向く「長老」たちに、希望の萌芽《ほうが》を感じました。

25

# 小さな池田町の大きな希望

大堀　研

**おおほり・けん**　1970年、福島県会津地方生まれ。東京大学社会科学研究所助教。専門は地域社会学、環境社会学。主な論文に「グリーン・ツーリズムが育てるもの」（『希望学2　希望の再生──釜石の歴史と産業が語るもの』東京大学出版会）、「『大きなまちづくり』の後で──釜石の『復興』に向けて」（『辺境からはじまる』明石書店）など。

## ■「農」と「環境」

池田町《いけだちょう》の2010年の人口は3046人。福井県の全17市町の中でもっとも少ない。「平成の大合併」で福井県でも多くの自治体が合併している。だが合併前の35の旧市町村で比較してみても、池田町より人口が少ないところは4つしかない。

人口が少ないだけではない。高齢化率[1]は40・6%で県内最高。4割を超えている自治体は池田町しかない。なんと旧市町村にも存在しない。

こんな数字ばかりを羅列すると、なんだか池田町には希望がないように思えてしまうかもしれない。ところがいざ池田町に行ってみると、そうした印象はくつがえされる。

「いけだエコキャンドル」は、「印象をくつがえす」にはうってつけのイベントだ。毎年9月末か10月初めの土曜日に開催されるこのイベントは、2005年に開始された。イベント当日には、町民が手作りしたキャンドル2万個以上が、町中心部の広場に並べられる。

イベントの目的は環境の大事さを「心に訴える」こと。池田町は農業、とくに米作りが主要な産業の一つだ。より安全な食品を消費者に届けようと、町は2000年に有機農業の制度をつくった。その頃から「農」や「環境」に関する活動が、池田町で盛んになっていく。その流れの中で、心に訴えるイベントとしてエコキャンドルが開始されたのである。

目的はもうひとつある。住民のまとまりだ。キャンドル作りは毎年6月頃から開始される。幼稚園児からお年寄りまで、多くの町民が協力している。

できあがったキャンドルは、開催当日の昼間に、年ごとのテーマにそった形に並べられる。東日本大震災が起きた2011年は、日本列島の形にならべられた。この作業にも多くの町民がくわわる。町外、さらには福井県外から参加する人もいる。

夕刻になって、キャンドルに火がともされる。その光景を見に、ふだんは田園風景がひろがる静かな池田町に、この日は1000人近くが町外からおとずれる。

たくさんのキャンドルの灯《あか》りがおりなす光景は感動的だ。電気の灯りは少なく、会場を離れるとほとんど何も見えないほど暗い。町民が手づくりしたキャンドルは暗闇の中で柔らかい光を放ち、見る人を安心させる。ある20代の女性が、昔は嫌いだったが、このイベントに感動して池田に戻った、と語ってくれた。

興味深いことは他にもいろいろとある。人口3000人の池田町にあるNPOの数は2つ。日本全国では、ざっと計算すると、3000人あたりのNPO数は約1・2になる[(2)]。つまり池田町はNPOが多い

2011年のエコ・キャンドルは日本列島が描かれた＝2011年10月1日，大堀研撮影．

のだ。

それぞれの活動内容も面白い。「環境Uフレンズ」は、先ほどの有機農業を推進することを目的に結成された団体だ。堆肥《たいひ》にまぜるための生ゴミの回収に１００人以上の町民が参加している。

もう一つは「日本農村力デザイン大学」。地域づくりや環境問題の分野で活動している人物を呼んで、農村の価値と魅力を考えるための講義を年５回開催する。結城登美雄《ゆうきとみお》氏(3)や内山節《うちやまたかし》氏(4)といった、それぞれの分野でとても有名な人が講師をつとめることもある。

全国の中でも早い時期にグリーン・ツーリズムにとりくんだ「ファームハウス・コムニタ」もある。グリーン・ツーリズムとは、農業体験などを組み込んだ観光のこと。農林水産省が１９９２年に出した中間報告書がきっかけとなって広まった。それより前の１９８６年、池田町の農協青年部メンバーは「体験・ザ・百姓」イベントを開始している。

かかわったメンバー20名以上が新たに組織をつくり、みなで出資して建てたのが「ファームハウス・コムニタ」である。宿泊ができるこの施

日本農村力デザイン大学の講義の懇親会で会話する県内外からの受講生＝2010年7月18日, 大堀研撮影.

設は、池田町のグリーン・ツーリズムの拠点の一つとなっている。「デザ大」の講義の後は、ここで懇親会も開かれる。

このように「農」や「環境」をテーマとする町民の活動は、枚挙にいとまがないほどさかんなのだ。こうした池田町にひかれる人は多い。縁もゆかりもなかった国家公務員や有名雑誌の元編集長までが、池田町に移り住んでいる。統計からは読み取ることのできない活気のようなものが、池田町にはあるのだ。ウソだと思われる方は、一度お訪ね下さい。

## ■スモール・メリット

「農」や「環境」をテーマにした住民活動がさかんな池田町。どうしてこういう状況になったのだろうか。要因になりそうなことはいくつかある。たとえば歴史が影響しているのかもしれない。本書で佐藤由紀《さとうゆき》氏が書いたように、池田町の水海《みずうみ》地区では住民が古くから田楽能舞《でんがくのうまい》をつたえてきた。環境と能舞ではずいぶんと違うが、住民自身がつくりあげているという点では共通している。

だがもっとも重要なことは、池田町の「小ささ」そのものではないかと思う。

2003年には「環境向上基本計画」が定められた。池田町の豊かな環境を守るために、住民や行政がとるべき行動指針が策定された。ページをめくると、最初に掲げられている指針は「やまに入ろう！」。自治体の計画としてはとてもユニークである。

計画を作ったのは、2002年に立ち上げられた「100人のパートナー会議」。町民100名が委員となって議論した。担当だった町役場職員の内藤徳博《ないとうなるひろ》さんに話をきいて驚いた。100人の委員は、内藤さんの知人の中から選んで声をかけ集めたという。他の自治体で普通に行われる公募制ではなかったのだ。

どうやって委員を選んだのか尋ねたところ、いくつか基準があった。「まちのことに興味がありそうな人」。「計画をつくったあとも動いてもらえそうな人」。年齢や職業などが偏らないようにも気をつけて人選したという。

こうした選び方ができたのは、内藤さんが池田町の多くの町民と知り合いだったからだ。そうでなければ誰が委員としてふさわしいかはわからない。そして内藤さんが町の多くの人と知り合いでいられたのは、町が小さいからだ。人口が多いまちで行政がこんな選び方をしたら、知人をえこひいきしていると批判されるだろう。小さいまちだから、行政も適切な人を選べるし、町民にもそれがわかる。

同じようなことはあちこちでみることができる。たとえば前でふれたエコキャンドルでは、運営に町役場の職員もくわわっている。当日の設営や翌日にかけての片付けでも、多くの役場職員が汗をかく。NPOの活動でも同様だ。役場と住民のあいだの隔たりはとても低い。小さいまちだからそれができるのだ。

そもそもこの「小ささ」は選択された結果でもある。いわゆる「平成の大合併」のころ、池田町でも合併が検討された。だが合併は見送られた。杉本博文《すぎもとひろぶみ》町長は、その理由を次のように語っている。「町民が口々に、『今までもやってこれたのだから、これからもみんなの力を合わせてやっていけないものか』と言うんですよ」(結城登美雄著『地元学からの出発――この土地を生きた人びとの声に耳を傾ける』農山漁村文化協会、256頁)。

もし合併していたら、池田町はどこかの自治体の「はじっこ」になっていただろう。新しい自治体の職員は、池田町のことばかりにかかわってはいられない。行政と住民の関係は変化し、「みんなの力を合わせ」ることはなくなってしまったはずだ。池田町の人びとは、たとえ財政的には厳しくなるとしても、自分たちが作り上げてきた関係を重視したのだ。

池田町は「小ささ」をデメリットだけにはしていない。むしろその良さを積極的に活かそうとしている。内藤さんはインタビューで「スモール・メリット」という言葉を使った。小さいからこそ、人と人がつながりやすく、それが活力を生む、ということを表しているのだろう。池田町のことをとてもよく表現している言葉だと思う。

池田町のように人口減少や高齢化が進んでいる自治体は多い。そうしたところでも「スモール・メリット」を活かすことはできるはずだ。お金はそれほどかからない。

池田町がおかれている状況は、たしかに楽観できるものではない。だがそれは池田町の人びともわかっている。それを覚悟の上で、未来に池田町を残すことを、まちの人びとは選択した。そうした勇気ある人びとがいるということは、とても大きな希望だと感じる。

（1）65歳以上人口の全人口に占める割合。

（2）NPO数は内閣府のインターネットページ（https://www.npo-homepage.go.jp）を参照。2013年1月末のNPO数（所轄庁の受理数、申請中を含む）は4万9050団体。人口は総務省統計局のインターネットページ（http://www.stat.go.jp/data/jinsui/pdf/201302.pdf）を参照。2013年2月1日の全国の人口（概算値）は1億2740万人。NPO数を総人口で割り3000をかけると、3000人あたりのNPO数が算出できる。その値は1・155…となる。

（3）民俗研究家。水俣市の吉本哲郎氏などとともに「地元学」を提唱したことで知られる。宮城県に在住しながら全国の農山漁村をまわっている。著書に『山に暮らす海に生きる――東北むら紀行』（無明舎出版）など。

（4）哲学者。群馬県上野村に居を構え、農山村や地域について思索した書籍を多数発表してきた。著書に『日本人はなぜキツネにだまされなくなったのか』（講談社現代新書）など。近年は立教大学教授もつとめる。

＊池田町調査にあたっては、科学研究費補助金・基盤研究C「地域デザインとしての環境政策の社会過程に関する実証的研究」（課題番号22615013、研究代表者・大堀研）からも研究助成を得た。記して深く感謝の意を表したい。

# 26

# 港の記憶と嶺南の未来

五百旗頭　薫

## ■福井県の嶺南統治

私たちの目の前には、日本の政治と政治学の真価を問う、屈強の難問がある。「福井県の嶺南《れいなん》統治」である。

嶺南とは、福井県を木ノ芽峠《きのめとうげ》で分けた場合の、西側を指す。古い国制でいう若狭《わかさ》に、越前《えちぜん》の一部たる敦賀《つるが》を加えた地域であり、東側の嶺北《れいほく》とは文化や気質が違うといわれる。加えて、嶺南に原発が立地していることからくる利害や考えの不一致がある。

明治初年、嶺南は敦賀県や滋賀県に属していた時代があった。しかし諸般の事情で福井県に編入され、県庁は嶺北の現福井市に置かれた。嶺南地域では、旧県に復帰したいという運動が長く続いた。古代からの長い時間軸をとるならば、「福井県」はいかにも日の浅い、人為的なイメージを与える。さりとて「嶺南」も、福井県の存在を前提にした呼び名であり、やはり人為的な語感が抜けきらない。不満があり、不満を持つ自らにも違和感があるという、寝覚めの悪い状態に置かれてきたのが嶺南であり、それをどう統治するか試行錯誤してきたのが福井県であった。

しかし、1871年に行政区分として登場し、その10年後にほぼ現在の領域を占めるようになって以来、福井県も1世紀を超える歴史を持つ。そこに共有できる記憶はないだろうか。それも、できれば嶺南の視点から。まずはその可能性を探りたい。

古来、嶺南は大陸文化の玄関口であった。19世紀末、敦賀はいち早く鉄道によって東京・大阪と結ばれ、日本海屈指の港となった。それにふさわしい港湾設備を備えるべく、築港運動の先頭に立ったのが、北前船《きたまえぶね》の船主だった大和田荘七《おおわだしょうしち》である。

第一次世界大戦が始まると日本の輸出は激増し、大陸への経済進出の夢も膨らんだ。1920年、福井県は対岸実業協会という組織を発足させた。敦賀港を起点に対岸へと雄飛するための、調査と啓蒙《けいもう》が目的である。知事が会長となり、名誉顧問には日露協会会長の後藤新平《ごとうしんぺい》らが名を連ねた。大和田は敦賀支部長であった。「対岸時報」という機関誌が刊行されたが、当時の敦賀の世界観をよくあらわしている。

間の悪いことにロシア革命が勃発しており、シベリア出兵もあって現地の政情と対日感情は悪化していた。対岸時報はウラジオストクのみならず、植民地・朝鮮の港による中継の可能性を模索し、朝鮮の鉄道整備が遅れると見ると、満州、山東《さんとう》へと地理的視野を広げて行った。

しかし、やはりシベリアの天然資源は無限の可能性を持つように見えた。ソビエト政府とロシアの大地は、危険だが得体《えたい》のしれない、謎めいた魅力を持つ存在として描かれ、「赤い手を握つて見るも、好き度胸試しではあるまいか」という提言も掲載された。その限りで、イデオロギー的視野をも広げようとしていたのかもしれない。

大和田の権勢は地元での嫉妬《しっと》を生み、築港資金捻出《ねんしゅつ》のための奔走は金銭的な疑惑を招いた。彼は25年に一切の公職から退き、別荘のある大分県の別府に逃れてそこで没した。敦賀史上、最大の転換点というべきであろう。

だが大和田の使命感と世界観が途絶えたわけではない。例えば対岸時報の初期の編集主任は、坪川信一《つぼかわしんいち》といって、県庁で雑誌編纂《へんさん》に従事していた。28年、坪川は福井駅前にだるま屋を開店し、「営業は奉公」という理念の下、県都を代表する百貨店に育て上げる。開店の年のうちに後藤が視察に訪れ、

敦賀港の基礎をつくった大和田荘七（左）．周囲から「築港狂」と皮肉られたが，今ではその偉業を惜しむ声が多い．坪川信一（右）は福井県内初の百貨店「だるま屋」を開いた．店名を自分のあだ名から決めた．

激励している。

さらに、3年後にはだるま屋少女歌劇場を併設した。忠君愛国を鼓舞する史劇から都市サラリーマンの滑稽譚《こっけいたん》、戦雲迫るヨーロッパを舞台としたスパイ活劇までを演目に載せ、北陸都市文化の華となった。軍艦の形をした歌劇場は、開化と帝国の両方を追い求める坪川の夢――彼一人の夢ではなかったであろう――を体現していたと思う。

文具や玩具などを集めた「だるま屋別館コドモの国」. 軍艦の形をした建物の1階に少女歌劇の劇場が置かれた.(福井県文書館蔵「高田富文書」より)

## Q&A　今の県民は少し真面目すぎる？

**Q　大和田荘七と坪川信一を知らない県民も多いと思います。どんな人だったのですか。**

**A**　大和田（1857～1947年）は北前船船主に見込まれて養子となりました。明治には日本のあちこちで華族・士族を中心にした銀行ができますが、特権意識が強く、顧客への横柄な対応もあったようです。大和田は苦労して大和田銀行を創設し、初めての市民の銀行として喜ばれました。大和田が建設した建物がいくつか残り、敦賀市の重要な観光資源になっています。

坪川（1887～1962年）は足羽《あすわ》（現在の福井市）に生まれ、小学校の教師でした。熱心な仕事ぶりが買われ、県庁に抜擢《ばってき》され、教育関係の雑誌編集で活躍しました。知事と衝突して辞任し、今度は商工会議所の書記長に迎えられました。畑違いの仕事を次々とこなす努力には頭が下がります。だるま屋店主としての地位を確立した後、弟信三《しんぞう》の福井市長・衆院議員としての活動も助けました。

**Q　坪川の経営に、大和田の志はどんな影響を与えたのでしょうか。**

**A** ただ物を売るのではなく、もっと大きな世界へのあこがれや志と一緒に売る、ということだと思います。

　福井県出身の政治家に山本条《やまもとじょう》太郎《たろう》という人がいます。実業家出身で、政友会の領袖《りょうしゅう》となり、満鉄《まんてつ》総裁も務めました。スキャンダルの多い人でしたが、福井出身の首相、岡田啓介《おかだけいすけ》に劣らぬ人気があったようです。清濁併せ呑《の》むところが好まれたのでしょう。今の県民は少し真面目すぎるかもしれません。それで、本節では開化と帝国の危ういバランスを生きた人々について書きました。また、本章のテーマを港にしました。

**Q** **「開化と帝国」といっても、現在の参考になるのでしょうか。どうすれば真面目さを抜け出せますか。**

**A** 後藤も大和田も、大陸進出の野望と、海外や異文明への開かれた関心があったと思います。坪川の少女歌劇にも似たテイストを感じました。確かに「帝国」では答えにならないかもしれませんが、戦後の福井が冷戦によって第二の鎖国を強いられた影響は大きいと思います。

　真面目さの現れ方として、商人は、すぐに目に見える結果を出すというプレッシャーにさらされています。編集者は、限られた時間とお金の中で、胃がきしむ思いをしています。福井県に限らず、現在の多くの日本人の姿だと思います。

　坪川は、だるま屋を建てる時、工事現場に、まず大きな「だ」を張りました。一体なんなんだ、と評判になりました。次の日には「る」、その次の日には「ま」です。この時には「だるま屋」という屋号が多くの人に記憶されていました。商人の感覚と編集者の工夫が、うまく合体したのです。商人＋編集者＝プロデューサー＝面白い、という自分なりの公式を見つけたのでしょうね。

## ■三国港の誇り

「またか……」。

2012年の夏、私はベルリンにいた。数カ月前から現地の大学で講義を担当していたのだ。車を持たないため、移動は歩くか、もっぱら公共交通機関だ。地下鉄は便利だが、週末になると工事のため、どこかしらが運休になる。また待ち合わせに遅れてしまう。

仕方なく歩いていると、向こうから蛍光塗料のベストを着た女性が近づいてきた。地下鉄の従業員である。目の合った相手に、何かを配っていた。おわびのビラだろうか。ドイツ語の謝り方を読んでおこう。あとできっと使うことになる。

だがもらったのは、1枚の横長の絵はがきだった。そこには工事現場を挟んで、古い街並みと新しい街並みが静かにまじりあっていた。

土木は、破壊でもなければ建設でもない。パワーショベルやブルドーザーが「現在」を取り払ったとき、「過去」にも一瞬、復活の可能性が与えられ、「未来」と邂逅《かいこう》する。この復活や邂逅が一瞬で終わるのか、それとも「未来」を豊かにする何かを残すのか。その営みこそが、歴史という名の川の流れをかたちづくる。

その一例として、嶺北の三国《みくに》に寄り道をしたい。

古来、三津七湊《さんしんしちそう》の一つと謳《うた》われ、江戸から明治の初めにかけて北前船の寄港地として栄えた三国。鉄道の普及とともに寂《さび》れ、戦後、九頭竜川《くずりゅうがわ》を挟んだ対岸では、代わって臨海工業地帯の建設が、全県的なプロジェクトとして推進された。

1971年、福井県は臨海工業地帯の造成のために港名を三国港から福井港へと変更した。三国町民には不満が残った。工事は進み、77年には港の一部が開港に指定される見通しとなった。三国町長半澤政二は、何とか三国港の名前を残そうと、行動を開始した。敦賀海上保安部や県庁を精力的に回る。もう閣議で決まっ

土木は，破壊でもなければ建設でもない．ドイツの絵はがきには，工事現場を挟んで，新旧の街並みが静かにまじりあっていた．

臨海工業地帯の石油備蓄基地から福井新港，三国漁港を望む．過去の復活と未来との邂逅が歴史の流れをかたちづくる．

てしまう、手遅れ、と言われると、列車に飛び乗って上京した。県庁も同情的になり、全体の名称は福井港とするものの、福井地区（本港地区）・三国港地区という分区を設けるよう国に要望し、実現させた。

商港として衰退した後、三国は漁港になっていた。対岸で臨海工業地帯の建設が始まると、漁業基地として整備が約束された。半澤の奔走は、三国漁港のブランドを構築するための布石だったのかもしれない。

歴史への誇りが、もちろん精神的な支えであった。ただ歴史とは、港の繁栄のことだけではない。繁栄が失われた後も、あるいは失われた場所だからこそ、「北荘文庫《ほくそうぶんこ》」を築いた則武三雄《のりたけかずお》も一時身を寄せた。三《み》好達治《よしたつじ》、高見順《たかみじゅん》、高浜虚子《たかはまきょし》などといった、一級の文学者の心を捉えた。虚子の小品「虹」を読むと、なぜこれほどまで胸が締め付けられるのか。三国生まれの早逝の愛弟子《まなでし》・森田愛子《もりたあいこ》と虹、美しさとはかなさが、三国の空に淡くとけあうかのようである。

ある郷土史家が、三国を描いた近現代の文学作品を集め始める。かなりの分厚さとなった。半澤町政はこの刊行こそ町の仕事と認め、まさに「福井港」が誕生した71年に印牧邦雄《かねまきくにお》編『三国近代文学館』を町役場から出版した。書名は三国生まれの高見順がその建設に最後の情熱を燃やした日本近代文学館からとった。本でありながら館。こういう土木もあるのだ。県立図書館に行くと、その館は本棚の中に立っている。

## Q&A　持ち味を発揮する地域づくりに展望

**Q** **福井新港の開発は、「未来」を豊かにする何かを残せたのでしょうか。**

**A** そうですね……工場はかなり誘致できていますが、当初想定したペースよりは遅れましたが、遅れたおかげで、オイルショック後の石油供給の不安に対応して、日本海側で最初の国家石油備蓄基地を設置することになりました。もっとも、これに対する地元漁協や三国町内の反対は強いものがありました。

嶺南の敦賀には、供給不安のある石油を補完する石炭火力発電があり、そして原発が建設されました。

豊かさとともに、多難さを含んだ未来を残したといえるでしょう。いずれにせよ、戦後日本のエネルギー政策の模索を象徴し、かつ支えたのが福井の諸港だと思います。

**Q 開発の中で「三国港」の名前を守った意義はどこにありますか。**

**A** 臨海工業地帯の造成が進む中で、それに呑み込まれず、歴史・文化・漁業に持ち味を発揮する地域づくりへの展望を開いたと思います。

**Q なぜ三国は名だたる文人の心を捉えたのでしょうか。**

**A** 三国に集った人は、九頭竜川の瀟々《しょうしょう》たる流れを耳にしながら、寝食を共にし、来し方行く末を語り合いました。東尋坊《とうじんぼう》に至る荒磯《あらいそ》を歩く者は、漂泊の思いにかられ、人生そのものが漂泊だという思いも強めたのでしょう。

おれは荒磯《ありそ》の生れなのだ
おれが生れた冬の朝
黒い日本海ははげしく荒れていたのだ
怒濤に雪が横なぐりに吹きつけていたのだ

おれが死ぬときもきっと
どどんどどんととどろく波音が
おれの誕生のときと同じように
おれの枕もとを訪れてくれるのだ

三国で不遇に生まれ、追われるように故郷を出た高見順の詩「荒磯」の一節（高見順『死の淵より』講談社、1964年より）です。

戦後すぐの喪失感の中で、文人たちが集まったのは、かつて三国が栄えていて、今はそれを喪失したから、だけではありません。三国が、厳しい川や海と闘いながら歴史を紡《つむ》いできたからだと思います。恐らく三国でなら、喪失感が感傷ではなく、厳しく生きるための背骨を与えてくれると思ったからです。

## ■敦賀港の演出

1984年2月1日、福井市は大雪であった。この日、県民会館7階の大会議室で、敦賀市にとって重要な会議がもたれていた。地方港湾審議会といって、港の開発を話し合う会議である。

敦賀港の開発は、「福井県の嶺南統治」の要であった。どんな「統治」だったのか、この日の会議をのぞいてみよう。

2012年6月に亡くなった高木孝一《たかぎこういち》は、歯に衣《きぬ》着せぬ発言で知られる敦賀市長だった。敦賀港について、県が火力発電所の専用埠頭《ふとう》の整備を重視したのに対し、高木は公共埠頭の改良こそが持論だった。

だが県側はこれを容れなかった。埠頭の改良は、国の予算で行いたい。しかし、陳情したが今回は無理だった、というのが県の港湾課長の説明である。

　高木の怒りは爆発した。矛先は脱線し、福井新港に向けられる。

「福井新港はね、埋まるんですよ。どんどこ、どんどこと、あの九頭竜の土砂でしょっちゅう浚渫《しゅんせつ》ばかりでね、楽しみのない港だね。……敦賀の港は幸いにして14メートルの深さがあるんですね。……14メートルとれる。とれるんだからさ、そこにそれだけの施設をすることはね、将来を考えてさ、不思議なことでもなければ、むずかしいことでもない」。

　県市対立の典型的な場面である。福井港はもっぱら工業港であり、敦賀港とは分業できる、というのが県の考え方であった。だが敦賀が現状に不満を持てば、

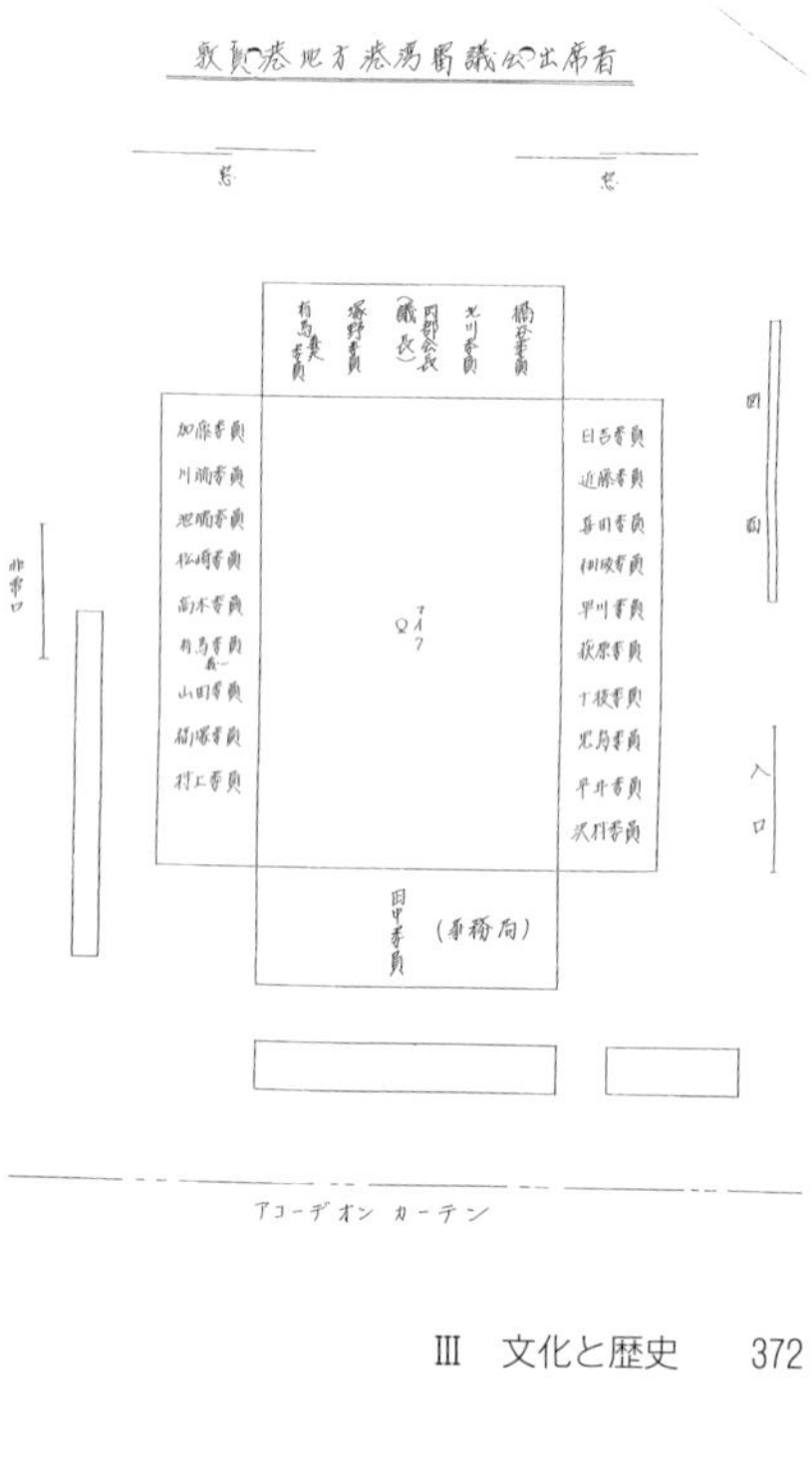


典型的な県市対立が繰り広げられた港湾審議会の席次表．表向きの死闘は，国から予算を引き出す共闘だったかもしれない．（福井県文書館蔵「59年度港湾審議会及び幹事会議事録」より）

福井新港への眼差《まなざ》しはどうしても険しくなる。前に取り上げた三国には、福井港に呑《の》み込まれることへの不安があった。敦賀には、利用され、放置されかねないという反発がある。やはり嶺南は難しい。

ただ、怒りの背後には、別の狙いもあったのかもしれない。高木の追及が激しくなると、同席していた国の関係者や、審議会長の岡部保《おかべたもつ》（日本港湾協会理事長）がとりなしに動いた。岡部はその先に控えていた中央港湾審議会でも部会長を務める運輸省ＯＢである。高木からも、「岡部委員さんどうでしょうかね」と水を向けられる。県と市の死闘は、国から予算を引き出す共闘だったかもしれない。翌年の審議会では、敦賀港の公共埠頭の水深を12メートルに伸ばす修正計画が提案され、あっさり可決されたのだった。

今日、国の財政は逼迫《ひっぱく》している。政治的な「決める力」も萎縮している。２０１１年、政府は日本海側の拠点港を選定した。しかし、機能ごとに異なる港をいくつか選んだだけで、本当に「拠点」を絞り込んだわけではない。敦賀も一応選ばれたが、福井側の奮闘が報われたとはいえない。

県や市町だって苦しい。争ってみせる、という余裕は見る側にも見せる側にもなくなっているのだ。表向きの死闘の背後で共闘する、という港湾審議会のような演出の効用が失われつつある。共闘するなら、表向きに死闘するまでもなく、一瞬の目配せで鮮やかなシンクロを達成しなければならない。そのためには、日ごろの関係が大事である。

けんかをするなら、誰かに見せるためでなく、自分たちのために真剣にするべきだ。そして、どこでこぶしを下ろすかも自分たちで決めておくべきだ。「福井県の嶺南デモクラシー」を育む政治文化は、これしかないと思う。

## Q&A　住民が率先し政治と行政に追随させる

**Q　嶺南と県のシンクロを達成するためには、どういう仕組みが必要でしょうか。**

**A**　1990年代の半ば、福井県は、嶺南のために振興局を設置しました。県庁に戻れば部長になる人材を局長に起用して、嶺南の不満や要望を拾い上げる役割を果たさせました。こういう政治的な風通しのよさと、現場での総合的な行政サービスの充実をうまく両立させることが、まずは重要だと思います。

ただし、局長以下のフットワークだけでは、シンクロを達成するほどの太いパイプにはならないかもしれません。市議や町議をうまく巻き込めれば、と思います。

嶺南には、各自治体の職員と市議・町議からなる嶺南広域行政組合もありますが、事業内容が限られており、かつ嶺南振興局との重複もあります。事業の重複をあえて整理するのではなく、関心が重複しているのを前提に、組合の議員が嶺南振興局に意見を言いやすい仕組みを考えてはどうでしょうか。その場合、組合に出る議員は、嶺南全域で自らの自治体を代表する名誉と責任を負うことになります。

**Q 政治家や行政だけに任せておく問題ではなさそうです。住民はどんな役割を果たすべきでしょうか。**

**A** 誰かのためでなく、ただ自分たちのために争い、自分たちで収める、という文化は、住民が率先して育み、政治と行政に追随させるべきだと思います。

これと関連して、観光のあり方として、外部に売り込むのではなく、まず自分たちで快適なコミュニティーをつくることがあちこちで模索されています。しかも内輪受けではない形で、です。これが訪問者の居心地の良さにつながる、というサイクルができれば、何よりです。

嶺南の多くの地域で、このやり方が好ましいと思います。そして、この観光文化に対応する政治文化が「デモクラシー」なのだと思います。

## ■嶺南の過去と未来

随分と回り道をした気がする。嶺南とは何か、をあらためて考える。

ある人は、若狭湾に連なる自治体のことを、カウンターに並んで酒を飲んでいる客にたとえてくれた。共通の話題や考え方が、あるわけではない、と。

だが私のように、その多様性に惹かれて、繰り返し訪れる者もいる。21章「希望の土を尋ねて」において私は、福井県が多様だと述べた。その中で、嶺南はさらに多様である。「福井県の嶺南統治」。それは、日本が一つの国であり続けるための、少なからぬ統合機能を背負ってきたように思う。

嶺南がどう多様であるのか。行き届いた解説はで

図 26 - 1　平成の大合併による嶺南地域の自治体の廃置分合

きないし、目の付けどころもばらばらではあるが、市政・町政の傾向から私なりに見出した個性を点描してみたい。

一番東の敦賀市（人口6万8000人）は、古来より天然の良港であり、自然とモノや人が集まった。人口と経済力は嶺南屈指であり、原発による収入もある。けんかっ早い印象を与えるのはその自信故だろうか。

一方で、後背地となる平野と産業に乏しく、モノや人が自然と集まるのを待つという心性もある。前節で述べたように、けんかっ早いようにみえて必ずしもけんかをしないのは、根底におっとりしたところがあるからだろう。築港に奔走した大和田（荘七）伝説が語り継がれるのは、公共のために奮闘する人材を輩出していない、という自意識の裏返しである。

西隣の美浜町《みはまちょう》（人口1万人）はいちはやく原発を受け入れたが、早すぎて三法交付金の恩恵が受けられなかったという恨みの記憶がある。財政の長期的な展望は明るくないが、行政への依存体質はなきにしもあらず、という心配もある。

うつろいやすさへの感覚は、三方五湖《みかたごこ》をはじめとする複雑な水辺の地形を擁していることとも関係があるかもしれない。水底にも地名はあり、漁業にとって大切である。だが地形変動によって混乱しやすく、忘れ去られやすい。美浜町は記憶の大切さを理解しており、文化編で8巻、歴史編で3巻という壮大な町史編纂《へんさん》事業を成し遂げた。文化編は、暮らす、踊る、といった生きる営みを軸に巻を分け、過去を説き、現状を語り、資料を掲載するという野心的なものである。

そのためだろうか、私の知る限り、美浜町民には議論に強い人が多い。自分達はこの時代にこうした、あの時代にああした、だから今はこうなっていて、これが必要、といったプレゼンテーションに長けている。レガッタや五木《いつき》ひろしマラソン（五木ひろしの出身地である）といったイベントに強いのはそのためだろうか。

さらに西には若狭町（人口1万6000人）がある。平成の大合併で、旧三方町《みかたちょう》と旧上中町《かみなかちょう》という、人口も面積も匹敵する二つの町が、旧郡をまたいで合体した。

旧三方町（人口9000人）には美浜町と同様、ベンチャー的な才覚があるようである。美浜町以上に財政的なリスクをとって、三方五湖へのレインボーラインを整備し、縄文《じょうもん》博物館を作って梅原猛《うめはらたけし》を名誉館長に迎えている。地理的にも性格的にも、美浜町と、これから述べる旧上中町との、中間に位置しているといえよう。

旧上中町（人口8000人）は、集落の自治・自助を重視してきた。21章「希望の土を尋ねて」で触れた大鳥羽《おおとば》が典型であるが、集落ごとに五ヶ年振興計画を策定し、予算を積み立て、受益者負担の原則の下でインフラ整備を忍耐強く進めてきた。

対照的な二つの町の合併によって、どのような新しい町ができるのだろうか。自助を強化するためには、旧上中モデルは参考になる。だが旧三方が、どの程度受け入れられるだろうか。また、仮に全町的なフォーミュラができたとして、それは旧上中の影響を受けつつも、全く同じものではないであろう。それを施行することは、他ならぬ旧上中の原動力である、ボトムアップに物事を決める習慣と上手く整合するだろうか。困難かつ興味深い実験である。

ともあれ、敦賀から旧上中へと西に移るにしたがって、外的環境の活用から自助へと、地域づくりの発想の重心が移っていくかのようである。

そのさらに西隣に、若狭の中心だった小浜市《おばまし》（人口3万1000人）がある。江戸時代、小浜は譜代《ふだい》の名門、酒井家の城下町であった。一見、おっとりとしている。ただ小浜にも、敦賀とは違った意味で、演技がある。まともに自己主張をすると、敦賀の腕力の前で苦戦する。おっとり構えることで、どことも対立を顕在化させない。そうすると、自然と若狭の中心は小浜、嶺南の中心は小浜、ということになってくる。

そもそも小浜が市になったのは、戦後すぐの昭和の大合併によってであった。旧小浜町は、自分から合併しよう、とはあまりいわず、周辺の村からオファーがあるのを待ちながら控え目に交渉を進めた。結果、周辺村の負債をあまりせおいこむことなく小浜市が発足し、かなり早い時期に財政の好転に成功している。小浜市は一度原発の誘致を模索し、市民の反対を受けて断念したのだが、財政が一応安定していたことが、こうした判断を可能にしたのであろう。

もっとも、旧大飯町《おおいちょう》が大島半島に原発を誘致し、それは小浜中心市街のすぐ対岸にある。旧大飯町（人口6000人）は、原発誘致をテコに、政府に立地対策の拡充を強く働きかけ、町の飛躍的発展を目指してきた。沿岸部に広がる新鋭の商業・教育施設群「マリンワールドおおい」は、その象徴である。その効果は長期的な検証を待つが、町政の機敏さ、勇猛果敢さには見るべきものがある。

旧名田庄村《なたしょうむら》（人口3000人）は、旧上中町と同様、海に接していない。だがそれだけに、外界に対する感覚を研ぎ澄ましてきたように思う。美浜の原発事故をきっかけに民間で結成された名田庄多聞《たもん》の会は、技術的・政治的に複雑な問題について研究会を持ち、専門家とアマチュア、賛成派と反対派との対話の可能性を模索してきた。町としても、原発立地自治体の主張に一定の理解を示してきた。

平成の大合併の際、旧名田庄村はまず小浜市との合併交渉を行ったのであるが、結局、旧大飯町と対等合併の形式でおおい町（人口9000人）をつくった。上記のような態度は、その遠い布石になったといえるだろう。

西端の高浜町《たかはまちょう》（人口1万1000人）は、旧大飯町とは異なり、原発の収入によってどのように町を発展させてきたのか、一体的な軌跡を描くことは必ずしも容易ではない。内部の利害や意見が、一枚岩ではなかったのかもしれない。

だがそれは、高浜城の歴史的栄光の結果でもある。高浜の逸見《へんみ》氏は、若狭の軍勢を率いて丹後《たんご》に侵攻した

時代もあり、小浜の武田氏に長く叛《そむ》いた時代もある有力な領主であった。

高浜城は海に突き出た要害であるだけでなく、天守閣的要素を持つ高櫓《たかやぐら》を持つ点で、松永弾正《まつながだんじょう》の信《し》貴山城《ぎさんじょう》とあい前後する先駆的な城であった。当主の留守を狙って近隣の武藤氏が攻めて来た時には、住民が団結して城を守り切っている。山城ばかりの若狭の中で、最初の平山城でもあった。

もともと若狭は海・山・川が錯綜《さくそう》し、小領主の小天地がそれぞれの個性を育んできた地域である。その中でも高浜城はコンパクトにまとまり、中世城《じょう》郭《かく》都市として完成度が高かったのではないか。

現在、高浜町は「白宣言」という理念を掲げている。何かあわてて事業を行うというよりは、もともとある美しいものや歴史的資産をまず見つめなおす、という考え方である。うまく実践できるかどうかは分からないが、発想としては高浜の歴史にあっているように思う。

嶺南は、カウンターに並ぶ客のようだという。ならば客同士で、お互いが何者であるかを語り合うことが、統治の客体から主体にかわる第一歩であろう。

特に、敦賀市と小浜市の間で、真剣な対話を重ねるべきだと思う。単に二つの市が重要だからではない。他の町と比べ、けんかっ早いようでおっとりした敦賀と、おっとりしているようでしたたかな小浜は、性格が複層的である。それは大きさや豊かさの故かもしれない。しかし、この対抗図式の下、老巧な小浜が一両得を繰り返していれば、何が嶺南の最小公倍数であり最大公約数であるか、分かりにくいままではないか。

それは、統治にとって困ったことである。福井県の存在価値が本当に問われるのは、嶺南から厳しい声が挙がった時ではない。何の声も挙がらない時である。日本政治の真の危機は、日本海沿岸地域が不満を爆発させた時ではない。その地域が沈黙した時である。嶺南統治は難しい、と嘆くのではなく、嶺南デモクラシーを目指すべきである。

そのためには、嶺南の市町が、各々が何者であるかを語らなければならない。嶺南や嶺南のある地域が、かくかくの物言いをした時は、しかじかの問題があるはずだ、という目測の精度を、高めなければならない。私のつたない紹介が、そのための叩き台になるのであれば、何よりである。

27

# 港町がはなつ輝きと希望

## 福井三港物語

稲吉　晃

**いなよし・あきら**　1980年、愛知県生まれ。新潟大学法学部准教授。専門は日本政治外交史。主な論文に、「地方政治と実業家——明治・大正期の洞海湾開発をめぐって」（『法政理論』第45巻第1号、新潟大学法学会）など。

### ■三国——変化と負担を恐れない

えちぜん鉄道三国《みくに》駅へ向かう駅前通り。小高い丘のうえに、和洋折衷《わようせっちゅう》の建物がみえる。みくに龍翔館《りゅうしょうかん》である。港町三国の歴史を紹介する郷土資料館として、昭和56（1981）年に建てられた建物だ。その独特の意匠は、明治期に建てられた龍翔小学校（口絵参照）を模している。

みくに龍翔館の展望台からは、三国港の全景がみえる。見下ろすと九頭竜川《くずりゅうがわ》が海に注ぐ河口部に、一本の突堤《とってい》が横たわっている。この突堤は明治18（1885）年に完成したもので、今もなお現役だ。日本で初めて西洋式の工法が用いられたことから、国の重要文化財にも指定されている。

三国の全盛期を象徴するこれらの建造物は、港町に住む人々の先進性と自発性を示している。

龍翔小学校は、オランダ人技師ジョージ＝アルノルド＝エッセルの設計によるといわれる。開国まもない当時において、木造5階建て、ステンドグラスに彩られたデザインを受け入れるセンスは、常に外の世界と接触し、異文化を積極的に受け入れる港町に独特のものだろう。しかも小学校の建設に、人々は自発的に金銭・労力を負担したという。明治12

三国港突堤．建造当時と変わらぬ姿で，三国港を守る．（写真提供：みくに龍翔館）

（1879）年に総工費2万5000円で完成した小学校は、後の三国を支える多くの人々を輩出した。

一方、三国港に突堤建設の話がもちあがったのは、明治8（1875）年のことだ。実はこちらも、その設計はエッセルである。三国港は九頭竜川の河口に位置するため、上流から土砂が流れ込み、水深の維持が困難である。三国港は米穀輸送の中継港として栄えていたから、千石船《せんごくぶね》が入港できないとなると衰退してしまう。そこで三国の人々は資金を出し合って、港の改修を内務省へ出願したのである。

出願を受けた内務省は、エッセルに改修に向けた調査と立案を委嘱する。三国の人々は旧来の港を復旧する程度の工事を想定していたのだが、そこでエッセルが提案したのは近代港湾にふさわしい突堤の建設だった。建設費用は約4万円（現在の貨幣価値で、およそ1億円）と莫大な金額にのぼったが、三国の人々はそのうちの8割以上を負担して建設することを決断した。

ところが、突堤建設は容易には進まなかった。突堤の基礎となる沈床の流出が相次ぎ、設計の変更が必要になったのである。建設費・補修費がかさみ、最終的に工事費用は当初の4倍、約17万円にまで膨らんでしまった。相次ぐ工事の失敗に三国の人々は怒りの声をあげる。その声に政府も応えざるを得ず、資金援助はしたものの、結局その費用のほとんどは三国の人々が負担することになったのである。

龍翔小学校と三国港突堤。これらの建設にエッセルが果たした役割は、もちろん大きい。エッセルは、その子息がだまし絵で有名なエッシャーだったという話題性も手伝って、今では三国の町のシンボルとなっている。しかし二つの建造物をみるとき、私はむしろそれらを受け入れた三国の人々の心意気に思いを馳せる。おそらく本当に顕彰《けんしょう》されるべきなのは、オランダ人の技師ではない。変化と負担を恐れなかった三国の先人たちなのだ。

## ■敦賀――郷土と外の世界をつなぐ

海外貿易を担う通商港には、多種多様な機関が必要となる。港務部、税関、水上警察、検疫所《けんえきしょ》、倉庫、臨港鉄道、金融機関、宿泊施設……。港をつくるということは、ただ単に桟橋《さんばし》や繋船岸壁《けいせんがんぺき》をつくることだけを意味するのではない。これらの関係機関を組み合わせて、ひとつの機能を構成することだ。

しかし船頭が多ければ、船は山に上ってしまう。関係機関が多ければ多いほど、それらをひとつの方向性に導いていくことはむずかしい。とくに行政機関が「縦割り」で構成されている中央政府にとって、通商港整備は不得手な分野だろう。そのときに期待されるのは、地域の力だ。地域社会は、各行政機関に施設整備を促すだけでなく、実質的にはそれらの舵取りをしていかなくてはならない。

戦前の敦賀港《つるがこう》をつくった大和田荘七《おおわだしょうしち》は、そのことをよく理解していた。大和田の持ち味は、多様な人脈をつくり、その人脈を最大限に活用したことにある。たとえば、戦前の敦賀港に繁栄をもたらしたのはウラジオストクや朝鮮半島への定期航路だったが、大和田はその実現のため、牧野伸顕《まきののぶあき》や松方正義《まつかたまさよし》といった東京の大物政治家とのあいだの人脈を有効に活用した。大正４（１９１５）年に決定した朝鮮牛検疫所の敦賀設置も、大和田が朝鮮総督の寺内正毅《てらうちまさたけ》と直接交渉した成果であった。また、実現こそしなかったものの、敦賀にステーションホテルを建設すべく、鉄道省の官僚と交渉を重ねたこともあった。

大和田の人脈が最も効力を発揮したのは、大正11（１９２２）年に着工された敦賀築港第2期工事であった。大型貨客船が頻繁《ひんぱん》に出入りすることになった敦賀港には、新たな繋船設備が必要とされた。そこで大和田は、中央政界との人脈を活用し、日露協会の後藤新平《ごとうしんぺい》や政友会の床次竹《とこなみたけ》二郎《じろう》などの支持を取り付ける。

だが、総額３５０万円（現在の貨幣価値で、およそ20億円）にも及ぶ一大築港計画のためには地元負担が避けられない。築港実現のためには、中央政界だけでなく福井県内の支持を調達することも重要だった。ところが嶺南《れいなん》の築港運動に対して、嶺北《れいほく》の人々は冷ややかだった。そこで大和田は福井県知事や福井県選出の

敦賀市民文化センター前の大和田荘七銅像．敦賀開港指定 90 周年を記念して平成元（1989）年に建てられた．大和田の死後，彼の業績は再評価され，現在市内には当所と敦賀市立博物館前とに２つの大和田荘七像が建つ．（写真提供：松本英二）

代議士ら、嶺北の重要人物とのあいだにも人脈を構築し、敦賀築港に向けた動きを、嶺北・嶺南を含めた全県的な運動へと拡大することに成功した。

敦賀港の発展には、県内外の多くの人や機関が関わっていたが、その中心には常に大和田の姿があったのである。

北前船主だった大和田は、郷土に富をもたらすのは、郷土の外の人々だということを知っていたのだろう。港町が栄えるのは、港町が何かを生み出すからではない。港町にヒトやモノが集まるからだ。大和田の半生は、そのために費やされたのである。

しかし皮肉なことに、大和田の弱点は外にばかり目を向けつづけたことにあった。敦賀の人々の反感を買ってしまった大和田は失脚し、郷土を離れざるを得なくなる。郷土と外の世界をつなぐという難題は、現代を生きる我々に、なお残された課題なのだろう。

## ■小浜――未来像を語り合う

湊町《みなとまち》・小浜《おばま》には、古い町並みが残されている。丹後街道《たんごかいどう》の左右に広がる町並みは、明治21（1888）年の大火以降に建てられたものではある。だが、ベンガラ格子や土蔵に囲まれた通りには、近世小浜の風情が色濃く残る。一方で、三国や敦賀にみられるような、近代を思い起こさせる建築物は、小浜にはない。

そのことは、湊町・小浜の全盛期が近世にあったことを物語っている。明治になっても北海道との交易で栄えた三国や、鉄道の早期開通が実現した敦賀とは異なり、近代小浜には経済発展の機会がなかなか訪れなかったのである。

起死回生のチャンスは対岸にあった。昭和初期に中国東北部と日本とを直接結ぶ日本海ルートの確立が目指されるようになると、日本海沿岸各港は、大陸と阪神地域を結ぶ中継港としての可能性を模索しはじめた。こうした動きに乗り遅れまいと、小浜の人々も対岸への窓口としての地位を目指して運動をはじめる。

いち早く小浜港を再評価したのは、小浜出身の海軍大将名和《なわ》又八郎《またはちろう》である。舞鶴鎮守府《まいづるちんじゅふ》司令長官をつとめた名和は、民間利用に制限のある舞鶴ではなく、未開発の小浜港に有用性を見出した。小浜は大阪までの距離が同じ若狭湾内の宮津《みやづ》や敦賀よりも短く、しかも既存設備がないために、かえって港を自由に利用できる。小浜港はこれまで経済発展から取り残されてきたからこそ使いやすいのだ、と名和は主張する。

小浜三丁町の町並み．華やかな花街の存在も，港町に共通する特徴である．（写真提供：公益社団法人福井県観光連盟）

名和による小浜港再評価を受けて、小浜築港運動は盛り上がった。雲浜《うんぴん》村長の鈴木重憲らが通商港としての小浜の未来を積極的に語り、それに応じるかのように、昭和7（1932）年には小浜港湾修築期成同盟会が結成される。小浜出身の東京・大阪の有力者も巻き込んだ同盟会は、航路誘致と港湾整備を求める陳情を政府に提出するなど、運動を展開した。

しかし各地から同様の陳情を受け取っていた政府はひとつの港湾に絞りきれず、対岸貿易を特定の港湾に集中させない「分散主義」を打ち出した。これにより、小浜港発展の夢は潰えてしまう。

だが昭和の小浜築港運動は、思わぬ副産物をもたらしていた。小浜町と雲浜・西津《にしづ》両村が合併してできた「グレート小浜」である。3町村の合併は昭和6（1931）年に福井県から提示されていたが、町村合併につきものの利害や面子《めんつ》の対立によって難航していた。しかし築港運動という共同作業を経たことで、3町村は結び付きを強めていく。むろん昭和10（1935）年に合併が実現するまでには、さらに紆余《うよ》曲折《きょくせつ》があった。だが、築港運動を通して小浜湾の未来像を語り合ったことが、「グレート小浜」の礎になった

名和又八郎．小浜出身で舞鶴鎮守府司令長官をつとめた名和は，雑誌・新聞紙上で小浜港の未来を語り，世論を喚起した．(『特別大演習写真帖 大正八年』，近代デジタルライブラリーより)

ことは間違いない。近代小浜にとって昭和の築港運動とは、ただ港をつくるための運動なのではなく、新たな地域社会をつくるための運動だったのだ。

## ■「輝き」の正体

世界中どこに行っても、港町（湊町）には独特な輝きがあふれている。それは、外の世界と常に接触しつづけることから生じるものだ。港町にただよう異国情緒は、西洋的なものに限られない。若狭一宮《わかさいちのみや》にまつられている若狭彦《わかさひこ》・姫《ひめ》は、唐人の姿をした神様だという。峻厳《しゅんげん》な山々に隔てられた若狭の港町は、古くからそれぞれが海を通して大陸と結びついていたのである。

そして港町は、本質的に不安定な存在である。港町の繁栄の基礎は、海上交通路を通じた外の世界との交易にある。だが、荒れ狂うこともある海と共存しながら栄えていくのは容易ではない。古来より多くの港町が栄枯盛衰を繰り返してきた。しかし不思議なことに、衰退した港町にも独特の輝きは残る。

これらの特徴は、港町が常に外部の力を吸収しながら変化し続ける存在であることを示している。むろん得体の知れない外部の力を吸収しながら変化を試みることには、リスクが伴う。オランダ人技師が設計した三国の突堤は、何度も崩壊した。敦賀と外の世界を結びつけようとした大和田荘七は、失脚した。昭和の小浜築港運動は、実現しなかった。いずれのケースも、必ずしも成功したとはいえないのかもしれない。しかし無意味だったとはいえまい。三国の町には、エッセルというシンボルが共有されることになった。敦賀は、戦前日本を代表する大陸への窓口となった。そして小浜には、「グレート小浜」が誕生した。リスクを伴う変化は、予期した通りの成果をもたらすことの方が少ない。だが、予期せざる変化の繰り返しこそが、港町に輝きをもたらすのだ。

港町がはなつ輝きは、リスクを積極的に引き受ける人々の活動と、その意図せざる成果によってみがかれる。そしてそれは、「希望」という言葉がもつ輝きと共通するものなのかもしれない。

結

# 希望学・福井調査をふりかえって

玄田有史

## ■福井人の物語

2012年12月1日と2日、小浜市《おばまし》と福井市にある会場は、300名以上の聴衆でいっぱいとなった。行われたのは、県内全域で2009年から続けてきた希望学・福井調査の報告会だ。題名は「希望の福井、福井の希望」。福井は希望の存在となれるのか。そして福井のどこに希望があるといえるのか。

今、福井は大きな変化の中にある。3世代同居は減りつつある。全国的にみれば恵まれた雇用環境も、いつまでも盤石という保証はない。社長が日本一多い福井でも後継者問題は深刻だ。県を取り巻く環境も変わろうとしている。国のエネルギー政策の行方は、福井のこれからの暮らしと密接に関わる。新幹線が通れば、人の出入りも確実に変わる。地方分権もどうなるか。先はみえない。

調査では福井の現在を表す印象的な言葉に数多く出会った。こんな言葉もあった。「福井で困っていることがあるとすれば、特に困ったことがないことなんです」。

でも、本当にそうだろうか。今は困ったことがなくても、未来はそうと限らない。いや、今何を考え行動するかで、未来は変わってくるのだ。

実際、福井にも、現状に甘んじることなく、希望に向かって行動を始めた人たちが少なからずいる。

鯖江《さばえ》の眼鏡会社を訪ね歩いた中村圭介《なかむらけいすけ》氏は語る。「確かに眼鏡産地鯖江は『縮んで』いる。だが『衰退』はしていない。生き残っている企業は前を向いて頑張っている。チャレンジが必ず成功をもたらすとも限らない。けれども困難に積極的に立ち向かう企業もちゃんといて、未来を切り開こうとしている。彼らの中に鯖江の、そして福井の希望がある」。

ただ、一人だけでチャレンジするのは、やはりつらい。失敗のリスクも大き

希望学・福井調査の報告会に多くの聴衆が集まった．多様な一人一人が緩やかな絆をつくり，希望の共有を目指す，真摯な取り組みにこそ意義がある．

い。大事なのは、仲間の存在だ。中村尚史《なかむらなおふみ》氏は、福井を代表する企業セーレンの歴史をつぶさに調べた。その中に仲間との希望の共有に変化の時代を生き抜くヒントをみる。中村は言う。「バラバラの希望を束ね、対話を重ねつつ、組織としての一定の方向性を追求していく。こうした、希望の共有を目指す、真摯《しんし》な取り組みにこそ意義がある」。

共通の希望を持つには、同じような性格や考えの人たちとの方が簡単だ。しかしそれでは大きなパワーは生まれない。むしろ考えや境遇の異なる人々が、時にぶつかりながらも、お互いを理解し合おうと対話を積み重ねる。その上で自分たちが進むべき一つの方向を決め、行動する。その行為の中に希望は生まれるのだ。

福井は独自の歴史や文化の違いに裏打ちされ、見事なほどの多様性に満ちている。五百旗頭《いおきべ》薫《かおる》氏は「福井県の魅力とは、実のところ、収拾がつかないほどの多様さなのだ」と

断言する。一方で福井出身の谷聖美《たにさとみ》氏は、福井の地域に共通する特徴をその「盆地的世界」にみる。盆地という完結した空間の中、それぞれが固有の文化や慣習を生んできた。問題は「心の盆地性」だと谷は言う。「盆地的世界は完全に閉じた社会ではない。それは緩やかに外に開かれ、つながっている。そのつながりが変化のエネルギーを生み出す」はずだ、と。

福井に親類を持つ金井《かない》郁《かおる》氏が、調査の中で述べた提案は具体的だった。「県内のさまざまな地域の女性たちが集まって、それぞれの実情を率直に話し合う、『福井女子会』のような場がもっと増えればいいなと、感じている。女子会で得られたヒントをそれぞれの地域に持ち帰れば、福井全体が、さらに女性が働きやすく、生活しやすくなる」。

本書の序章で、福井の希望には「ウィークタイズ（緩やかな絆）」がカギを握る、と私は書いた。ウィークタイズは、自分と異なる経験を繰り返し、自分と異なる情報や知恵を持っている人と、会う頻度は多くなくても信頼でつながっている関係のことだ。

緩やかな絆から、自分だけでは思いもよらなかった気づきやヒントを得た人は、そこに新たな希望を見いだす。本書で紹介されてきた物語の多くは、一人一人が苦労を重ねながらもウィークタイズを紡《つむ》ぎ、希望を失わずに行動している（してきた）福井人の物語でもある。福井の人や地域の多様性は、緩やかな絆を生み、希望を育んでいく追い風になる。

緩やかな絆を広げようとする動きは、県内にとどまらない。末廣昭《すえひろあきら》氏は、恐竜を通じた福井とタイとの交流に希望を見いだす。「タイの恐竜学はまだ始まったばかりである。若手の人材育成を無償で福井県が行っていることも実に素晴らしい。このように夢のある人材育成プログラムは、ほとんど知らない」。稲継裕昭《いなつぐひろあき》氏によれば、硬直的な組織と思われがちな県庁でさえ、変わろうとしている。発注行政から卒業し、「行政営業」という名の下に、外に向かって自らつながりを広げる取り組みを始めている。

多様な人々の間では当然、対立も起こる。その時は、何より粘り強く対話をすることだ。それでも難しい時は、政治の出番になる。その場合にも、市町民と県民の立場を使い分け、宇野重規《うのしげき》氏の言う「政治を使いこなす」くらいの意気込みも大切だ。

地域、老若男女《ろうにゃくなんにょ》、立場など、あらゆる垣根を

今，福井は大きな変化の中にある．何を考え行動するかで，未来は変わってくる．大切なものを守り続けるには，未来に向かい合うための「危機感」と「覚悟」が一人ひとりに必要になる．（写真と本文は関係ありません）

越え、多様な福井の一人一人がウィークタイズをつくり、希望の共有を目指す。変化の中にある福井に希望をもたらすのは、そんなチャレンジなのだ。

## ■守りながら変えていく

「自分の住んでいる地域の、どんなところが好き?」「漢字一文字で表すとしたら、どんな字だろう?」。福井の中学生と、そんなことを話し合ったことがある。生徒たちは、最初は「えー」なんて言いながら、結構、楽しんで考えていたようだ。それにしても、福井の子どもたちの特徴なのか、最近の中学生がそうなのか、やたら男女の仲がいい。

中学生が選んだ、これからも大切にしていきたい福井を表す漢字は、こんな字だ。「音」「色」「清」「豊」「絆」「緑」「無」「愛」「福」「平」「夢」——。

中学生たちは、日常の中の大切なものをよくみていると思う。「無」や「平」なんて、何だか面白い。でも考えてみると、平凡で、何ということのない日常が、いかに尊いものか。災害や事故のたび、私たちは確信する。

しかし何げない日常が、何もしなくても永遠に保たれる保証はないのも事実だ。誰かが何とかしてくれるのだろうとみんなが思って、結局、誰も何もしない。そうなれば、平穏な生活など、あっという間に崩れ去ってしまう。大切なものを守り続けるには、未来に向かい合うための「危機感」と「覚悟」が一人ひとりに必要になる。

福井に育った若者は、多くが一度は福井を離れる。福井市の高校同窓会を通じて行った調査からは、若者が再び福井に戻ってくるかどうかには、二つの大きな決め手があった。一つは「戻って家を継いでほしい」という、子どものころから聞かされてきた親の思い。もう一つが、20代、特に大学などの学校を卒業直後の決断だ。30歳を過ぎてから福井に戻ってくるのは、今も例外的だという。

都会の学校を卒業すれば、地元に戻ってくるものだと思ってきた若者たち。福井には都会にはない、人の温かみや穏やかな生き方が残っている。戻ってきたことに後悔はない。それでも一瞬、頭によぎることがある。「生まれ育った場所というだけでない、ここで生きることの『意味』をみつけたい」。その気持ちは、福井に住み続けてきた若者も同じだ。

調査のなかで橘川武郎《きっかわたけお》氏は、原発のまちとして有名な高浜町《たかはまちょう》やおおい町《ちょう》の若者たちの言葉に感動を覚えたという。震災前から彼らは覚悟を持っていた。「原発と共生すれども依存せず」。

震災後、日本のエネルギー問題と福井の将来は、運命共同体となった。橘川は確信する。「原発をめぐって、長い間、嶺南《れいなん》と福井は、電気事業者や国に振り回されてきた。しかし、そのような時代は終った。これからは現存する原発を手掛かりに、嶺南と福井が提案し行動することで、電気事業や国の在り方そのものを変えていく時代が、必ずやってくる」。原発がどんな方向にいくにせよ（それは国の責任だ）、原発の「当事者」としての経験と自負は、福井の強みであり、切り札でもある。

行動しようとする福井の若者たちは、他にもいる。羽田野慶子《はたのけいこ》氏は、福井駅前を元気にするプロジェクトに奔走する地元大学生に期待を寄せる。大学生たちは小学生を相手に「福井の未来を担う子どもの育成プロジェクト」にも取り組んでいる。

地域のために何かをしたいという希望を持つ福井の若者たちは、思いの外、多い。問題は何にどうやって参加すればいいのか、分からないということだ。

だとすれば、ここは大人の出番になる。７００年以上も田楽能舞《でんがくのうまい》を継承してきた池田町《いけだちょう》を何度となく訪れてきた佐藤由紀《さとうゆき》氏は、伝統の意味を大人たちの振る舞いにみつけた。「師匠の熱気と信頼が若人に伝播《でんぱ》し、経験がその若人を確かな芸能者へと変えていくプロセスの美しさ。伝統とはプロセスの積み重ねなのだ」。ここには、福井の伝統や文化を育て、さらに魅力的な地域にしていくための共通のヒントが凝縮されている。

若者だけでなく、女性がもっと積極的に声を出し、行動すれば、福井はさらに面白くなる。福井の女性がいきいきと暮らせるかどうかは、家庭や職場、地域での男性の理解と応援にかかっている。福井の女性が「全国の女性がうらやましいと心から思えるような希望の存在になってほしい」。阿部彩《あべあや》氏はそんな期待とエ

ールを述べたことがある。その声は、福井の男性に届いているだろうか。

福井にしかない固有の文化は、福井のアイデンティティー（地域らしさ）そのものである。佐藤慶一《さとうけいいち》氏が指摘した古民家や古い町並みの素晴らしさをはじめ、水、食、空気など、日常生活の中に「かけがえのない存在」がひっそりと根付いているのが、福井の魅力だ。その価値に気付き、大切な根幹を維持しつつも、未来に向けて変化にも挑んでいく。維持と変化という難しい二刀流に、あえてチャレンジしてほしい。

越前がにを例にした加瀬《かせ》和俊《かずとし》氏の言葉は、全ての福井の取り組みに当てはまる。「越前がにの産地にとって、協力し苦労して作り上げてきた今の方式を大事にすることは必要だ。しかしそれだけでは厳しくなっていく経営環境に対応できない。これからは、各年齢階層に開かれた多様な集客力を、海とカニのイメージでつなげることだ」。

私たちは、これからも福井の皆さんと一緒に、福井の希望を考え続けていく。希望学の福井調査は、始まったばかりである。

「希望学」インタビュー

# 福井県庁担当課職員の皆さんの思い

聞き手　玄田　有史

## 最初の出会い

**玄田**　いろいろな人に「どうして福井で希望学なのですか」と聞かれました。よくお話したのは、何年か前の全国学力調査で、福井の子は学力も体力もあるけれども、将来の夢とか目標については、必ずしも十分でない結果が出たと。これはなぜかということで、希望を一度考えようということになったんですよね。

**職員**　はい。西川知事が子どもたちに夢や希望を持ってもらうにはどうしたらよいかという問題意識を持っており、直接、福井での調査実施にお願いに上がりました。

## 未来と歴史

**職員**　福井は生活満足度や、幸福度が高いということはある程度実感していたのですが、それと希望がどう関わり合いがあるのかは、理解ができない部分もありました。今では生活満足度は、希望を通して将来の幸福とつながっていると考えています。希望と幸福の関係を少し人に伝えられるようになりました。

**玄田**　私がおたずねするのも何なのですが、希望を考えると、何かいいことがあるんですか（笑）。

**職員**　希望を考えるのは、未来志向といいますか、未来をこれからどう作り上げるかという意味で重要だと思います。人間はいつも現在ではなくて、未来を見ているのではないかと思います。いまの時点だけを見るのではなくて、先のことを考えて行動につなげていると思います。

**玄田**　未来志向の一方で、福井調査の特徴の一つは、希望をみつけるヒントは歴史のなかにあると、歴史の重要性を再認識したことでもあります。これまでも希望学では、「歴史をないがしろにして希望は語れず」ということをよく言ってきました。未来へ向くためには、過去から我々はどう生きてきたかを振り返ると、おのずと進むべきヒントがあると、福井調査で改めて裏付けられたように思います。

## 全体と細部

**職員**　2012年12月の希望学・福井調査報告会において、県民の生活状況を調査された大沢真理《おおさわまり》先生の研究班から、福井県は家族の結びつきが強く、そこが幸福につながっている反面、一人暮らしの人たちも少しずつ増えており、様々なケアが大切だとご報告がありました。そのような見方をしていかなければいけないことも気づきました。

**玄田**　県外からの移住者が、必ずしも地元に馴染んでいないという意見もありました。福井は家族の結びつきが強いというのは、県民もお感じでしょうし、福井の特徴だと思うのです。一方で3世代同居は減っている。昔からの家ではなくて、マンションに住む人も増えている。家族のあり方もこれから変わっていきます。

**職員**　同窓会調査では、県外から福井に戻ってくる理由などを調べていただきました。

**玄田**　Ｕターンなどのタイミングが固定的で、硬い傾向がある[1]との指摘でした。同窓会調査の結果など、県民は正直あまり良い気持ちがしないのではと心配もしました。「みんながそうじゃないよ」というような反応があるかと思ったのですが。

**職員**　いろいろな考え方があると思いますが、傾向としてとらえるのも、重要だと思います。

## 変化の兆し

**玄田**　本書のＱ＆Ａでは、同窓会調査に限らず「じゃあどうすればいいんだ」など、ストレートにたずねられました。みんな悩みながら答えていました。

**職員**　高校まで同級生として一緒に過ごすのが大体８０００人とか１万人とかいて、大学進学で県外に３０００人ぐらい出ていく。それが１０００人ぐらいしか戻ってこない。少しでも福井で育った子どもたちに帰ってきてほしい。そのことは率直にあります。

個別の事情もあるでしょうが、働く場所が大切です。ただ最近は、意外と地元の福井に戻ることに抵抗のない子どもたちや若者も増えている気がします。さらにいろいろな分析をしていただくと、もっと見えてくるところもあるかもしれません。

**玄田**　少子化の下で長男として生まれると、最初から帰ることを強くイメージして出ていったりする。都会の仕事も、昔と比べて魅力的に見えなくなっている。帰ることに抵抗感がないというか、帰るのが当たり前という傾向は強まっているように思います。

## チャレンジャーはいる

**玄田**　調査を通じて色々な分野で「チャレンジャー」

がいることを知ったのも収穫でした。歴史的にも「福井って結構チャレンジャーな県だということを忘れないで」というメッセージは多かった気がします。

**職員**　今、産業関係の仕事をしていて思います。昔ながらのやり方で行き詰まって苦労している方もいれば、新しいネットビジネス等を始めている方もいます。

靴屋さんで靴の通信販売で一気に売り上げを伸ばして頑張っているとか、ＩＴのソフトを開発するとか。眼鏡屋さんから始まって、メッキや金属加工の技術で新しい分野に挑戦している若い人もいます。そのような意味で、チャレンジャーは生き続けていると思います。

**玄田**　県民は、そういう人をどのぐらい知っているのでしょう?

**職員**　あまり知らないかもしれません。私たちももっと積極的にアピールしていかないといけないと改めて思いました。

**玄田**　福井に限りませんが、地域のことを地域の人は本当に知らない。東京のことはよく知っているけれども、意外に身の周りのことは知らない。それが強まっている感じがします。

**職員**　元々、福井には川の源流ごとに谷があって、川が行きつくところから文化が始まるというところがあります。越前和紙も越前漆器もそうです。

**玄田**　そういえば、本書の執筆者で武生《たけふ》出身の谷《たに》さんが、福井は「盆地的世界」と言いました。盆地では閉ざされた空間で独自の文化とか慣習も育つ一方、山を越えていかなければというのがあると。

## 理解されなくても構わない

**玄田**　最初に県の方とお会いしたとき、福井人は「自分が、自分が」とならないという話でした。

**職員**　相手に自分の良さや価値を理解されなくてもしょうがないとか、無理に理解してもらおうとするのは、あまり……。

**玄田**　慎み深くない！

**職員**　はい。

**玄田**　一方で、それだけではすまない時代にもなっている。「いい物を作っていれば、いろいろPRしなくても、わかっている人はいる」ではいかない現実がある。

**職員**　都会の小学校の風景をテレビでやっていて、みんなが一斉に「はーい」と手を挙げますでしょう。

**玄田**　ありえない！

**職員**　僕らが小学校のときは、先生が質問しても、一人か2人の生徒が黙って手を挙げるだけでした。何回も手を挙げると目立ち過ぎるので、答えがわかっていても手を挙げないこともありました。

**玄田**　自分を表現するというのは、変わっていくでしょうか？

**職員**　グローバリゼーションの中で、アジアとつきあっていこうと思うと、伝えようと思わないと伝わらないし、理解もされません。変わるでしょう。

**玄田**　本書の宇野《うの》さんのメッセージに、政治を「使いこなせ」というのがありました。「使いこなせ」というのは二面性を持てということでもある。慎み深さを大切にする部分と、ある部分ではパッと切り替えて表現する部分を持つ。県民という立場と市町民という立場を使い分けるとか、歴史的にも港湾について国と交渉するときに、県と市の立場を使い分けて成功したという例が、本書の五百旗頭《いおきべ》さんの話の中にありました。

希望を研究して思うのは、希望にはいつも二面性があるということです。哲学者のブロッホも、希望とは「まだない存在である」と矛盾めいた表現をする。両義的なものを最初から否定しないところに希望はあるようです。

## 福井の多様性

**玄田**　福井のもう一つの特徴は、地域内の主要産業の違いに代表的に見られるように、多様性でした。地域的にも多様だし、歴史的にも多様です。この多様さが福井のこれからの大きな魅力になるということを、五百旗頭さんはストレートに表現している。

**職員**　福井、坂井《さかい》、奥越《おくえつ》、丹南《たんなん》、二州《にしゅう》、若狭《わかさ》。それぞれいろいろな特徴があって、市民性や町民性というのは間違いなくあるように感じます。気質といってはそれまでなのですけれども、働き方の違いとか、町内会の違いなどにも表れています。

**玄田**　今回すごく感じたのは、嶺南《れいなん》・嶺北《れいほく》という分け方は、実はあまり生産的ではないということです。二つに分ける以上の違いが内部ではある。

**職員**　嶺南という言い方自体、現在の福井県が設置された1881年頃に、北陸道の難所である木ノ芽《きのめ》峠《とうげ》より南側を「木嶺以南《もくれいいなん》」と呼び始めたことに由来しており、歴史的にも最近なんです。言葉もそれぞれの地域で微妙に違います。ふだん使わないですけれども、じいちゃん、ばあちゃんが使うぐらいのレベルになると、かなり違う。

　福井弁というのは存在しているようで存在していない。単語としての方言はありますが、「福井弁をしゃべれ」と言われて、多分うまくしゃべれる人というのはあまりいないのではないかと思います。

**玄田**　すると県民というアイデンティティーはどこに求めればいいのですか？　福井県が「チーム」だとし

たとき、チームの根拠はどこにあるんでしょう。本書の橘川《きっかわ》さんのお話では、福井がエネルギー問題で国に対峙《たいじ》していくときに、市とか町で頑張るより、直接的な交渉相手になるのはやはり県だと。外があるから県があるという面もある。

**職員**　行政をやっていると、県同士を比較することがありますから、福井県という単位での見方を意識します。ただ福井の人たちが県民であることをどう思っているかというのを、私たちも改めて考えなければならないと思いました。

**玄田**　行政として、どう思ってほしいということはありますか？　みんな県民として一緒にアクションを取ってほしいとか、どうですか？

**職員**　廃藩置県《はいはんちけん》で行政区域が決められて、いろいろな経過を経て県ができ上がって、福井などは一度なくなった時期もあったわけですから。

**玄田**　そうなんですよね。

**職員**　福井県民のアイデンティティーは、これから作り続けていくものなのかもしれません。

## 福井の物語

**職員**　希望学では、希望の柱の一つとして「行動」の大切さを指摘されています。2011年に県では「ふくい若者チャレンジクラブ」を考えました。福井県の若者から、元気の良い若者が出てきています。彼ら、彼女らの行動を生かすことが、福井の活力を生むことにもなります。

**玄田**　私も「ふくい若者チャレンジクラブ」のメンバーに会いましたけれど、元気がいいですよね。すごく楽しみにしています。若者もそうですが、福井の魅力や物語を語り発信をすることが、ますます大事になる。その意味で、行政営業に深くかかわってこられた皆さんからすると、どのようにお感じですか。

**職員**　営業というのは、最初は少し理解ができませんでした。ただ今回の稲継《いなつぐ》先生のお話の中にもありますけれども、コミュニケーションを県庁も県民も企業もみんなでしていく、外に向かって働きかけていく。自分たちがその魅力を知って、理解してもらって、評価してもらう。それがあって、物も買ってもらえるし、来てもらえる、住んでもらえる。そんな働きかけが、これから福井県だけでなく、いろいろな自治体で広がってくると思います。

**玄田**　希望学の発見の一つは、希望というのは各人にとっての物語だということです。ストーリーを語らないと、営業も経営もうまくいかない。以前は「メリット、デメリット、損得」とかばかりでしたが、それだけでは、実は人は動かない。人は物語があって動く。福井の物語が広がった先にこそ、福井の雇用とか産業があると確信しています。

**職員**　かつては期待通りに、あるいはそれ以上にきちんと作れば、あとは黙っていても買ってくれることもありました。ところが今は「売る」ということが大事になっている。買ってもらうというのは、究極のコミュニケーションです。そのようなことをやり始める人がどんどん出ている。それがこれからの福井の産業とか雇用につながっていくと思います。

## ふるさと希望指数とは

**玄田**　希望学調査と並行して、福井県では他の12県と協力して「ふるさと希望指数（Local Hope Index: LHI）」という取り組みを進められています。内容をご紹介いただけますか。

**職員**　ふるさと希望指数は、「自立と分散で日本を変えるふるさと知事ネットワーク[2]」において、福井県が中心となって、２０１０年度から研究を始めたものです。たとえば福井県は非常に幸福度が高いと言われていいます。理由はいろいろあるのだろうと思うのですが、家族の面とか、働く面とか、安全の面とか、いろいろなことで幸福は支えられていると思います。

将来を考えたときに、その幸福をはたしてどうやって高めていけるのかと考えると、今の時点だけではなくて、将来につながる行動を起こしていくのが大事だと思います。幸福というのは今の満足であって、将来まで保証されるものではない。それをずっと維持して高めるためには、希望を持った行動を県民がどんどんやっていかないといけない。そうしないと幸せも薄らいでしまう。人々の希望につながり、行動によって達成できる要素として、「ふるさと希望指数」を開発することを考えました。

**玄田**　他県の方と希望指数を作り上げるとき、皆さんでいろいろ議論されたと思うのですが、どのあたりにご苦労はあったのですか？

**職員**　希望指数は、「仕事」、「家族」、「健康」、「教育」、「地域・交流」の5分野20個で構成する要素であって、数値化することに主眼を置いたものではありませんが、政策や人々の「行動」によってどう変化したかなど成果を測るモノサシとして、参考統計によるデータ化を行いました。それをまとめようと思うと、各県それぞれが自分のところが有利になるデータを選びたくなる面はどうしても出てきますが、そこはお互いよく話をしながら、行動につながる統計というのは何かを考えました。参考統計の選定は最終形ではなく、今も改良作業をやっている最中です。

**玄田**　たえず改良しようとすることが大事ですね。

**職員**　「ふるさと知事ネットワーク」の県の方と話をしていると、それぞれの考え方があります。各県の希望に対する考え方とか、行動に結びつく統計の取り上げ方などはお互いに参考になります。

## 「変化」を大切にする

**玄田** 具体的には、どのような行動に注目されているのですか。

**職員** 健康、教育、家族など様々な行動に注目しています。地域のつながりもあります。今回は5分野20要素を特定しましたが、それらを追いかけ続けようと思っています。

**玄田** 県別指標をつくると、すぐに1位から47位と「ランクづけ」して、「1位でよかったね」とか「47位で残念だよね」となりかねない。それに意味がないとは言わないけれど、希望指数は当初47位だとしても、それが47から45に上がったという「変化」を大切にする指標になってほしい。そのあたりは実際に作業をされてみて、どうですか。

**職員** ふるさと希望指数の研究報告書の中でも、数値が良くない統計でも改善していく度合いが大事なのだと書いています。高いところにいても逆に数値的に落ちていれば、それはよくない傾向として直視する。これは、LHIの新しさだと思っています。

**玄田** 指数をつくったことによる思いがけない成果はありましたか？

**職員** 健康づくりというのは、どこの県でも共通した重要課題でした。それぞれの県が健康づくり政策を実行していますが、行動のためには色々なアイデアがあると実感しました。ふるさと希望指数の作成が一つのきっかけとなって、県それぞれの施策や活動を知ることができたのは大きかったです。

**玄田** そうですか。

**職員** 今は各県の先進事例について「希望の政策バン

## ふるさと希望指数（ＬＨＩ）を構成する分野と要素

**仕事**　やりがいのある仕事に就き、一定水準の収入を得ることが、人々の「希望」につながる

【希望につながる主な要素】

○就業している
○正規の職員・従業員として働いている
○世帯当たりの収入が高い
○仕事のためのスキルアップや自己啓発を行っている

**家族**　お互いに信頼し、支え合うことのできる家族を持つことが、人々の「希望」につながる

【希望につながる主な要素】

○結婚して新しい家族を持つ
○子どもを持つ
○家族でコミュニケーションがとれている
○夫婦のワークライフバランスがとれている

**健康**　子どもから高齢者まで、健康で元気に暮らしていけることが、人々の「希望」につながる

【希望につながる主な要素】

○病気やけがなどがなく健康である
○健康に長生きする
○健康の維持に努めている
○子どもの基礎体力が高く元気である

**教育**　学力や教養、社会性や挑戦力などを身につけ伸ばすことが、人々の「希望」につながる

【希望につながる主な要素】

○子どもの学力が高い
○子どもの道徳心や社会性が高い
○子どもが夢や目標を持って物事に挑戦している
○大学等の高等教育機関で学ぶ

**地域・交流**　地域に魅力（誇り）を感じ、社会貢献活動や地域活動などを通じて、地域や他者とのつながりを持つことが、人々の「希望」につながる

【希望につながる主な要素】

○社会貢献活動に参加している
○子どもが地域行事に参加している
○学校や職場だけでなく、様々な人々と交流している
○犯罪や交通事故が少なく、安全・安心な地域である

ク」と呼んで、それを共有しています。

**玄田**　健康では、どんな事例があるのですか？

**職員**　例えば鳥取県が行っている「ウォーキング活動」などですね。福井県で言いますと、「ふくい若者チャレンジクラブ」などは各県で注目していただいて、山形県から若者が来て交流するといった活動に結びついています。

## 家族のこれから

**玄田**　希望指数では、家族が希望には重要な要素となっていました。家族とのコミュニケーションが、地方の希望には大事だというのが鮮明に表れていたように思います。都会にはない希望のありようとして、ふるさとならではの家族との交流を強調されているのですね。

**職員**　はい。それは福井県の特長でもありますし、アンケート調査によりますと、家族のコミュニケーションが取れているほど、希望を持つ割合が高くなっていました。

**玄田**　言い換えれば、家族との交流がない人が福井でも増えると、希望も弱まることになります。

**職員**　そうですね。そのサポートとして、家族が一緒にコミュニケーションを取れる時間を大事にするような活動にも力を入れています。

**玄田**　福井は高齢者、特に高齢の単身者への対応で、特徴的なことはあるのですか？

**職員**　福井でも単身世帯の高齢者は増えています。福祉面での支援が重要な課題になっていくと思います。

**玄田**　配偶者と死別したり、子どもが外に出て行った高齢者で、地域とのつながりが希薄な方が、福井にも増えると思います。

**職員**　例えば、子どもたちと高齢者をマッチングさせ

## ふるさと希望指数（LHI）の構成要素と参考統計

| 分野 | 希望につながる主な要素 | 参考統計 |
|---|---|---|
| 仕事 | 就業している | 就業率≪労働力調査(総務省)≫から独自集計 |
| | 正規の職員・従業員として働いている | 正規就業者率≪就業構造基本調査(総務省)≫ |
| | 世帯当たりの収入が高い | 実収入（勤労者1世帯当たり1か月）≪家計調査（総務省）≫ |
| | 仕事のためのスキルアップや自己啓発を行っている | 職業訓練・自己啓発実施率≪就業構造基本調査（総務省）≫ |
| 家族 | 結婚して新しい家族を持つ | 結婚率≪国勢調査（総務省）を基にした統計資料（国立社会保障・人口問題研究所）≫ |
| | 子どもを持つ | 合計特殊出生率≪人口動態統計(厚生労働省)≫ |
| | 家族でコミュニケーションがとれている | 子どもの家族交流率≪全国学力・学習状況調査等（文部科学省）≫から独自集計 |
| | 夫婦のワークライフバランスがとれている | 家庭内ワークライフバランス率≪国勢調査(総務省)，社会生活基本調査（総務省）≫から独自集計 |
| 健康 | 病気やけがなどがなく健康である | 健康実感率≪国民生活基礎調査（厚生労働省)≫から独自集計 |
| | 健康に長生きする | 自立調整健康寿命〔0歳以上〕≪独立行政法人福祉医療機構算定≫ |
| | 健康の維持に努めている | 健康診断受診率≪国民生活基礎調査（厚生労働省)≫ |
| | 子どもの基礎体力が高く元気である | 子どもの体力≪全国体力・運動能力，運動習慣等調査（文部科学省)≫ |
| 教育 | 子どもの学力が高い | 子どもの学力≪全国学力・学習状況調査等(文部科学省)≫から独自集計 |
| | 子どもの道徳心や社会性が高い | 子どもの道徳心・社会性≪全国学力・学習状況調査等（文部科学省)≫から独自集計 |
| | 子どもが夢や目標を持って物事に挑戦している | 子どもの夢・目標・挑戦力≪全国学力・学習状況調査等（文部科学省)≫から独自集計 |
| | 大学等の高等教育機関で学ぶ | 大学等進学率≪学校基本調査(文部科学省)≫ |
| 地域・交流 | 社会貢献活動に参加している | ボランティア活動の年間行動者率（15歳以上）≪社会生活基本調査（総務省)≫ |
| | 子どもが地域行事に参加している | 子どもの地域行事への参加率≪全国学力・学習状況調査等（文部科学省)≫から独自集計 |
| | 学校や職場だけでなく，様々な人々と交流している | 交際時間（15歳以上）≪社会生活基本調査(総務省)≫ |
| | 犯罪や交通事故が少なく，安全・安心な地域である | 刑法犯認知件数，交通事故発生件数≪犯罪統計（警察庁)，交通事故統計（警察庁)≫ |

る居場所づくりを進めています。具体的には、介護施設を拠点として、地域の子どもたちや元気な高齢者が集うことができる施設の整備を支援しようとしています。

**玄田**　世代を超えての取り組みですね。

**職員**　地域の子どもたちにとっても、高齢者の生き方や経験などを学ぶ機会になってほしいと思っています。高齢者の方には、子どもたちの活力や元気に触れるチャンスになればと思います。

**玄田**　世代の問題は、年金も雇用も、対立面ばかりが強調されます。その対立をどうやって協調に変えていくか。福井がよいモデル事例になればいいですね。

### 地域同士の交流

**玄田**　これからＬＨＩをどう地域づくりに生かしていくのですか？

**職員**　追いかけ続けること、これが大事だと思っています。他県ともよく学び合いながら。

**玄田**　昔は何でも東京に集まりましたが、地方の県同士が直接交流するのが面白いですね。

**職員**　２０１２年度からは各県の若手職員が切《せっ》磋《さ》琢《たく》磨《ま》しながら、政策のノウハウ取得や意識の向上を図ろうと、テーマを設定して意見交換や合同研修の場を持ちました。以前は同じ仕事をする他県の人と話す機会もありましたが、今は少なくなっているため、仕掛けが必要です。

**玄田**　なるほど。

**職員**　このネットワークをつくってから、それがとても新鮮になっています。私もそうですが、いろいろな県の方と話をすると、それぞれの県の課題、共通の課題なども知りますし、ヒントになることも多いです。ふるさと希望指数を一つのきっかけとして、副次的な

5分野の「現状」を示すレーダーチャート（参考統計の原数値を偏差値化）

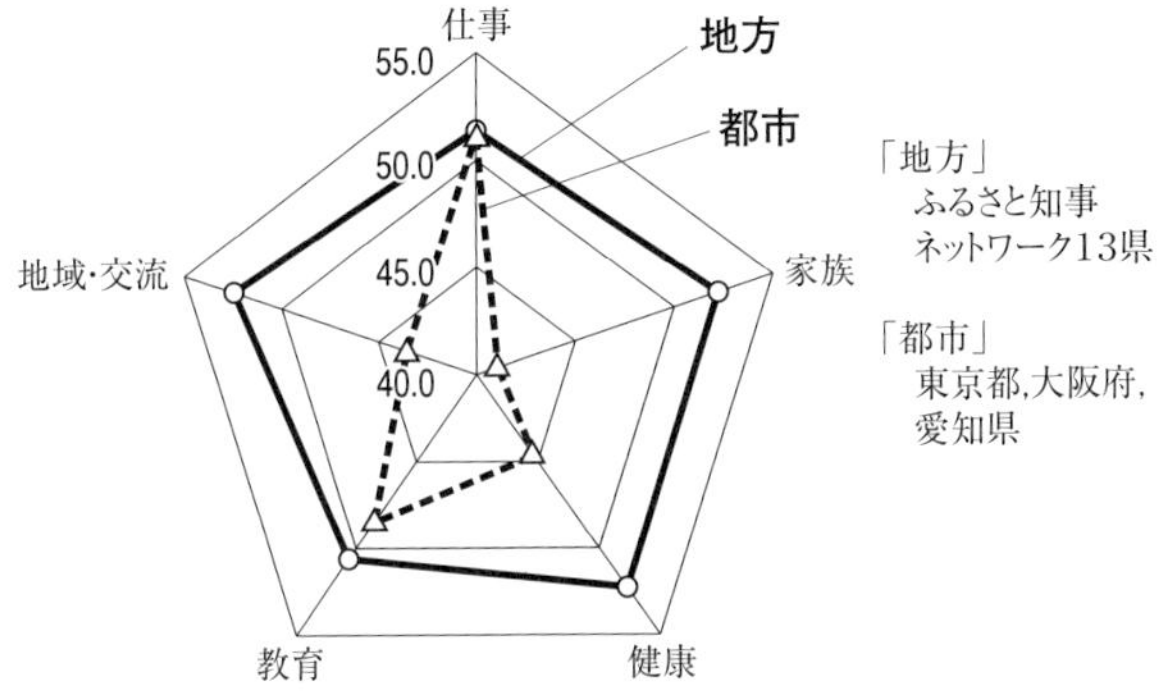


（平均：50.0）

| | 仕事 | 家族 | 健康 | 教育 | 地域・交流 |
|---|---|---|---|---|---|
| 地方 | 51.4 | 52.2 | 52.3 | 50.6 | 52.5 |
| 都市 | 51.2 | 41.1 | 44.7 | 48.5 | 43.6 |

効果もあると感じています。

**玄田**　東日本大震災でも、いろいろな自治体間の連携が生まれましたが、悲しい出来事がなくても、地域同士のつながりが自然にできるような仕掛けがますます重要なんですね。

## ブータンから学ぶこと

**玄田**　ふるさと希望指数は、県の上下や、希望がある県とない県を決めることが目的ではありません。それぞれがどこに向かっているかを、同じ尺度で客観的に自分たちがどう変化しているかを見ようとするのが目的です。

**職員**　ブータンの幸福もそうですね。政策目的を明らかにして、それに向かって行動するための指針として幸福を使っています。そのブータン王国とは、２０１１年11月に国王夫妻が来日された際、ふるさと希望指数とブータンのＧＮＨ（国民総幸福量）とのつながりが縁で、知事が国王夫妻の歓迎レセプションに招待されました。それをきっかけとして、2012年より交流をスタートさせています。

**玄田**　ブータンに詳しく、福井との関わりも多い草郷《くさごう》孝好《たかよし》さんがおっしゃっていたことがあります。ＧＮＨということでブータンがすごく幸福な国だということが強調されるけれども、大事なのはそこではない。幸福を追求するということを、国全体として目標にして頑張っているということが大事なんだと。ブータンは官僚も優秀だそうです。イギリスとの間で、つねに存亡の危機にさらされてきた歴史がある。どうやって生き残っていくのかということで、国連などを通じてものすごい営業努力をしている。ブータンからも学びつつ、希望指数もうまく使って、みんなが希望を追求する行動が広がってほしいですね。

## これからの希望学・福井調査

**玄田**　最後に、今後何か希望学に期待されることがあれば、お聞かせください。

**職員**　4年間というのは、長いようで、あっという間というところがありました。さらにこれから福井がどう変わっていくのか、希望学の先生方と一緒に考えていきたいと思います。

**玄田**　本当に福井は大きく変わると思います。新幹線もそうだし、エネルギーもそうだし。「特段困っていることがないのが困っていることだ」という言葉が本書の中に何度か出てきましたが、本当はそんなことばかりではない。変わらざるをえない。考えることで、守るべきものとか、選ぶものが見えてくるのです。多少やせ我慢してでも、これだけは守れば、あとは変わってもいいということもあるでしょう。

研究者で生涯にわたって研究するテーマがある人は、すごく幸せです。今回の福井調査も40名ぐらいの研究者が参加しましたが、福井にずっと関わりたいと言う人もいます。これからの変化を外部の視点も加えながら記録して、次の世代にバトンパスする。そのお手伝いが、福井調査からの希望のつなぎ方だと思っています。今後ともよろしくお願いします。

**職員**　こちらこそ、よろしくお願いいたします。

**玄田**　今日は、ありがとうございました。

（1）福井市内県立高校5校の卒業生約7300人を対象に、「福井に残る・出る・戻る」の居住地の選択がどう行われているか等についてアンケート調査を実施。高校卒業後の進学先で卒業時期を過ぎると、福井県内へのUターンの機会が大きく減少することや、若い世代ほど高校卒業時点で県外に就職する者が少なく、県外での生活を経験する機会が進学に限定されるようになっていることなど、福井県民の居住地の移動パターンの固定化が示された。

（2）地方の県同士が「ローカル・アンド・ローカル」の発想で人や地域の新しいネットワークをつくり、地方自治の新しいモデルをつくろうと西川知事の提唱で設立。現在、13県（青森県・山形県・石川県・福井県・山梨県・長野県・三重県・奈良県・鳥取県・島根県・高知県・熊本県・宮崎県）が参加して活動している。

# 「希望学　あしたの向こうに——希望の福井、福井の希望」の出版にあたって

福井県知事　西川一誠

平成21年度から4年をかけて行われた希望学について、福井県での調査の成果を公表する書籍が出版されることになった。

この4年間、希望学プロジェクトの先生方は、幾度も福井県にお越しになり、地場産業や住まい方、地域社会との関連、伝統文化の実際など、様々な分野の現場の声を聞き、今日我々が見る福井の姿に至るまでの軌跡を明らかにされた。その集大成として、本書には県民や地域社会がこれまで経験した試練や挑戦してきた姿を、全27項目に分けて克明に描き出している。例えば、本県の特産物である「越前がに」について、多くの産地関係者が資源管理やブランドの形成に力を尽くしてきたことはあまり知られていない。今回、このような地域の物語に光が当てられたことは、それぞれの地域のみならず県全体にとって大きな励みと誇りになった。

この希望学・福井調査は、東京大学社会科学研究所が「希望」をテーマに地域研究等を行っていることを知り、本県の現状をお話したことが一つのきっかけとなりスタートした。私が希望に関心を持ったのは、県民の多くが現在の暮らしに満足している一方で、毎年若者が県外の大学に進学し、卒業後も都会に留まっている現状があったからである。子どもたちや若者の未来を想像したとき、福井を希望のある地域にしていく必要があると考えた。

4年間の調査と発見を通じ、我々も福井の希望というものに少し近づくことができたのではないか。その中で、地域の原点や個性に目を向ける必要があることや、家族を思いふるさとを良くしたいと願う「つながりから生まれる希望」の大切さを学び、考える機会をいただいた。こうした視点を特に子供たちの教育に取り入れ、若い世代に希望のある福井を創り上げる基礎としていきたい。

希望学・福井調査を全面的にバックアップしていただいた東京大学社会科学研究所の石田浩所長、末廣昭前所長（現同教授）、小森田秋夫元所長（現神奈川大学教授）、廣渡清吾元教授（現専修大学教授）をはじめ、研究面のみならず多くの場面で我々に示唆を頂いた希望学プロジェクト代表の玄田有史教授を中心とする全40名の研究者の方々、そして地域調査にご協力いただいた関係者の皆さまに心から感謝申し上げる。

# あとがき

「声に出してみよう」
「外に目を向けよう」
「とにかくやってみよう」

本書の結章でも触れた、２０１２年12月に行われた希望学・福井調査の報告会のなかで、調査から得られた福井へのメッセージを、私はこの３つの言葉に込めて表現した。

ここに収められた27章からなる物語には、これらのメッセージのいずれかが含まれている。そこには、迫りつつある困難に対して今まさに立ち向かっている福井人もいれば、歴史のなかのさまざまな試練の局面で奮闘してきた福井人の姿もあった。

報告には、いろいろな反応があった。福井県は浄土真宗の信徒が多い県だが、その宗祖である親鸞《しんらん》は、さかんに声を出すことの大切さを説いたのだという意見もあった。県内が地形的に細かく分断された福井には、人の移動が少なかったという現実がある。しかし一方では、開かれた港や街道を通じて外に目を向け、その結果として多くの出会いが生まれ、そこに希望の芽が育まれてきた歴史もある。高品質の技術に裏打ちされた産業も、失敗をおそれず、とにかくやってみることで試行錯誤を積み重ねた末に生み出されたものである。3つのメッセージが意味するのは、福井人にまったくなかったものを一から始めることではない。むしろこれまで培ってはきたが、ややもすれば忘れかけていたものを、時代の風をとらえつつ再生するところにこそ、希望は宿るのだ。

身近なところでは3世代家族を代表としてきた家族像の変容、地域でいえば新幹線の開通や道路網の整備、より大きくは国のエネルギー政策の転換など、福井にはそう遠くない将来、否応もなく大きな変化が待ち受けている。その大波を福井の人々は、これからどのようにして乗り越え、希望と幸福を両輪とした新たな未来につなげていくのだろうか。今後の福井の取り組みは、県内にとどまらず、日本中の注目を集めることになるだろう。私たちも、これからの福井の希望の行方を見続けていきたいと思う。

＊

希望学・福井調査を行う上では、実に多くの方々から協力をいただいた。福井での希望の研究をいっしょにやろうとお声がけいただいた西川一誠福井県知事をはじめ、調査や報告会の実現に文字通り奔走していただいた福井県庁のみなさんに、心よりお礼を申し上げたい。

またお一人おひとりの名前を紙幅の都合上すべて掲載できないのが残念ではあるが、福井調査では多くの県民の方々にご協力をいただいた。最初は口数も少なかった福井の人たちが、何度かお目にかかるうち、地域の現状や希望について、豊富な事例を交えて率直にお話しいただけるようになったことも、楽しい思い出の一つである。

調査であらためて実感したのは、県という単位の大きさである。これまで4万人前後の釜石市を調査対象としてきた希望学にとって、およそ80万人の人口を誇る福井県は、思いのほか広かった。同じ方に何度かお目にかかる機会はあった反面、4年間でお会いできたのは、正直なところ、80万県民のうちのわずかでしかない。本書は福井県の詳細を正確に理解していないというお叱りも当然あると思う。その場合には、忌憚《きたん》のないご批判を頂戴できればと考えている。さらには今後とも福井調査を継続することを通じて、多くの方と新たに出会い、福井の希望をいっしょに考えていければと願っている。

本書の刊行に際して、対談へのご協力を快諾いただいた山崎亮氏、藻谷浩介氏、そして福井県庁職員の方々に、あらためてお礼申し上げたい。ご寄稿いただいた西川知事にも感謝を申し上げたい。

調査には、当然さまざまな支出が必要になる。希望学・福井調査は、釜石調査と同様、自治体などからの金銭的な支援を一切いただかないという方針で行ってきた。理由は政策の評価などについて、中立性を保つと同時に、県や市町に対して何ら遠慮をすることなく、私たちの感じたことや発見したことを率直に表現したいと考えたからである。本書の各章における意見も、福井県ならびに県内市町の意向や考え方とは独立したものであることを、あらためてここで記しておきたい。

そのかわりに参加者みずからが研究に必要な資金を申請し、確保することで調査を行ってきた。実際、調査は文部科学省・日本学術振興会の委託事業である「近未来の課題解決を目指した実証的社会科学研究推進事業『すべての人々が生涯を通じて成長可能となるための雇用システム構築』」（受託・東京大学、研究代表者・玄田有史、平成20年度〜24年度）および科学研究費補助金・特別推進研究「世代間問題の経済分析・さらなる深化と飛躍」（研究代表者・高山憲之年金シニアプラン総合研究機構研究主幹、平成22年度〜26年度）の研究プロジェクトの一つとして行われた。また2010年度にはサントリー文化財団より「希望学・福井調査：地域経済・社会における希望の位相に関する総合的研究」（研究代表者・中村尚史）に対して研究助成をいただいた。

最後に、前回の『希望学』（全4巻）に続き、本書の企画および編集など全般を通じて多大なるご尽力をいただいた、東京大学出版会の大矢宗樹氏に心より感謝申し上げたい。大矢君は、今や希望学の欠かすことのできない大事な仲間である。

希望学・福井調査を通じて、日本の地域はさまざまな困難に直面してはいるものの、いや直面しているからこそ、乗り越えた先に希望はあるのだと、改めて実感している。希望学は、地域に希望が創造されるプロセスを、今後とも地域の人々に伴走しながら見つめ続けていく所存である。

2013年6月

玄田有史

# 編者・執筆者紹介

編者

東大社研（とうだい・しゃけん）　東京大学社会科学研究所の略称。研究所は、①日本の現実だけでなく諸外国の実情をも正確に把握し比較すること、②社会科学分野における学際的総合研究を行うこと、③理論と実際との結合を考え、学問研究を国民生活の基底まで浸透させること、を目的として、１９４６年に設立された。

玄田有史（げんだ・ゆうじ）　東京大学社会科学研究所教授／労働経済学

執筆者（五十音順）

阿部　彩（あべ・あや）　国立社会保障・人口問題研究所部長／社会保障、公的扶助、貧困・社会的排除

荒見玲子（あらみ・れいこ）　東京大学社会科学研究所助教／行政学、政策学、地方自治論

五百旗頭薫（いおきべ・かおる）　東京大学社会科学研究所准教授／日本政治外交史

石倉義博（いしくら・よしひろ）　早稲田大学理工学術院教授／社会意識論

稲継裕昭（いなつぐ・ひろあき）　早稲田大学政治経済学術院教授／行政学、公共経営論

稲吉　晃（いなよし・あきら）　新潟大学法学部准教授／日本政治外交史

宇野重規（うの・しげき）　東京大学社会科学研究所教授／政治思想史、政治哲学

大堀　研（おおほり・けん）　東京大学社会科学研究所助教／地域社会学、環境社会学

加瀬和俊（かせ・かずとし）　東京大学社会科学研究所教授／経済史、水産経済

金井　郁（かない・かおる）　埼玉大学経済学部准教授／労働経済論、ジェンダー論

橘川武郎（きっかわ・たけお）　一橋大学大学院商学研究科教授／経営史、エネルギー産業論、地域経済論、スポーツ経営論

佐藤慶一（さとう・けいいち）　専修大学ネットワーク情報学部准教授／都市防災論、政策科学

佐藤由紀（さとう・ゆき）　玉川大学芸術学部准教授／生態心理学、演劇（戯曲・演出）、ジェスチャー
末廣　昭（すえひろ・あきら）　東京大学社会科学研究所教授／アジア経済社会論
建井順子（たてい・じゅんこ）　東京大学大学院経済学研究科博士課程単位取得退学／地域経済学、地域産業論
谷　聖美（たに・さとみ）　岡山大学法学部教授／政治学
中村圭介（なかむら・けいすけ）　東京大学社会科学研究所教授／労使関係論
中村尚史（なかむら・なおふみ）　東京大学社会科学研究所教授／日本経済史・経営史、地域経済論
西野淑美（にしの・よしみ）　東洋大学社会学部准教授／都市社会学、地域社会学
西村幸満（にしむら・ゆきみつ）　国立社会保障・人口問題研究所社会保障応用分析研究部第2室長／生活保障の社会科学
橋野知子（はしの・ともこ）　神戸大学大学院経済学研究科准教授／近代日本経済史・経営史
長谷川健二（はせがわ・けんじ）　福井県立大学海洋生物資源学部特任教授／漁業経済学
羽田野慶子（はたの・けいこ）　福井大学教育地域科学部准教授／生涯学習論、教育社会学、ジェンダー研究
平井太郎（ひらい・たろう）　弘前大学大学院地域社会研究科准教授／社会学（都市・地域・住宅）
松井　望（まつい・のぞみ）　首都大学東京都市教養学部准教授／行政学、都市行政論
元森絵里子（もともり・えりこ）　明治学院大学社会学部准教授／子どもと教育の社会学、歴史社会学

〈部扉挿画〉
渡辺　淳（わたなべ・すなお）　1931年生まれ。福井県大飯郡おおい町在住。炭焼きや郵便配達の仕事のかたわら創作活動に勤しむ。長年親交のあった同郷の作家、水上勉氏の信頼は厚く、装丁や挿画を手掛けた水上文学作品の数は70冊以上に及ぶ。若狭の自然をモチーフにしたその作品は人々の郷愁を深く誘い、その謙虚な人柄から、「野の詩人」、「声なきものの声を聴くことのできる画家」とも謳われている。

希望学　全4巻

東大社研・玄田有史・宇野重規 編
1　希望を語る
社会科学の新たな地平へ
A5　三五〇〇円

東大社研・玄田有史・中村尚史 編
2　希望の再生
釜石の歴史と産業が語るもの
A5　三八〇〇円

東大社研・玄田有史・中村尚史 編
3　希望をつなぐ
釜石からみた地域社会の未来
A5　三八〇〇円

東大社研・玄田有史・宇野重規 編
4　希望のはじまり
流動化する世界で
A5　三八〇〇円

希望学　あしたの向こうに
希望の福井，福井の希望

2013年7月25日　初　版

[検印廃止]

編　者　東大社研・玄田有史

発行所　一般財団法人　東京大学出版会
代表者　渡辺　浩
113-8654 東京都文京区本郷7-3-1 東大構内
http://www.utp.or.jp/
電話 03-3811-8814　Fax 03-3812-6958
振替 00160-6-59964

印刷所　大日本法令印刷株式会社
製本所　矢嶋製本株式会社


ISBN 978-4-13-033070-1　Printed in Japan

# 索　引

## あ 行

## か　行

## さ　行

## た　行

## な　行

## ま　行



## や　行



## ら　行

### わ　行